古代歷史文化 研究輯刊

三二編

王明蓀 主編

第 1 冊

《三二編》總目

編輯部編

安徽、湖北出土青銅器鑄造地研究

黃凰 著

國家圖書館出版品預行編目資料

安徽、湖北出土青銅器鑄造地研究／黃凰 著 -- 初版 -- 新北
市：花木蘭文化事業有限公司，2024〔民 113〕
序 2+ 目 4+234 面；19×26 公分
（古代歷史文化研究輯刊 三二編；第 1 冊）
ISBN 978-626-344-864-3（精裝）
1.CST：青銅器 2.CST：金屬鑄造 3.CST：遺址
4.CST：安徽省 5.CST：湖北省
618   113009403

ISBN-978-626-344-864-3

9 786263 448643

古代歷史文化研究輯刊
三二編 第一冊   ISBN：978-626-344-864-3

安徽、湖北出土青銅器鑄造地研究

作　　者　黃凰
主　　編　王明蓀
總 編 輯　杜潔祥
副總編輯　楊嘉樂
編輯主任　許郁翎
編　　輯　潘玟靜、蔡正宣　美術編輯　陳逸婷
出　　版　花木蘭文化事業有限公司
發 行 人　高小娟
聯絡地址　235 新北市中和區中安街七二號十三樓
　　　　　電話：02-2923-1455 ／傳真：02-2923-1452
網　　址　http://www.huamulan.tw 信箱 service@huamulans.com
印　　刷　普羅文化出版廣告事業
初　　版　2024 年 9 月
定　　價　三二編 28 冊（精裝）新台幣 84,000 元
　　　　　　　　　　　　　　　　　　版權所有 · 請勿翻印

《三二編》總目

編輯部　編

《古代歷史文化研究輯刊》
三二編　書目

《古代歷史文化研究輯刊》三二編
各書作者簡介・提要・目次

第一冊　安徽、湖北出土青銅器鑄造地研究

作者簡介

黃凰，女，安徽合肥人，中共黨員。於中國科學技術大學科技史與科技考古系獲博士學位，劍橋李約瑟研究所美國紐約李氏基金會（東亞）李氏學者，安徽省社科普及工作先進個人。現任安徽大學考古專業講師、碩士生導師，研究領域主要是科技考古與文化遺產保護。在 Almagest、《考古學報》、《自然科學史研究》等國內外核心期刊發表文章數篇。主講《中國科技史》等多門課程，所授《文化人類學》專業課曾獲安徽省教育廳教學示範課稱號，主持國家社科青年基金、安徽省社科基金等各類項目多項。

提　要

目前，國內已發掘的青銅器鑄造遺址主要集中在黃河流域的中原地區，如河南安陽殷墟苗圃北地商代鑄銅遺址、陝西扶風李家西周鑄銅遺址、山西侯馬牛村古城南東周遺址等。近年來，中原地區以外的「其他地區」出土早期青銅器越來越多，對於這些青銅器的鑄造地所在，文獻中沒有找到相關記載，學界尚無定論。傳統考古學者對於青銅器鑄造地的研究一般是基於類型學對比，從器物形制、花紋等方面來推斷青銅器的產地，在這一過程中，往往會發現某些南方青銅器的造型有非中原的地方特徵。本研究的主要目的，就是以安徽、湖北兩地為例，對中原鑄造遺址以外發現青銅器的產地進行討論。

　　全書分為六個部分。在介紹泥芯示蹤青銅器鑄造地的研究原理、統計方法及分析可行性的基礎上，探討了安徽、湖北省境內部分地區近年出土青銅器的鑄造地及相關銹蝕問題。結果表明：泥芯元素示蹤青銅器鑄造地的方法可以輔助判定中原以外「其他地區」的青銅器鑄造地問題，尤其是可應用於有相當數量青銅器出土但尚未發現鑄銅作坊及遺物的遺址。從安徽和湖北的樣品來看，青銅器除了本地鑄造，也可能存在其他鑄造地，並對當地族群遷徙與技術傳播進行了一定的探討。

目　次

第二、三冊　成都平原商周時期墓葬研究

作者簡介

　　田劍波，男，1989 年 11 月出生於四川三臺，2008～2015 就讀於武漢大學考古學專業，獲歷史學學士、碩士學位，2017～2022 年就讀於四川大學考古學專業，獲歷史學博士學位。2015 年至今在成都文物考古研究院從事考古發掘與研究工作，現為副研究館員，研究方向為商周考古和西南先秦考古。主持或參加了成都金沙遺址、鹽源老龍頭墓地、西昌高枧古城等重要遺址的考古工作，出版有《金沙遺址祭祀區發掘報告》、《成都新一村遺址發掘報告》等著作，在《考古》、《文物》、《江漢考古》等期刊發表論文 30 餘篇。

提　要

　　本文將成都平原商周時期墓葬分為三期十段。第一期包括第一至四段，年代為商代晚期至西周晚期至春秋初年，該期大多數墓葬未見木質葬具，隨葬器物以陶器為主，有少量石器。第二期包括第五至八段，年代為春秋早期

至戰國中期，葬具以船棺為主，隨葬器物以陶器和銅器為主。第三期包括第九和十段，年代為戰國晚期至漢初，葬具以木棺為主，隨葬器物以陶器為主。

　　本文詳細探討了墓葬隨葬器物的文化因素，並據此討論了不同類型器物的生產和流通特徵。本文詳細分析了成都平原商周時期喪葬習俗的變遷及其原因。本文認為在春秋中期以前，成都平原商周墓葬等級分化不明顯，社會結構層次不夠分明，上層社會主要通過祭祀等宗教活動控制社會，為神權社會；春秋中期之後，墓葬等級分化明顯，社會結構層次分明，中間階層成為中堅力量，上層社會通過規範喪葬禮儀中的等級制度來控制社會，社會性質轉變為類似中原的世俗王權社會。社會結構和性質的轉變，直接的後果是引起了喪葬觀念的轉變，喪葬習俗從簡單、務實轉變為以等級秩序為核心的禮制，進一步與中原地區趨同。

　　本文認為社會結構乃至社會性質的轉變主要源自於外部勢力的介入，尤其是楚文化勢力的滲透，使得本土的喪葬觀念、聚落中心、社會結構等都發生了巨大改變，墓葬特徵的階段性變化正是這一巨變的物化表現。

目　次

上　冊

第四、五、六冊　五胡治華史論集

作者簡介

　　雷家驥，廣東順德人，1948 年出生於廣州，曾先後在大陸、香港、臺灣受教育，獲教育部部頒文學博士學位，現為臺灣的中正大學榮譽教授，並任大陸的西北大學歷史學院特聘講席。治學斷限以漢至唐為主，領域橫跨政治

與政制、戰史與軍制、民族與文化、史學思想與歷史文學。著有專書十餘部，論文凡百篇。

提　要

　　中國史上之一國兩制，大體曾有「屬國體制模式」與「五胡體制模式」兩種。筆者因好奇於鄧小平提倡「和平統一，一國兩制」，以這是西方國家所無，「是我們根據中國自己的情況提出來的」而自豪，遂引起研究動機。本書主旨以考述五胡王朝之體制建立、變革、特色與利弊得失為務，並對各朝作分析比較，疏通綜論，冀能古今印證，提供借鑒。本書以「五胡治華」為稱，有別於「五胡亂華」之名，蓋是為了彰顯五胡改制求治的意義。

目　次

第七、八、九、十冊　唐代藩鎮歷史地理研究

作者簡介

向傳君，四川犍為人。1988 年出生於四川犍為，2013 年畢業於西南大學。熱愛歷史文化研究和寫作，研究方向為隋唐五代史（重在唐代藩鎮問題）和四川地方文史，現為中國唐史學會會員、樂山沫若書院研究員、犍為歷史文化研究會理事。目前在省級及以上雜誌期刊發表論文 7 篇，在市級雜誌期刊發表文史科普類文章 50 餘篇。

提　要

藩鎮，又稱為方鎮，是唐代中後期一個重要的歷史元素。藩鎮最初只是一種軍事防區，後來演變為地方最高一級的行政區。自景雲二年（711 年）唐王朝始置節度使，至天祐四年（907 年）唐王朝滅亡，唐代藩鎮延續近二百年，對唐王朝的歷史發展產生了重要影響。

本書結合《舊唐書》《新唐書》《資治通鑒》《元和郡縣圖志》等傳統史料和近些年新發現的一些碑刻資料，對各個藩鎮的建置、演變和轄區沿革進行綜合考證，分析中央政策、歷史事件、權力爭鬥、軍事戰爭等因素對藩鎮變革的影響，同時兼述各藩鎮下轄州縣的沿革，並根據各藩鎮的轄區變化，繪製了各藩鎮幾個重要時間點的轄區示意圖，直觀反映出各個藩鎮的建置情況、歷史發展、轄區變化和周邊形勢。

對於藩鎮的歷史地理問題，過去一直缺乏全面系統的梳理。本書不僅系統梳理了唐代藩鎮的沿革情況，還深化了對唐後期「中央直屬州」「附屬藩鎮」「行州」等問題的認識。

總體而言，本書著力於研究唐代後期的政區變化，或能成為研究唐代藩鎮、唐後期行政區劃變革史的一本參閱書、工具書。

目　次

第一冊

凡　例

第十一冊　晚清《啟蒙畫報》的圖像符號學研究

作者簡介

　　杜賽男，台灣國立政治大學傳播學院博士畢業，後進入政治大學教育學院博士班就讀。圍繞教育觀念，關注近代報刊思想史、圖像符號學。近年發表期刊論文〈晚清《啟蒙畫報》中的「兒童」圖像符號學分析〉（與孫秀蕙合著，2024）、〈晚清《啟蒙畫報》中的「女學」：一個圖像符號學的觀點〉（與孫秀蕙合著，2023）、〈作為「女人的人」還是作為「人的女人」？——《東亞摩登女郎：戰時的女性、媒體與殖民現代性》書評〉（2021）、〈打撈塵封的光影：發現晚清《啟蒙畫報》中的「兒童」〉（2019）。

提　要

　　早在晚清第一個新式學制——癸卯學制實施前，朝野外的文人就以辦報實踐蒙學，並推行幼兒教育由「私」入「公」的啟「蒙」觀念。本論以晚清新政時期（1901～1911），於北京出刊的第一份京話白話文教育刊物——《啟蒙畫報》（1902～1904）為分析標的，運用 Barthes 的圖像符號學分析法，從語詞與語言結構分析著手，試圖探究在「中」與「西」、「古」與「今」的多

元情境裡，文本如何經由圖文符號的選擇建構近代兒童及其教育觀。在意識形態運作的符號規律中，研究發現：《啟蒙畫報》在以「借古喻今」與「以西比中」的圖文敘事策略中傳遞「崇古」與「求強」的教育競爭觀；在社會達爾文主義的意識形態影響下，文本從「性別」、「階級」、「國族」三個方面分別傳遞著「女學」、「折衷平等觀」與「愛國」的教育觀念；媒介作為教育編織的網，在晚清文人辦報興起之初，就擔起啟蒙文人內部與民間社會之責，若辦報人能整合家庭、學校、公共場所等諸多資源，打造並完善著媒介的教育學習環境，那麼，圖文教育刊物所建構的將會是一個起於教育但不止於教育，具有人文關懷，且能夠聯動、循環創生的啟蒙新視界。

目　次

第十二冊　一技一業總關情——從《營業寫真》看清朝最後兩年的市廛民生

作者簡介

　　李德生，原籍北京，旅居加拿大，係加拿大文化更新研究中心研究員，致力於東方民俗文化和中國戲劇之研究。有如下著作在國內外出版發行：《束胸的歷史與禁革》，（臺灣花木蘭文化事業有限公司出版 2021 年 3 月）；《粉戲》，（臺灣花木蘭文化事業有限公司出版 2021 年 3 月）；《血粉戲及劇本十五種》（上中下），（臺灣花木蘭文化事業有限公司出版 2021 年 9 月）；《炕的歷史與炕文化》，（臺灣花木蘭文化事業有限公司出版 2021 年 9 月）；《煙雲畫憶》，（臺灣花木蘭文化事業有限公司出版 2021 年 9 月）；《京劇名票錄》（上下），（臺灣花木蘭文化事業有限公司出版 2021 年 9 月）；《春色如許》，（臺灣花木蘭文化事業有限公司出版 2022 年 3 月）；《讀圖鑒史》，（臺灣花木蘭文化事業有限公司出版 2022 年 3 月）；《摩登考》，（臺灣花木蘭文化事業有限公司出版 2022 年 3 月）；《圖史鉤沉》，（臺灣花木蘭文化事業有限公司出版 2022 年 3 月）；《旗裝戲》，（臺灣花木蘭文化事業有限公司出版 2022 年 9 月）；《二十四孝興衰史》，（臺灣花木蘭文化事業有限公司出版 2022 年 9 月）；《富連成詳考》（上下），（臺灣花木蘭文化事業有限公司出版 2023 年 3 月）；《丑戲》，（臺灣花木蘭文化事業有限公司出版 2023 年 3 月）；《三百六十行詳考》（上下），（臺灣花木蘭文化事業有限公司出版 2023 年 9 月）；《清代禁戲圖存》（上下），（臺灣花木蘭文化事業有限公司出版 2023 年 9 月）；《三百六十行詳考續》民初篇（上下），（臺灣花木蘭文化事業有限公司出版 2023 年 9 月）；《古代兒童遊戲淺考》，（臺灣花木蘭文化事業有限公司出版 2023 年 9 月）；《清代三百六十行秘本圖存》（上下），（臺灣花木蘭文化事業有限公司出版 2023 年 9 月）；《清代三百六十行刊本圖存》（上下），（臺灣花木蘭文化事業有限公司出版 2023 年 9 月）。

提　要

　　晚清宣統元年，上海環球社獨立出版發行了石印畫刊《圖畫日報》。該報是我國第一份頗有影響、發行量最大、發行時間最長的日刊畫報。《圖畫日報》從宣統元年即 1909 年 9 月 16 日創刊起，每日發行一刊、每刊 12 頁，一共計發行了 404 期。畫報內設《科普》、《新知識》、《本埠新聞》等多個專欄。其中，畫家孫繼（孫蘭蓀）所繪的《營業寫真》（亦名《三百六十行》）專欄最為突出。從創刊第一號起，每天刊發《寫真》兩則，兩年間，共刊登圖畫 456 幅。畫家以寫實的筆法，圖文並茂地描述了上海及江浙一帶的百工雜役、行商小販、引車賣漿者流的市廛交易，以及下層社會平民百姓日常的生活百態。真實地反映出在大清帝國大廈將傾之際，社會經濟瀕臨崩潰、芸芸眾生在貧苦窘迫的泥潭中痛苦掙扎的現狀。《營業寫真》的出現，因切入平民肌膚，且又以圖代文，婦孺可識，頗受時人關注。發行量之大，一度超過《申報》，日發行量達到兩萬多份。此外，畫家給每一個行業都配寫有俚詞俗曲，以借題發揮的奇思妙想，嘻笑怒罵饒舌口吻，針貶時弊，芒刺時事，信口遮攔，長舒胸臆。這一點與其繪畫風格有著異曲同工之妙。

　　筆者近兩年圍繞《三百六十行》這一課題，陸續編寫了《三百六十行考》、《三百六十行考續》（民國篇）、《三百六十行秘本圖存》、《三百六十行刊本圖存》等書，希冀以圖鑒史，為日後對「三百六十行」這一課題擬作更深入的研究者，提供盡可多的珍貴圖史資料，《營業寫真》則是不可多得的一幅長卷。筆者對其進行簡單分析的同時，集圖成冊，一併刊出。鄭板橋有《題竹》詩云：「衙齋臥聽蕭蕭竹，疑是民間疾苦聲。些小吾曹州縣吏，一枝一葉總關情。」筆者有感於畫家繪製《營業寫真》時的良苦用心，遂改寫其末句做為本書的書名，即「一技一業總關情。」

目　次

第十三冊　古代上海與海上絲綢之路

作者簡介

　　張曉東，男，（1977～），籍貫山東威海。華東師範大學歷史學系 08 屆博士畢業，2008 年入上海社會科學院工作，現任上海社科院歷史研究所副研究員，上海鄭和研究中心助理主任及兼職教授。

　　作者多年來專攻運河史、軍事史和海洋史，海權戰略問題，曾撰寫專著《漢唐漕運與軍事》、《漢唐軍事史論集》、《隋唐海上力量與東亞周邊關係》，撰寫歷史學與國際問題研究領域論文六十餘篇，在雜誌、報紙等媒體發表時政評論二十餘篇。

提　要

　　本書的名稱為「古代上海社會與海上絲綢之路」，研究古代上海地區的歷史發展和海上絲路的關係，包括上海地區在海上絲路上的地位、影響，海上絲路交流活動對上海地區社會發展的影響等。「上海地區」一詞的內涵是指當代上海直轄市的行政管轄範圍內地域，及其在古代相對應的地理範圍。

　　本書按上海地區絲路港變遷的三個不同階段分三編展開研究，三個階段為「青龍鎮絲路港時期」、「上海絲路港前期」、「上海絲路港後期」。階段劃分的依據是地理環境和人文環境的變遷。研究具體圍繞多個方面的問題展開：一是地理環境變遷及其對港口的影響，包括港口體系、關係的變化；二是航線變遷對港口的影響，及港口地位變化；三是國家對外政策變化，包括市舶貿易機構變化對當地對外關係、社會經濟、傳統城市化的影響；四是古代上海與絲路貿易有關的商業和生產進步；五是古代上海發生的中外文化交流活動；六是考古資料、域外文獻等新資料的集中分析利用。

目　次

序

第十四冊 道路分野：秦漢匈奴與百越文化比較研究

作者簡介

李章星，1990 年生，廣西桂林人，歷史學博士，西北政法大學管理學院講師。主要研究方向：秦漢法制史，簡牘學，民族史、文化史。主持、參與省部級、廳局級縱向科研課題 7 項，其他各類課題 10 項，發表史學論文 10 餘篇，其中核心期刊文章 5 篇。

提 要

本書通過對秦漢時期匈奴與百越族群的文化差異比較展開專題研究，上編探討了匈奴與百越之間文化的異同及二者與中原王朝之間的關係及其在秦漢之後道路分野的發展歷程。本書首先界定了「文化」「匈奴」和「百越」的概念範圍，回顧學術史，其次論述地理環境分別對南北族群發展過程中的影響，指出其差異化的緣起；再次通過分析匈奴與百越在物質文化、精神文化、制度文化之間的比較；最後總結秦漢時期匈奴與百越發展階段、發展水平的對比，以及中原王朝在對待二者的態度，闡述了秦漢時代匈奴與百越發展道路的分野。

下編首先通過對匈奴及其後的草原游牧歷史進行分期闡釋了以匈奴為代表的草原游牧秩序「新陳代謝」的生成、發展與消亡。其次剖析了漢武帝平越策略的形成及其實踐，俯瞰先秦至秦漢「百越南移」的歷史進程，華夏文化的南擴史實演進與史料的文本敘述共同構成了「百越南移」的概念互動。最後揭示了中原王朝與邊疆地區之間的文化互動及其對中國古代民族關係和文化認同的影響。

比較匈奴與百越的文化及二者與中原王朝之間的關係互動，可為我們理

解中國古代的邊疆政策、民族關係及深化對中華民族共同體歷史發展脈絡的
認識提供一個新的視角。

目　次

第十五冊　《史記》、《漢書》合傳比較研究

作者簡介

　　郭慧如，臺灣私立銘傳大學應用中文學系碩士，國立高雄師範大學國文學系博士畢業。現職為澎湖縣吉貝國中教導主任。研究方向為《史記》、《漢書》及兩《唐書》。著有碩論《《史記》、《漢書》合傳比較研究》、博論《兩《唐書》本紀、列傳比較研究》。

提　要

　　本論文的研究對象為《史》、《漢》合傳，研究範圍是以二書重合的時間

為斷限，僅取陳勝起義至漢武帝太初年間，約一百〇八年間之事，藉由透析其中人物的分合去取，了解太史公、班固選擇合傳人物的標準，並進一步印證章學誠稱「《史》圓神而《漢》方智」的說法，因而就此研究範圍，將內容分為以下六章：

第一章是為緒論。闡明研究動機及目的、研究範圍與方法，並檢視前賢相關研究成果，以為論文之引。

第二章為《史》、《漢》傳體概論。於定義各種傳體類型後，分析《史》、《漢》傳體的異同，併及二史合傳概況，並依班固襲改《史記》手法，將之分為重合及合併、提升附傳、析解且重組三大類。

第三章討論《漢書》合傳中，重合或合併《史記》篇章者。透過分析此類合傳，可發現班固對太史公的取材頗為認同，然立意或有所偏，不一定全取用《史記》原旨。

第四章主要分析《漢書》合傳中，承襲《史記》篇章且增入附傳為主述者。經由此章，可知班固提升附傳是為述齊而已，反造成人物組合內部的參差現象。

第五章針對《漢書》合傳中，析解《史記》合傳且增入附傳、新增人物者作分析。透過此舉，可發現班固析解《史記》合傳，重新與其他人物組合時，皆新作立意，有強調忠、逆之異的傾向。

第六章則為結論。總結前面三章，歸納出《史》、《漢》擇取合傳人物時的側重之處：前者重視內隱的性情，後者則以外顯條件為主。另，就班固襲改《史記》的手法，與《史》、《漢》合傳的立意、命題等部分觀之，可發現《史》、《漢》呈現太史公、班固的心裁時，確實分別出現「多變」、「齊整」二種傾向，故可知章氏之評，實為確論。

目　次

第十六冊　兩《唐書》本紀、列傳比較研究

作者簡介

郭慧如，臺灣私立銘傳大學應用中文學系碩士，國立高雄師範大學國文學系博士畢業。現職為澎湖縣吉貝國中教導主任。研究方向為《史記》、《漢書》及兩《唐書》。著有碩論《《史記》、《漢書》合傳比較研究》、博論《兩《唐書》本紀、列傳比較研究》。

提　要

中國歷史淵遠流長，記錄各朝事跡的史書典籍繁多。二十四史中，惟有唐朝及五代史，有新舊兩部之別，然既記錄同一朝代之事，史書何須重出？其後出者必有不滿前書者，故而重新撰錄，此即顯露二書作者群史識之異，且相較於新舊《五代史》為同時代作品，又有官修、私修之分，所表露者為同時代的群體與個人價值觀的差異性，兩《唐書》則是不同時代的作品，且均為官修，所展露者則為不同時代的士人群體價值觀，亦即本論文所亟欲探究者。

　　本論文架構分為七章。首章為緒論，闡明研究動機、研究範圍與對象，及當前相關研究成果。再則依次由本紀與列傳中的單傳、合傳、類傳、四夷及藩鎮列傳等體例分作五章探討：以本紀見作者群對唐代君王的評價，旁及君臣觀、興衰觀；以單傳見作者群對個別人物的品評，表露時代價值觀之異；以合傳見二書合傳關注方向異同，並探究合傳人數繁多是否有益意旨的傳達；以類傳見作者群對人物特質剪裁之異，並由群體編次見二書價值觀；以四夷及藩鎮列傳見二書對周邊國家的看法，及關注焦點之異。最末則為結論，總括上述五章，為兩《唐書》作者群價值觀的異同，作要點式歸納，期以本論文為兩《唐書》研究方面作一點貢獻。

目　次

第十七冊　古史辨與今文經學關係再研究

作者簡介

　　范靜靜，1993 年生，現為清華大學歷史系博士後，研究方向是中國學術史、海外中國學以及社會經濟史，主要論著有《「名」分「實」合——20 世紀初中國「無史」與「有史」論爭研究》《重評伊懋可〈大象的退卻：一部中國環境史〉徵引史料問題》《今文經學是否促成了層累說？——層累說提出一百周年之際的思考》等。

提　要

　　古史辨與今文經學的關係是 20 世紀中國學術史上的重要問題。辨明今文經學的學術價值是理解這一問題的前提。顧頡剛學問的起點是目錄學，《詢姚際恒著述書》的出現促使其全面轉向經學辨偽。提出層累說之前，顧頡剛與今文經學保持著距離，今文經學並非促成層累說的必要條件；之後，他注意到託古改制說的學術價值。這一變化影響到顧頡剛對過去有關今文經學看法的追溯，既有研究將今文經學對層累說的影響由推動性倒置為源頭性的行為由此發生。從提出層累說到撰寫《三皇考》，繼託古改制說之後，劉歆是否造偽成為他必須面對的問題。當無法從事實層面排除劉歆造偽的可能時，顧頡剛接受了今文經學的看法。其史家身份遭受質疑，古史辨的學術地位岌岌可危。爭論的雙方雖互不相讓，但所爭論的問題皆是在史學意義上展開的。《古史辨》的完結並不意味著顧頡剛古史研究的終結，今文經學依舊處於其學術研究的核心位置。顧頡剛繼續找尋劉歆是否造偽的新證據，這讓他陷入了進退兩難的境地。在此過程中，顧頡剛也遭到了今文經學的反噬，但這並不意味著顧頡剛走上了經學家的老路。在一系列政治運動的衝擊之下，顧頡剛被迫重新審視自己與今文經學的關係，而這為後來的研究橫添了許多迂迴與歧迷。

目　次

第十八、十九冊　新石器時代至漢代玉璧研究

作者簡介

　　楊岐黃，山西平遙人。先後就讀於西北大學文化遺產學院、北京大學考古文博學院，博士。現供職於陝西省考古研究院，副研究員。參加與主持國家社科基金、國家自然科學基金、陝西省教育廳專項科研計劃項目等研究工作。先後參加與主持洛南河口綠松石採礦遺址、旬陽雞血石礦、寶雞郭家崖墓地等多項考古調查與發掘工作。發表文章《4300 年前後玉器在北方各文化間的互動》等 20 餘篇，出版專著《玲瓏剔透——陝西古代玉器》《文物陝西——玉石器、寶石卷》《華陰興樂坊遺址考古發掘報告》等 3 部。

提　要

　　玉璧貫穿了我國古代玉器發展的全過程，是古代玉器發展演變及玉文化濫觴繁盛的實踐者與見證者。玉璧承載了近萬年來人們對自然、社會、人倫的觀察，體現了古人的宇宙觀、生死觀、倫理觀、等級觀、價值觀等意識觀念，在玉文化的發展演變及考察研究中有著獨特的地位和價值，可以說玉璧

的演變史就是古代玉文化發展的縮影。

　　本書以玉璧起源至鼎盛發展階段——新石器時代至漢代，全國範圍內考古遺址和墓葬中出土的玉璧實物為研究對象，兼以部分有明確出土地點的徵集、採集標本，在全面梳理和統計基礎上，從形制、製作工藝、使用、功能等幾個方面入手，結合歷史文獻和已有的研究成果，對其進行綜合的考察及分析研究。釐清了新石器時代至漢代玉璧在形制、製作工藝、功能、發展階段等方面的發展演變脈絡，在此基礎上對玉璧的起源、定名、所蘊含的觀念意識等相關問題的探討提供多維的思考方向，並將這一時期的玉璧發展劃分為三個階段：起源及定型階段——新石器時代至夏紀年時期，規範玉璧的形制；延伸發展階段——商周時期，規範玉璧的功能；鼎盛發展階段——漢代，玉璧的形制及功能完備。這三個階段的發展伴隨著我國政治體制的形成與演變，文明的起源與發展、王國的興衰乃至帝國的建立，正與中國文明的起源、王國、帝國階段相吻合。

目　次

上　冊

第二十冊　雲南青銅時代動物搏噬主題研究

作者簡介

劉渝，現任重慶師範大學歷史與社會（考古文博）學院副教授。博士畢業於四川大學考古文博學院考古學及博物館學專業，曾參與過重慶明月壩、李家壩等遺址考古發掘工作，專注巴蜀與雲南青銅時代美術考古研究，發表有《基於滇國多人獵獸圖像解析下的族群文化與社會形態研究》、《西南少數民族族群的歷史形成與社會結構》，主持參與國家社科基金《從考古遺存的圖像主題看戰國秦漢時期雲南地區的對外交流》、《滇國墓葬研究》等項目。

提　要

雲南青銅時代的物質遺存中存在大量表現動物以及人與動物之間搏噬關係的圖像主題，其迥異於中原及周邊地區，深入探討此類圖像主題的文化內涵及其中外來藝術要素，是研究雲南青銅時代對外交流的重要組成部分。

本書首先對動物搏噬主題材料進行系統地梳理並對其進行分類描述，其次分析其分期發展以及區域分布等特點，探索背後所傳達的信仰崇拜、社會結構、禮儀制度等文化內涵；最後對各類型構圖和形象進行深入分析，將之與雲南外相似圖像材料作比較，探討共性與差異，考察與地區外有無交流和互動。

本書認為雲南青銅時代的動物搏噬主題的出現和流行具有一定爆發性特點，受地區外文化因素的影響較為明顯；但影響其表現形式和內容的並不僅為斯基泰文化，事實上我國北方草原文化、波斯希臘文化以及中國南方文化的動物搏噬主題都有可能對其產生過直接或間接交流。由於青銅時代中晚期的雲南處於社會轉型期，複雜精細的圖像主題都是為雲南上層統治者服務，

適應等級和禮儀要求的產物，其使用範圍始終集中於生產技術水準較高、社會環境較為穩定、自然資源豐富的滇池區域。隨著漢文化強勢入侵，滇國解體，土著青銅文化衰落，動物搏噬主題也迅即沒落並最終消失。

目 次

第二一冊　東周青銅器動物紋樣研究

作者簡介

耿慶剛，1980 年 7 月出生於山東棗莊，西北大學文化遺產學院博士，副研究員。2009 年進入陝西省考古研究院，先後參加秦雍城、秦咸陽城等遺址的調查、勘探與發掘，參與或主持千陽尚家嶺秦漢宮殿遺址、唐昭容上官氏墓、咸陽閆家寨秦遺址與墓葬（司家莊秦陵）、韓城陶渠遺址等多項考古發掘，發表《咸陽原三座秦陵墓主考》（合著）、《試論漢代玉器的改制現象》、《東周列國都城建制諸問題》（合著）等學術論文多篇。

提　要

動物紋樣是造型藝術的一大分支，各地區動物紋樣之間有相當大的變化與差異性，本文以東周青銅器動物紋樣為研究對象，動物紋樣及其載體一方面具有物的屬性，其作為「符號」又具有意識屬性，對研究東周社會，即從方國到帝國轉化階段有重要意義。

在東周考古學文化分區系的基礎上，對晉系、楚系、齊魯系、秦系、燕系、徐舒系、吳越系、巴蜀系動物紋樣進行研究，依據動物種類，並對龍、鳳、虎等大宗動物紋樣進行類型學研究，概括各區系動物紋樣特點。在此基礎上，對龍、鳳、虎、牛、獸蛇與人蛇主題、神怪主題進行綜合研究，概述其發展階段性；最後對列國之間動物紋樣的交流與互動進行探討。

研究發現：春秋早期，晉系、楚系、齊魯系等在以龍造型為核心的動物紋樣選擇上，具有很大的相似性；春秋中期開始分化，晉系新出現「翼龍」、「龍身鳳」、鳥獸銜蛇與踐蛇等動物紋樣，楚系新出現「獸身龍」等動物紋樣，晉系、楚系動物紋樣對其他地區影響較大；春秋晚期以來，各區系動物紋樣發生了較大轉型，寫實性動物紋樣漸趨增多，至戰國中晚期，並且各區系龍造型有混同的趨勢。

這一過程，始終存在相同的裝飾風格出現在不同的區系中的現象，應該有共同的價值認同觀念，追求相似的藝術風格。正是由於這種藝術語言與思想信仰的共同性，才是大一統局面得以形成的文化基礎。

目　次

第二二冊　美術史視野中的遼代琥珀研究——以陳國公主墓為中心

作者簡介

　　田亦陽，女，1994 年生人，籍貫黑龍江省黑河市，目前於中國社會科學院大學攻讀歷史學博士學位，碩士就讀於中央美術學院人文學院，並取得藝術學理論碩士學位，當前研究領域涉及遼代歷史與美術考古等方面。

提　要

　　陳國公主墓出土的琥珀製品，其種類、質量、數量在現已發掘的遼代墓葬中均數上乘，是研究遼代出土琥珀的突破口。本書以遼代出土琥珀及其製品作為切入點，重新梳理遼代出土的琥珀材料。在分類別研究的基礎上，總

結和詳細分析其題材、使用功能、工藝技術及其多種材質組合的使用方式；討論其在當時被裝飾、使用及製作的歷史語境，並涉及其所具體呈現的物質及視覺特徵。遼代出土琥珀中蘊藏的不僅有宏觀上契丹人對其身份、地位、民族、宗教信仰的認識，也在細節中體現了契丹人在日常生活與喪葬活動中，對琥珀製品的實用性與裝飾性的平衡和轉換。不僅如此，遼代琥珀的材質、工藝和紋飾等也體現了不同民族、地域及政權之間思想、藝術與文化的互動和傳播，其中凝聚的複雜多元的工藝、技術和文化觀念，集中呈現出遼代出土琥珀所象徵的，契丹人的精神文化與審美內涵，展現出動態的歷史與文化變遷。

目　次

第二三冊　以翰墨為佛事──南宋書家張即之研究

作者簡介

　　嚴崑晉，臺灣省臺南市人，崑山工專電機科畢業，退伍後於東元電機中壢廠任職。後轉換跑道，先後畢業於輔仁大學中文系、台南大學國語文學系碩士班、高雄師範大學國文系博士班。於輔大求學期間，拜國學、書畫大師王靜芝教授為師，學習書藝。王師辭世後，轉師事鹿港書家施隆民教授至今。碩論論題為《以翰墨為佛事──南宋書家張即之研究》，博論論題為《弘一法師人格與書法研究》。

提　要

　　南宋書家張即之承父恩蔭授官，然於五十一歲提早致仕，里居三十年，自適園池之樂。面對南宋末年如此動盪腐敗的世局，既無能為力又不願同流合污，藉由多次書寫屈原〈九歌〉與杜甫詩，將心中孤悶、憂國憂世的心情，寄託於翰墨之中。又由於對佛法虔誠的信仰，一生書寫大量佛教經典，以翰墨為佛事，以寫經為日課，作為對佛法的修持，期望藉由寫經能使自己執情不作，迴脫根塵。南宋書家張即之承傳張孝祥家學，又取法唐宋諸賢而自成一家，其筆力剛強、斬釘截鐵、粗細互作、古拙雋逸等書藝特色，使其享譽當世，即使敵對的金國，亦重購其字蹟。尤其寫經之作更勝出於隋唐人寫經，開啟獨具個人藝術風格的新頁。由於其以楷書為創作的主要表現型式，有別於以行草書為主體的北宋四大家，故能獨樹一幟，承接唐楷重法度的書風，在有宋一代書壇上具有重大的意義。張即之書蹟於後代，隨著書壇主流對象不同而有兩極化的評價，然後世仍有不少學宗其書者，其書蹟亦因禪僧流傳至日本，而為日本書壇所寶愛。

目　次

誌　謝

第二四冊　李瑞清書法藝術思想研究

作者簡介

　　吳守峰，1971 年出生於山東省掖縣（今萊州市），2020 年畢業於南京大學，博士研究生，藝術學博士學位。

　　現為中央美術學院燕郊校區美術館館長、中國美術家協會會員、中國工筆畫學會理事、北京美術家協會中國畫藝委會委員、北京工筆重彩畫會常務理事、李可染畫院研究員。

　　主要從事中國傳統繪畫技法、材料表現繪畫及相關理論研究，在《美術》《美術研究》等學術刊物發表論文十餘篇；出版個人繪畫作品集：《有意味的形式·吳守峰》（中國輕工業出版社 2009 年）、《著意煙雲·吳守峰作品集》（山東教育出版社 2014 年）；編著：《東西方傳統繪畫研究》（山西人民出版社 2019 年）、《東西方傳統宗教繪畫》（臺北崧燁文化事業有限公司 2022 年）、《周而復始·綜合材料繪畫學術邀請展作品集》（山西人民出版社 2023 年）；主編《不可思議的敦煌》（江蘇鳳凰科學技術出版社 2024 年）。

提　要

　　李瑞清的書法藝術思想，在中國古代書品論的基礎上繼承並創新，開創了二十世紀中國書法理論中具有重大影響的「金石學派」。其書法遠涉周秦，博綜漢魏，正草隸篆，諸體皆備，晚年「納碑入帖」，筆勢雄健，氣息蒼古，是倡導碑帖相容的踐行者。長期以來，學術界對李瑞清在書法實踐中的探索給予很多關注，而其作為碑派發展的階段性代表人物，他的書法實踐也受到一些異議。

　　文章在結合 19 世紀末到 20 世紀初的歷史、人文等語境基礎上，從書法理論、書法史研究和實踐修養的綜合視角，系統地闡釋李瑞清書法藝術思想的理論核心及架構。本文不以書法技術討論為旨歸，而是著重追溯李瑞清藝術思想的淵源，重點探析其書法理論思想的基本藝術觀點以及發展遞衍的脈絡體系。

　　全文共分為七個部分。

　　「緒論」部分梳理一百年來國內外關於李瑞清研究的重要文獻與相關問題，本文的研究意義以及研究方法、研究思路和研究重點。

　　第一章梳理臨川李氏譜系中既有的人文家學，檢視家族文脈帶給李瑞清知識架構的淵源；根據歷史節點構建其書學分期；通過分析碑學思想的文化背景和尊孔復禮思想的歷史環境，闡述李瑞清書法藝術思想形成的外界影響。

　　第二章主要闡述李瑞清以「氣」為核心的審美格調，通過釋解書法審美的「氣味」說，詮釋李瑞清書法理論和實踐中的「書卷氣」的內涵與根源，並結合儒家思想道德觀點闡述其「書學先貴立品」的書法藝術理論的思想衍遞與傳承，以及對其「人正筆正」論的歷史解讀，品察其正心立身的儒家氣度與人格修養，豐滿地還原李瑞清在社會體制鼎革後「逸」的風骨與境界及「遺」的氣節與格調。

　　第三章是本文的重點，主要研討李瑞清《玉梅花庵書斷》中的三個重要思想依據，論述「以器分派」的形式美問題和它的書學史意義；探討「求分於石、求篆於金」的發展演變及對後世書風的影響；從全局觀的角度研究「胸有全紙、目無全字」的藝術箴規。

　　第四章從語言規律的視角，結合形態結構和風格要素解析李瑞清的書法藝術，通過「似欹反正」「雄渾」與「古厚」的語言要素，具體論證其書學理論的實踐價值與創作特點。

第五章分析民國早期，上海學界針對「納碑入帖」的群體認同現象，並以曾熙、沈曾植二人的觀點和建議為例，闡釋這一書學主張的歷史意義，包括其學術思想對弟子李健、胡小石、呂鳳子、張大千等四位學者和藝術家的影響；客觀揭示其教育改良的「啟智」實踐帶來的進步性以及對南京大學今天書法風氣的學術漬染。

結語部分概括李瑞清在書學理論上的主要成就，綜合評價其在書法史發展中的學術價值，試圖從中國整個書學史的高度對李瑞清書法藝術思想和實踐的貢獻與局限進行總結。

目　次

第二五冊　兩宋時期台淨合流研究

作者簡介

　　駱海飛，女，江蘇南通人。南京大學哲學博士，蘇州大學哲學系教師。主要從事中國佛學、道教以及佛道二教的融合研究，主持市廳級、國家級課題各一項，在《北京社會科學》《雲南社會科學》《理論月刊》《中國社會科學報》等學術刊物上發表論文十數篇，出版《天台宗史略》《月西法師評傳》《天台止觀與唐宋道教修持》（合著）等著作三部。

提　要

　　兩宋時期，天台宗與淨土宗的合流是天台宗發展史上的大事。台淨合流肇端於天台智顗時代，智顗在創宗立派的過程中吸納淨土宗理論助推自宗行者修行以啟實相的做法蘊含著台淨融通的因子，並由此奠定了以台為主、以淨為次的合流基調。沿著智者大師指示的路向，四明知禮、慈雲遵式、孤山智圓等人基於天台宗的本位立場，從理論交融與宗教實踐兩個維度積極探討、論證天台宗與淨土宗合流的可能性與可行性，正式拉開台淨合流的帷幕。四明三家雖能祖述知禮之學，積極提倡並踐行台淨合流，皆未能系統而圓滿地承繼知禮學說。台淨合流的模式也由知禮、遵式時代的攝淨歸台一變而為導台向淨。及至石芝宗曉、大石志磐所處的南宋中晚期，台淨合流達到高潮，教宗天台、行歸淨土的互參模式形成。元明以降，隨著僧俗兩界對彌陀淨土信仰的全面皈依，天台宗最終融入淨土宗。知禮、遵式等人為台淨合流用心打造的攝淨歸台、以台導淨的融合模式如空花水月，歸於失敗。

　　兩宋時期，天台宗與淨土宗的合流是在三教合一成為時代潮流的背景下，在文化轉型與寺院經濟的共同作用下，天台宗僧人因應時代之發展、宗教之現狀以及信眾之需求做出的歷史性選擇，也是佛教演進歷程中內在邏輯與自身規律作用的必然結果。

目　次

第二六、二七、二八冊　河南佛教寺廟

作者簡介

　　王宏濤（1976～），男，漢族，河南偃師人，歷史學博士，鞍山師範學院副教授，洛陽玄奘文化研究會副會長。主要研究方向為佛教文化，對菩薩信仰、石窟寺考古、寺廟歷史、玄奘文化均有涉獵。曾出版《古代域外普賢信仰研究》《西安佛教寺廟》《西安佛教祖庭》《簡明佛教文化通覽》《水泉石窟》《月印萬川——華嚴宗及其祖庭》《開封繁塔造像磚精粹》《玄奘與洛陽》八部專著。在《世界宗教研究》《五臺山研究》《中國道教》、《法音》等期刊發表論文二十餘篇。

提　要

　　河南歷史上高僧雲集，他們在河南弘法、翻經、建寺，留下無數神奇的故事和傳說，承載這些故事與傳說的主體就是古寺廟。這些寺廟，有些是聞名遐邇的祖庭，如洛陽白馬寺、鄭州少林寺；有些是聲名顯赫的皇家寺院，如開封大相國寺；有些曾是歷史上著名的譯經道場，如洛陽大福先寺、天宮寺；有些是著名佛教派別的發源地，如地論宗的發源地安陽洪谷寺和修定寺、三階教的發源地安陽靈泉寺、天台宗的發源地信陽淨居寺、密宗的發源地洛陽廣化寺等；有些是動人故事的出處，如著名「三生石」故事的出處洛陽孟津慧林寺；還有些是歷史上著名高僧曾經活動過且留有遺跡的，如十六國時期的僧界領袖道安法師曾經居住和弘法的洛陽興國寺、以及淨土宗祖師曇鸞曾經擔任過維那的鄭州超化寺。這些古寺廟多數位於旅遊中心，多數本身就是全國，至少是當地人的觀光目的地。讓人們瞭解這些著名寺院的歷史與過去，瞭解河南佛寺的整體面貌與歷史貢獻，是本書寫作的初心。總的而言，律宗、三階教、禪宗、密宗、華嚴宗、唯識宗、天台宗的產生與發展與河南的關係更深些，三論宗與河南的關係最為疏遠，淨土宗的祖師們在河南的活動較少，但當下發展較好。

目　次

安徽、湖北出土青銅器鑄造地研究

黃凰 著

作者簡介

黃凰，女，安徽合肥人，中共黨員。於中國科學技術大學科技史與科技考古系獲博士學位，劍橋李約瑟研究所美國紐約李氏基金會（東亞）李氏學者，安徽省社科普及工作先進個人。現任安徽大學考古專業講師、碩士生導師，研究領域主要是科技考古與文化遺產保護。在 Almagest、《考古學報》、《自然科學史研究》等國內外核心期刊發表文章數篇。主講《中國科技史》等多門課程，所授《文化人類學》專業課曾獲安徽省教育廳教學示範課稱號，主持國家社科青年基金、安徽省社科基金等各類項目多項。

提　　要

　　目前，國內已發掘的青銅器鑄造遺址主要集中在黃河流域的中原地區，如河南安陽殷墟苗圃北地商代鑄銅遺址、陝西扶風李家西周鑄銅遺址、山西侯馬牛村古城南東周遺址等。近年來，中原地區以外的「其他地區」出土早期青銅器越來越多，對於這些青銅器的鑄造地所在，文獻中沒有找到相關記載，學界尚無定論。傳統考古學者對於青銅器鑄造地的研究一般是基於類型學對比，從器物形制、花紋等方面來推斷青銅器的產地，在這一過程中，往往會發現某些南方青銅器的造型有非中原的地方特徵。本研究的主要目的，就是以安徽、湖北兩地為例，對中原鑄造遺址以外發現青銅器的產地進行討論。

　　全書分為六個部分。在介紹泥芯示蹤青銅器鑄造地的研究原理、統計方法及分析可行性的基礎上，探討了安徽、湖北省境內部分地區近年出土青銅器的鑄造地及相關銹蝕問題。結果表明：泥芯元素示蹤青銅器鑄造地的方法可以輔助判定中原以外「其他地區」的青銅器鑄造地問題，尤其是可應用於有相當數量青銅器出土但尚未發現鑄銅作坊及遺物的遺址。從安徽和湖北的樣品來看，青銅器除了本地鑄造，也可能存在其他鑄造地，並對當地族群遷徙與技術傳播進行了一定的探討。

本書稿受安徽省哲學社會科學規劃
一般項目（編號：AHSKY2016D36）
《安徽江淮地區商周青銅器鑄造地研究》
和劍橋李約瑟研究所美國紐約
李氏基金會（東亞）獎學金
（2022 年 11 月～2023 年 7 月）資助。

序

　　中國擁有輝煌而漫長的青銅時代，商周時期的青銅器製造技藝更是世界科技發展水平的階段性標誌，在當時的社會文化中發揮著重要的功能。對中國青銅器工藝展開研究一直是中國科技考古和科技史研究的核心內容之一。在歷史研究中，我們常需要從幾個方面展開探討：有何？何時？何地？何人？為何？如何？這些問題往往並不是孤立的，而是需要把它們結合起來看待，才有望揭開其中的答案，並運用初步得出的結論來作出令人較為滿意的闡釋。

　　因此，對於青銅器鑄造工藝，實踐於「何地」顯然是一個難以忽略的問題。如果銅器上留有記錄鑄造過程的銘文，固然能從一定程度上說明問題，但絕大多數情況下出土文物都不會留給我們這類信息，那麼作為研究者，就有必要結合其他方法來尋找答案。

　　傳統考古學者主要是通過類型學來說明鑄造於同一產地的青銅器特徵。至 20 世紀末，運用科技的手段對青銅器展開研究的方法逐漸興起。學者們發現青銅器鑄造過程中，工匠一般就地取土製作模型，這樣，它們有時會在銅器中留下泥芯和陶範等鑄造遺物。通過檢測分析，可以得出這些泥芯所含元素成分、植矽體等信息，再與不同地區土壤成分加以比對，即能揭示出包括泥芯在內的陶範製作於何地，進而初步得出銅器的鑄造地在哪裏。

　　黃凰博士的此部著作，正是運用和發展這一研究方法所取得的成果。該書由她博士論文修改而成，具有以下可貴的創新之處：

　　第一，研究方法創新。由於陶片與泥芯的選料和形成過程都很接近，較原生土具有更加直接的可比性。作者在將原生土作為泥芯示蹤青銅器鑄造地的參照樣品之基礎上，首次將陶片也作為參照樣品，從而豐富和發展了已有分析

思路，這一方法在後續研究中得到一定程度推廣。

第二，研究樣品創新。此前考古學者多關注中原地區出土青銅器，但隨著考古事業蓬勃發展，中原以外區域出土的青銅器數量越來越多，而這些青銅器的具體鑄造地點並不清楚。作者聚焦於安徽、湖北兩地出土青銅器展開分析，從而為這兩省青銅器鑄造地提供了詳細的資料，同時，補充了泥芯示蹤青銅器鑄造地方法的數據庫信息。

第三，研究結論創新。我們知道西周時期中原文化與淮河及長江流域的地方文化之間的互動更加密切，春秋戰國禮崩樂壞，中原文化進一步播遷於各地，在經歷多元融合後最終重歸於大一統。作者在書中將鑄造地與鑄造族群緊密聯繫，充分論述了青銅器工藝所折射的文化傳播與合流過程，這有助於我們更加清晰地認識中華文明多元一體特性。

綜上可知，黃凰博士的這部著作具有較高學術價值。作為她的指導老師，我有幸參與了她論文的選題、撰寫和答辯過程，深知她擁有紮實的理論基礎、優秀的動手能力、嚴謹的治學態度和刻苦不懈的求索精神。畢業之後她仍在此領域孜孜不倦，立足於出土資料繼續深入研究，本書所收關於大雁墩青銅器的論文就是其進一步開展的工作。我欣喜地看到一位優秀青年學者的茁壯成長，並期待此書順利出版能夠使學界更多看到和利用她的研究成果！

秦 潁

2023 年 9 月 2 日

目

次

前　言

　　目前，國內已發掘的青銅器鑄造遺址主要集中在黃河流域的中原地區，如河南安陽殷墟苗圃北地商代鑄銅遺址、陝西扶風李家西周鑄銅遺址、山西侯馬牛村古城南東周遺址等。近年來，中原地區以外的「其他地區」出土早期青銅器越來越多，對於這些青銅器的鑄造地所在，文獻中沒有找到相關記載，學界尚無定論。傳統考古學者對於青銅器鑄造地的研究一般是基於類型學對比，從器物形制、花紋等方面來推斷青銅器的產地，在這一過程中，往往會發現某些南方青銅器的造型有非中原的地方特徵。本研究的主要目的，就是以安徽、湖北兩地為例，對中原鑄造遺址以外發現青銅器的產地進行討論。

　　採用塊範法鑄造青銅器時，有時會在青銅器內部留下泥芯，譬如青銅器鼎足中的泥芯（也可稱為「盲芯」）。泥芯由於是鑄造時留下的，因而含有產地信息。泥芯一般是在鑄造時就地取土製成，而不同地區的土壤成分及泥芯製作技術不同，導致其最終的元素組成存在差異，這種差異使得利用泥芯來示蹤青銅器鑄造地成為可能。本工作即是利用科技考古的研究方法，通過分析出土青銅器中的泥芯成分來判斷它們的鑄造地，並以原生土、陶片等作為參照和對比樣品，採用 X 射線熒光光譜儀對樣品的主成分進行檢測，利用 SPSS 等統計軟件處理和分析數據，以判斷青銅器的鑄造地。

　　全書分為六個部分。引言概括介紹了前人研究、研究對象、方法及意義。第一章介紹了泥芯元素示蹤青銅器鑄造地這一方法的背景原理，第二章對本研究所採用的實驗儀器和數據分析應用的主成分分析、聚類分析等多元統計方法進行闡述。第三章在綜述前人對青銅器鑄造工藝研究的基礎上，對鑄造中泥芯的製作等問題進行了介紹，討論利用泥芯元素來示蹤青銅器鑄造地這一

方法的可行性。第四章通過對已知鑄造地的中原青銅器的數據分析，論證了原生土、古土壤、陶片作為本研究參照對比樣品的可行性。在此基礎上，第五章和第六章是本文重點討論的部分，探討了安徽、湖北省境內部分地區近年出土青銅器的鑄造地及相關銹蝕問題。結果表明：泥芯元素示蹤青銅器鑄造地的方法可以輔助判定中原以外「其他地區」的青銅器鑄造地問題，尤其是可應用於有相當數量青銅器出土但尚未發現鑄銅作坊及遺物的遺址。從安徽樣品來看，長江流域銅陵師姑墩遺址出土青銅器應該屬於當地鑄造，淮河流域肥東龍城出土青銅器是在中原地區鑄造，安徽地區青銅器鑄造地的存在，很可能同這一地區族群的移動與文化的傳播有一定聯繫；從湖北樣品來看，襄樊、丹江口出土的青銅器屬於當地鑄造，而處於豫鄂交界地區的棗陽、鄖縣出土的大部分青銅器既不屬於中原的已知鑄銅作坊鑄造，也不在湖北襄樊等地製作，可能存在其他鑄造地。

作為一項研究性工作，本文採用了安徽、湖北部分地區近年來新出土的樣品，並在研究方法上有所創新。首先，在樣品的選取上，首次將同墓葬或者同一地區出土的陶片作為參照樣品，並對其作為參照樣品的可行性進行了討論。其次，將不同地區遺址的青銅器鑄造地問題聯繫起來，以安徽、湖北兩地樣品為案例，不僅闡述了兩個地區出土青銅器的鑄造地問題，還為利用泥芯元素示蹤青銅器鑄造地這一方法數據庫的建立提供了支撐材料。最後，本工作還對安徽淮河流域的人類族群地望、遷徙等問題進行了微探，這對於瞭解中原地區與其以外地區族群之間的文化交流，特別是鑄造技術的傳播有一定意義。

引　言

　　商周青銅器除了在中原地區遺址中發現，考古工作者在其他地區也發現了相當數量的青銅器，對於它們是在哪裏鑄造的，學術界還沒有定論。這個問題的解決，一方面有賴於與鑄造有關的直接實物證據，如陶範等的出土，另一方面是在文獻裏尋找記載。但是，南方多數出土青銅器的遺址並未找到鑄造作坊的有力發掘證據，同時，從現有文獻中也難覓相關記錄。對於這一情形的可能解釋，一方面是南方地區的保存環境，包括雨水淋濾作用在內的埋藏環境並不有利於陶範等土質鑄造遺物的保存，很可能久之分散在土壤裏；另一方面，在排除考慮文獻亡佚的可能性之餘之後，由於掌握和記錄文字的腦力勞動者與從事體力勞動的工匠之間存在區隔，加之，工藝作為一項與謀生相關的職業技藝，在師徒之間傳播，也不便以文字形式記載與告知更多人，保存相關記載的可能性本來就比較小。

　　既然文獻中找不到青銅器在哪鑄造的記錄，同時，鑄造遺物又很少發現，基於上述困境，本研究試圖換一個角度，以含有青銅器鑄造地信息的泥芯等鑄造殘留件為研究對象，利用科技考古的手段，推測青銅器的鑄造地。

一、前人研究

　　中國考古研究向來是從「物」出發的。以田野考古為基礎，在發掘的各類遺物中，又以青銅器研究為重點，可以說，青銅研究既是考古研究學者的興趣所在，亦是文物學和博物館歷史展陳的重頭戲。中國青銅器的科技分析，特別是在冶煉和礦料來源探討等方面，諸多前輩和研究機構投入大量心血，幾十年來積累了相當多的研究經驗，成果頗豐（北京科學技術大學，1994；蘇榮譽

等，1995；韓汝玢等，2007；金正耀，2008；孫淑雲等，2011；王昌燧，2013）。現已發現的重要青銅器採冶遺址主要分布於江西瑞昌銅嶺、湖北大冶銅綠山、安徽銅陵地區、山西中條山，以及雲南東北部等地。從青銅器製做流程來看，主要包括礦料採集、冶煉和鑄造前後銜接的三道工序。其中，採冶研究涉及資源的輸出、交通狀況、技術發展程度以及貿易流通等多方面內容，這方面業已有較多討論（黎海超，2020），而青銅器鑄造方面的現有研究主要集中於鑄造法和工藝復原的研究（譚德睿，1989；董亞巍，2006；華覺明，譚德睿，孫淑雲，2007；陳建立，劉煜，2011），對於鑄造地點〔註1〕的討論相對較少。從現有考古發掘來看，已知的青銅器鑄造遺址集中在中原地區，如夏代的偃師二里頭、商代的安陽殷墟苗圃北地、商代的鄭州南關外和紫荊山、西周的洛陽北窯、東周的山西侯馬晉魏城和牛村古城南、戰國的新鄭鄭韓鑄銅遺址等（趙全嘏等，1957；侯馬市考古發掘委員會，1962；馬洪路等，1995；廉海萍等，2011；中國社會科學院考古研究所，1961、1987、1999）。但隨著考古發現的不斷增加，從目前商代青銅器出土地點可以看出，除黃河中下游的中原地區以外，在淮河流域和長江中下游地區也出土了大量青銅器，見圖1。對於這些雖然有銅器發現但卻沒有明顯鑄造遺物證據的遺址，這些青銅器「是在哪裏鑄造的」便是本研究的重點。

以往考古研究對青銅器鑄造的關注重點，一方面是考慮青銅器鑄造的工藝方法和鑄造流程，另一方面是依靠器物型制特徵的辨別，判斷鑄造技術是否存在同源性，一般認為具有同樣或者相似型制的青銅器，它們的鑄造技術很可能存在相同來源或者相互之間有傳播關係。但「鑄造」這一工序發生的地點往往容易在研究中被忽略，實際上，作為青銅器鑄造完整信息中的一部分，同時也是復原青銅器鑄造歷史場景的一個重要環節，探究鑄造之地，能夠將今之觀眾拉回到鑄造的確切現場。

發掘人員通常依靠出土青銅器的遺址中是否含有鑄造相關遺物來判斷青銅器是否在當地鑄造，但對於沒有鑄造遺物證據而只有青銅器出土的情況，如何判斷它們的產地就成為傳統考古無法解決的一個問題。

為了探尋青銅器鑄造之地點，需回顧青銅器鑄造之細節，搜尋與鑄造地相關的信息以追溯產地。中國早期青銅器一般被認為是「塊範法」鑄造（中國科學院自然科學史研究所，2016；董亞巍，2006），基於這樣的工藝，青銅器

〔註1〕本文為表述方便起見，文中會簡稱為「產地」。

的鑄造過程有時會在器物內部留下泥芯〔註2〕，而泥芯常為就地取土製成，有
學者便考慮採用泥芯法溯源青銅器鑄造地。這一研究方法早在上世紀20年代
就展開了（Formigli E. et al，1993），最早開始這方面研究的學者是 Cipriani
（1984）、Mannoni（1984）等人，上世紀90年代以後，利用泥芯探討青銅器
鑄造地的研究有所進展，Reedy（1991）、Holmes（1991）、Lombardi（1998，
2002）等人都對這一方法的考古學應用進行了初步探討，但由於中國樣品來源
有限，並未進行大樣本的區域性對比研究，而這一研究方法在國外青銅器上的
應用並不多見。

圖 1　商代青銅器出土地點分布〔註3〕

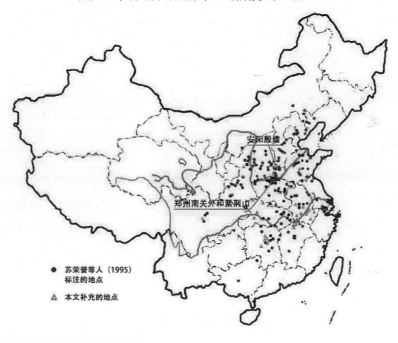

〔註 2〕 譬如，青銅鼎的足部內含有的鑄造之時留下的泥芯，因為從外面看不見，所以
也稱之為「盲芯」。

〔註 3〕 蘇榮譽等人（1995）曾在《中國上古金屬技術》中標明了出土商代青銅器的地
點，本文補充了出土商代青銅器的代表性地點。如河北磁縣、武安，陝西甘泉
縣，山東泗水，重慶巫山縣，四川成都，安徽的銅陵、繁昌、青陽、宣城、歙
縣、潛山、樅陽、六安、望江縣、盧江，湖北的襄樊（現為襄陽）、鄖縣、棗
陽、丹江口、歸縣、宜昌市漁峽口鎮，湖南益陽、寧鄉、邵陽，江西永修、德
安，浙江甌海（李海榮，1996；王永剛等，2007；曹豔芳，2006；施勁松，2011；
張愛冰等，2010；吳家智，2009；黃鳳等，2010；羅武干，2008；魏國鋒等，
2011；唐小勇，2010；豆海鋒，2011；浙江省文物考古研究所等，2007）。安
陽殷墟和鄭州南關外、紫荊山是目前已知的商代青銅器鑄造作坊。

　　國內有關青銅器鑄造地的專門系統性研究較少，以往多採用青銅器類型學的比較來說明青銅器的產地特徵。國內青銅器鑄造地的科技考古研究是在21世紀初陸續展開的（魏國鋒，2007；南普恒，2008，2010；羅武干，2008；黃鳳，2010），主要利用泥芯中的主量化學元素與原生土對比，就若干遺址出土青銅器的鑄造地進行了嘗試性的探討。此外，秦穎等學者（2008）首次採用泥芯中所含的植物矽酸體（以下簡稱植矽體），輔助示蹤了九連墩戰國楚墓出土青銅器的鑄造地。這一方法的原理簡而言之是，各地區因自然環境不同導致植物相異，青銅器泥芯中含有的植矽體殘存物因產地而不同（譚德睿，1999）[224]。但是，這種產地示蹤法存在局限性，主要是植矽體在地理空間上的分辨率較差（魏國鋒等，2011），僅能劃定所在自然大區域。因而，採用泥芯中的植矽體來輔助示蹤青銅器鑄造地的實際操作難度較大。

　　本研究擬利用泥芯中的主量元素來示蹤近年安徽、湖北兩省部分遺址出土青銅器的鑄造地。對比樣品除了遺址所在地的原生土，還採用了古土壤和陶片，對實驗數據進行多元統計分析，並就該方法的可行性進行討論，以期在前人研究基礎上進一步探索。

二、研究對象

　　已有論述對青銅器的研究興趣，主要集中在黃河流域的中原地區，而對「其他地區」——長江流域和淮河流域關注度不高。安徽位於淮河流域中游，淮河流域是中國南北天然的分界線。湖北位於長江中下游地區，是楚文化的核心地帶。安徽、湖北一帶，北望商周王朝，南臨百越，屬於當時地理上的交通要衝。近年來，安徽、湖北地區陸續出土了一批包括泥芯、陶範在內的鑄銅遺物，對於該地區青銅器鑄造地的研究，有助於瞭解這一區域的冶金技術狀況。

　　張光直先生（1983）認為「中國青銅時代，是指青銅器在考古記錄中有顯著的重要性的時期而言的」。從考古發掘的實物證據來看，青銅器從二里頭文化開始，其重要性逐漸顯現，至商周時期達到頂峰，而從春秋晚期開始沒落，秦漢時期開始漸漸退出歷史舞臺。華覺明先生（1984）認為「從夏代至春秋戰國之交是中國的青銅時代」。孫淑雲（1997）認為，甘肅齊家文化後期出現的青銅器，表明在新石器時代晚期已進入青銅時代。作為本工作研究對象的安徽、湖北兩地青銅器，其年代跨度是從商周時期至三國時期，基本覆蓋整段中國青銅時代。

三、研究方法

本工作從科技考古的角度，在考古發掘的基礎上，以實驗檢測為手段，輔以統計分析的方法，討論安徽、湖北地區出土青銅器的鑄造地問題。考古研究的初衷是解決考古學問題，本研究的重點是探索青銅器的鑄造地，實驗儀器和統計方法僅作為輔助手段。在檢測方法的選擇上，本文不是為了展示實驗儀器在考古學研究中的應用，所以，綜合考慮檢測速度、靈敏性、測試價格等多種因素後，採用便捷可行、性價比高的 X 射線波長色散熒光光譜方法，進行樣品的成分檢測。在數據處理方式上，利用 SPSS 軟件實現多元統計的主成分分析和聚類分析以處理信息並判別產地。

四、研究意義

作為一項研究性工作，本文採用了安徽、湖北部分地區近年來出土的考古發現新樣品，並在研究方法上有所創新。首先，在樣品的選取上，首次將同墓葬或者同一地區出土的陶片作為參照樣品，並對其作為參照樣品的可行性進行了討論。其次，將多個不同地點的青銅器鑄造地問題聯繫起來，以安徽、湖北兩地為案例，不僅闡述了兩個地區出土青銅器的鑄造地問題，還為利用泥芯示蹤青銅鑄造地這一方法建立數據庫提供了較為詳細的初期材料。最後，本工作還對安徽淮河流域的人類族群地望、遷徙等問題進行了微探，這對於瞭解中原地區與其以外地區族群之間的文化交流，特別是鑄造技術的傳播有一定意義。

第一章　青銅器鑄造地研究的背景原理

　　青銅器製做一般是先找礦料、再採礦，經過冶煉之後，再鑄造。鑄造作為最後一道工序，不一定與原料冶煉在同一地點。採用「塊範法」鑄造青銅器時候，有時會在鑄器內部留下「泥芯」，見圖 1.1，而泥芯一般為就地取土製成。所以，泥芯成分與鑄造地的原生土存在同源性。又因為不同地區泥芯的原料和處理技術不同，導致其最終的元素組成存在差異，這種差異使得利用泥芯來示蹤青銅器鑄造地成為可能。

圖 1.1　出土青銅器鼎足的泥芯

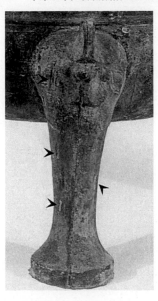

利用泥芯成分示蹤青銅器鑄造地，除了採用原生土，還可以採用同墓葬或者同一地區出土的早期陶片作為對比樣品。因為陶器的燒造通常也是就地取土，而泥芯和陶器在選料上較為相近，也就是說泥芯的選料基本繼承了製陶術的泥料處理工藝（譚德睿，1999）[246]。不同在於，古泥芯焙燒溫度一般未達燒結溫度，所以泥芯並不是陶（李迎華等，2009）。實際上，低溫陶燒製過程中，會有燒失量，但是燒失的部分大多為水和碳。也就是說，低溫陶燒製過程雖然使得陶器中的有機質揮發，但無機物含量變化不大。前人研究表明，陶器燒成過程中除 Br、S、Cl、As 等元素外，所含大部分主量、微量元素均不會發生顯著變化（山西考古研究所，2012）。這一事實就使陶器和原生土一樣，作為泥芯示蹤青銅器鑄造地的參照物成為可能，因為青銅器鑄造中泥芯採用的土壤和當地陶器燒造使用的土壤原料一般均為就地取土，尤其是在青銅時代陶器製做工藝簡單的情況下。

就目前科技考古常用方法來看，泥芯示蹤法，本身應當包含至少兩個部分，泥芯中的主要化學元素比例法和泥芯中的植物矽酸體（簡稱植矽體）方法。限於植矽體的地區分辨率低及研究條件兩個原因，本文僅以泥芯元素用以示蹤青銅器鑄造地，未來如果條件允許，尚需補充植矽體法，用以驗證和確保結論的更準確性。總之，無論是土壤、陶片，還是泥芯，其組成成分的差異，從化學元素角度來看，是不同地區土壤組成差異造成的。因而，本章將概述青銅器鑄造地研究的背景原理——中國土壤成分差異。

中國位於歐亞大陸東部，幅員遼闊，物產豐富。東西跨越五個時區，南北經歷五個熱量帶，地勢西高東低，呈階梯狀分布。廣闊的土地上擁有高原、山地、平原、丘陵和盆地五種地形，複雜的地形導致了多樣的氣候，從東南沿海到西北內陸，可分為多個乾濕區域，見圖 1.2。

地形和氣候的差異導致了地區之間土壤生成環境的不同，因而土壤類型相異。青銅器鑄造地研究便是基於土壤分布差異原理進行的，就地取土製成的泥芯——作為追溯青銅器鑄造地的媒介，是在鑄造過程中與青銅器一起保留下來的。所以，通過泥芯與土壤的成分比較，可以間接推測青銅器的鑄造地。本章將從土壤的形成、我國土壤分類系統、土壤分布規律三個方面概述青銅器鑄造地研究的土壤背景原理。

圖 1.2　中國氣候區劃新方案簡圖

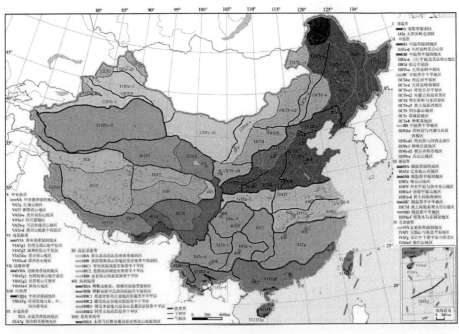

（鄭景雲等，2010）

1.1 土壤的形成

　　地形的不同以及冷熱、乾濕的差異，導致了各地區地表岩石形成了不同類型的風化殼，如碎屑狀風化殼、含鹽風化殼、碳酸鹽風化殼、矽鋁風化殼等。這些風化殼所含的黏土礦物所形成的次生礦物因環境而不同。比如，東北的三江平原和長江三角洲地區都有大面積矽鋁風化殼，但由於兩地岩性和淋溶強度不同，風化過程中，風化殼中鉀、鈉、鈣、鎂的遷移強度也不同。如果風化殼的母岩是石灰岩，在高溫多雨下，大量鹽基隨水遷移，會導致鈣大量淋失。由於風化殼是土壤發育的物質基礎，所以不同地理環境下由風化殼形成的土壤，其化學組成也是不同的。

　　土壤是地球表面一層具有肥力的疏鬆物質，是大氣圈、岩石圈、水圈和生物圈共同作用的產物（龔子同等，1999）[39]。土壤的形成從岩石風化就開始了，岩石上著生或定居的生物加速了岩體的風化，最終形成原始土壤。在乾旱或者半乾旱地區，土壤的形成還存在醃漬、鈣化等過程；在熱帶和亞熱帶地區，土壤的形成還存在富鋁化等過程。此外，人為的土壤熟化過程，也會導致土壤中

的物質發生很大變化（中國科學院《中國自然地理》編輯委員會，1981）[7-20]。因此，隨著自然和人為條件的變化，土壤類型在空間上的組合是不同的，這就為利用泥芯示蹤青銅器鑄造地提供了土壤來源的區分依據。

1.2 我國土壤分類系統

上世紀 50 年代以前，國內土壤分類尚未形成系統概念。1958 年和 1979 年，全國先後開展了兩次土壤普查工作，為土壤分類系統的建立積累了大量經驗。及至 80 年代，在中國科學院和國家自然基金的資助下，由中國科學院和南京土壤研究所主持，與多所高校和研究機構合作，開始對中國土壤分類進行深入研究（王慶雲等，1997）。1981 年出版的《中國自然地理（土壤地理）》（以下簡稱《自然地理》）將我國土壤分為 12 個系列，即紅壤系列、棕壤系列、褐土系列、黑土系列、栗鈣土系列、漠土系列、灌淤土系列、水稻土系列、濕土系列、鹽鹼土系列、岩性土系列和高山土系列，但編者認為「土類系列之間的確切劃分尚需進一步研究」（中國科學院，《中國自然地理》編輯委員會，1981）[39-40]。之後，張俊民等人在《我國的土壤》（1984）中將中國的土壤分為 11 個土綱，分別為熱帶和亞熱帶的富鋁土、溫暖濕潤地區的溶淋土、林灌地區的半淋溶土、千里草原的鈣層土、乾旱地區的石膏——鹽層土、鹽鹼土、岩性土、平原地區的半水成土、低窪地的水成土、水稻土和高山土（張俊民等，1984）[17-18]。至上世紀 90 年代，中國科學院南京土壤研究所對「中國土壤系統分類」的課題進行了細緻地研究，在吸收美國等國家土壤分類的先進經驗後，將我國土壤劃分為 14 個土綱，分別為有機土、人為土、灰土、乾旱土、鹽成土、均腐土、富鐵土、淋溶土、潛育土、鐵鋁土，變性土，火山灰土，雛形土和新成土，其中，前 10 個土綱是根據主要成土過程產生的性質劃分的，這 14 個土綱又能細分為亞綱、土類和亞類（龔子同等，1999）[41-884]。

雖然不同時期對土壤的劃分不同，但是它們都是在分析土類共性的基礎上概括出來的。土類，是指在一定的成土條件，如生物氣候條件、水文條件（或耕作制度）下形成的土壤類型，具有特定的成土過程和土壤屬性。全國共有磚紅壤、紅壤、赤紅壤、黃壤、燥紅土、黃棕壤、棕壤、暗棕壤、漂灰土、褐土、壚土、綿土、黑壚土、灰褐土、灰黑土等 40 多個土類。例如我國北亞熱帶生物氣候條件下形成的黃棕壤，它的成土過程具有淋溶、黏化和弱富鋁化

的特點，分布於四季分明的江蘇、安徽和湖北等省的長江中下游兩岸的低山丘
陵區（中國科學院《中國自然地理》編輯委員會，1981）。

　　本文著重研究安徽、湖北出土青銅器的鑄造地問題，兩省的土壤類型和
分布狀況在《湖北省土系概要》（王慶雲等，1997）、《自然地理》等書中均有
詳細記錄，不再贅述。

1.3　土壤分布規律

　　由於自然環境和社會經濟因素的相似性和差異性，導致土壤分布具有規
律性。首先，從全球來看，土壤類型分布與自然帶的變化相一致。我國由於原
始地形特徵與其他地區不同，在符合土壤分布地帶性規律的基礎上，又具有自
己的土壤分布特點。根據現有研究成果，從垂直分布來看，土壤隨山體的高度
和形態不同呈有規律的變化。從水平分布來看，土壤呈現有規則的分布。秦
嶺、淮河以南的亞熱帶至熱帶地區的土壤類型自北向南依次是黃棕壤、紅壤和
黃壤、赤紅壤和磚紅壤；秦嶺、淮河以北的溫帶地區的土壤類型受複雜地形和
季風的影響，大體上又可分為三個部分：東部地區的土壤類型，由南向北依次
是磚紅壤、赤紅壤、紅壤、黃棕壤、棕壤、暗棕壤、漂灰土；暖溫帶的土壤類
型，由東南向西北依次是棕壤、褐土、黑壚土、灰鈣土至棕漠土；溫帶的土壤
類型，由東向西依次是黑土、黑鈣土、栗鈣土、棕鈣土、灰漠土、灰棕漠土（中
國科學院《中國自然地理》編輯委員會，1981）[21-23]。

　　其次，土壤的分布具有地域性。秦嶺、淮河以北的土壤帶水平分布規律
說明，即便處於同一自然帶的地區，由於地形不同和季風影響，土壤類型也
會不同。由於成土母質、地形的不同，加之局部微氣候（如水流、陽光）和人
為活動（如耕作）等影響，在土壤的地帶性規律之外，我國土壤的組合分布
還存在地域性特點，如四川盆地的黃壤和紫色土組合；桂、滇、黔交界處的
石灰土、黃壤與紅壤的土壤組合（中國科學院《中國自然地理》編輯委員會，
1981）[31-37]。據此我國對土壤進行了分區。

　　《自然地理》根據不同地區土壤的異同，結合水、熱條件與地形、母質組
合特點，將中國土壤分為八個大區：華南、滇南磚紅壤、赤紅壤、水稻土大
區；江南紅壤、黃壤、水稻土大區；長江中下游黃棕壤、水稻土大區；黃河中
下游、遼河下游棕壤、褐土、黑壚土大區；東北黑土、白漿土、暗棕壤大區；
內蒙古、隴東栗鈣土、棕鈣土、灰鈣土大區；西北乾旱土漠土、綠洲土大區；

青藏高原高山土大區〔註1〕。按照上述分類，本文研究的安徽、湖北地區屬於長江中下游黃棕壤、水稻土大區。而《我國的土壤》一書中，將中國土壤的大區初步分為三大土壤區域，即東部森林土壤區域、蒙新草原—荒漠土壤區域、青藏高山草甸—草原土壤區域（張俊民等，1984）[201-230]。該分類法較為簡單，但忽略了中部地區的土壤。1999 年的《中國土壤系統分類：理論·方法·實踐》是在《中國土壤系統分類（修訂方案）》（1995 年）研究成果的基礎上寫成的（唐耀先，1999），該書系統地研究了中國土壤，將我國土壤分為東南部濕潤土壤區域、中部乾潤土壤區域和西北部乾旱土壤區域三大土壤區域，又進一步劃分為更小的分區單位（見圖 1.3），依次為土壤區、土壤亞區、土壤片和土壤樣塊（龔子同等，1999）[859-860]。從圖 1.3 可以明顯看出中國土壤的水平分布具有地域性特點。

圖 1.3　中國土壤圖

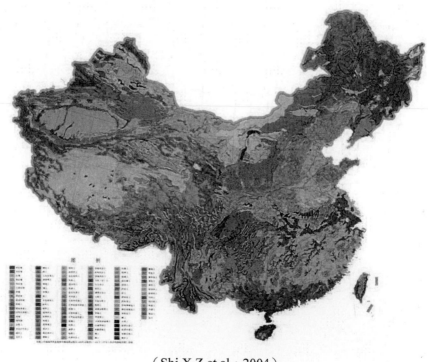

（Shi X Z et al，2004）

〔註 1〕 中國科學院《中國自然地理》編輯委員會，1981 年，第 114～117 頁。八個大區又可劃分為第二級區、第三級土區。根據土壤類型和組合，將第二級區進一步劃分為第三級土區。如洞庭湖流域屬於紅壤、水稻土區；沂蒙山區屬於淋溶褐土、棕壤區；六盤山、隴山屬於褐土、棕壤區等。

1.4　結論

　　不同地區的土壤因為受自然條件以及人為活動影響而具有的地帶性和地域性特點，成為利用土壤區域性差異來解釋考古學有關問題的一種理論基礎。李家治、羅宏傑等人曾利用土壤元素組成的差異對古陶器進行斷源斷代，建立了一系列的古陶器元素數據庫（吳雋等，2007；李家治等，1998），並多次成功應用於不同地區出土古陶瓷的產地研究，如薛家崗遺址出土古陶的產地研究（呂利亞等，2007）、北京毛家灣出土古瓷的產地分析（謝國喜等，2007）、賈湖遺址出土古陶的產地判斷（邱平等，2000）、杭州古中河南段月白釉瓷片和浙江臨安天目山黑釉瓷片的燒造地研究（李家治等，1999）、北方出土原始瓷的燒造地研究（羅宏傑等，1996）。這一實踐啟發了利用泥芯中土壤元素的差異來研究「塊範法」鑄造青銅器思路，使得土壤成分差異成為泥芯示蹤青銅器鑄造地的背景依據。

第二章　實驗方法及數據處理的統計分析

2.1 實驗方法——波長色散 X 射線熒光光譜分析

　　本文對近年安徽、湖北地區出土青銅器的鑄造地研究，除了採用泥芯樣品，還參考土壤、陶片、陶範等對比樣品，對它們的實驗分析主要是檢測其化學組成，現就儀器選擇和樣品製備展開討論。

2.1.1 檢測方法的選擇

　　目前，對土壤組成的測定方法有很多，除了濕化學方法，還有等離子體發射光譜法（ICP-AES）、火焰原子吸收法（F-AAS）、石墨爐原子吸收法（GF-AAS）、X 射線熒光光譜法（XRF）、氫化物發生原子熒光法（HG-AFS）、中子活化法（INAA）等方法（中國環境監測總站等，1990）。

　　古陶化學組成的測定方法也有很多，除了早期使用的濕化學方法（李家治等，1998）和發射光譜法（OES），還有原子吸收光譜（AAS）、電子探針（EMPA）、中子活化分析（NAA）、X 射線熒光光譜法（XRF）、電感耦合等離子體發射光譜（ICP-AES）和質譜（ICP-MS）。其中，XRF 有能量色散 X 射線熒光光譜（EDXRF）和波長色散 X 射線熒光光譜（WDXRF）兩種。此外，核技術中的質子激發 X 射線熒光分析（PIXE）和同步輻射 X 射線熒光光譜（SRXRF）也可用於古陶組成元素的測定（鄭乃章等，2007）。對於上述方法在測定古陶成分的準確性和優缺點上，陳鐵梅（2003）、方濤（2011）等人有

過綜合論述。

泥芯和陶範成分的測定方面，早期是採用濕化學方法，如對侯馬東周陶範和殷墟苗圃北地陶範的成分研究（譚德睿，1986）。21 世紀之後，對泥芯無機成分的測定，一般是採用現代理化儀器進行，如利用 X 射線熒光光譜檢測泥芯的主量元素（南普恒等，2008）、採用等離子體發射光譜檢測泥芯的稀土元素（魏國鋒等，2007）。

通過上述論述，可以看出，在土壤、陶、泥芯等樣品的成分檢測中都可以採用波長色散 X 射線熒光光譜法（WDXRF）。實際上，波長色散 X 射線熒光光譜（WDXRF）的應用已經很成熟，它操作便捷，檢測速度快，且靈敏度較高，相對於中子活化分析等核技術檢測，WDXRF 測試價格較便宜。同時，相對於原子吸收光譜等方法，WDXRF 一次就能測定多個主量元素。但是，WDXRF 分析的局限是有損分析，會破壞樣品，由於本文研究材料是徵得樣品來源單位的許可，可以取適量樣品進行科學研究。所以說，WDXRF 是適合本工作的綜合性價比較高的一種主量元素檢測手段，本項研究擬採用該方法測定矽 Si、鋁 Al、鉀 K、鈉 Na、鈣 Ca、磷 P、鐵 Fe、鎂 Mg、鈦 Ti、錳 Mn 等元素。

2.1.2 樣品製備

土壤、陶、泥芯等樣品的波長色散 X 射線熒光光譜分析，有粉末壓片法和玻璃熔片法兩種製樣方法。玻璃熔片分析精度較好，檢測成本高，相較而言，粉末壓片法成本較低，但是樣品消耗量高。本實驗對部分樣品（M714-1、M714-2、M714-3、H44、H42、6、7、SM2、SM2、CY10、M1）採用玻璃熔片法制樣，其他樣品採用粉末壓片法制樣。

泥芯一般是在青銅器銹蝕殘破的耳、鋬、足裏發現的。在採集泥芯樣品時，儘量取受污染較小的中間部分，刮除樣品表面污染層後，將樣品過 200 目進行篩分，剔除樣品中粗砂等可能的雜質。在瑪瑙研缽中，將泥芯樣品研磨至粒度小於 0.053mm 的粉末，烘乾待測。

陶片樣品的製備，首先磨去表面受到侵蝕的部分，取約 $1cm^2$ 的小塊，放入超聲波清洗器中用去離子水清洗 3 次，盡可能去除環境污染，放入烘箱中。烘乾後，將樣品放在瑪瑙研缽中研磨，磨至與泥芯樣品相同粒度，烘乾待測。

土壤樣品採用當地原生土或者墓土，作為參照背景樣品，烘乾後，在瑪瑙

研缽中直接研細，待測。

　　上述經過處理的待測樣品可直接用於粉末壓片法測試。玻璃熔片法制樣是在上述前處理後，同時將無水 $Li_2B_4O_7$ 在 700℃灼燒 2 小時，將稱取的適量樣品粉末（泥芯、陶、土壤）與 $Li_2B_4O_7$、LiF 以相應比例混合均勻，滴入 3%的 LiBr 溶液，烘乾後，置於 Shimadzu 熔樣機中，在 1050℃～1100℃下，製成熔融玻璃片樣品待測。

2.1.3 實驗儀器與條件

　　測試儀器為中國科學技術大學理化科學實驗中心的 WD-1800 波長色散型 X 熒光光譜儀（日本島津公司生產）。工作條件：該儀器配有 4kW 端窗銠（Rh）靶 X 光管，管口鈹窗厚度為 75μm，並配以最大電流 140mA 的 X 射線電源及發生器，高精度的 θ～2θ 獨立驅動系統，雙向旋轉的 10 位晶體交換系統，3 種狹縫可交換，靈敏自動控制系統，為獲取高可靠性的成分數據提供了保證。電壓、電流分別為 40kV 和 95mA。

2.2　數據處理的統計分析

　　統計學是應用數學的一個分支，主要是利用基礎數學理論的概率論，來建立數學模型，對搜集的各類信息進行量化的分析，探索其中規律，為相關研究提供參考。目前，統計學已經廣泛應用於自然科學、社會科學和人文科學的幾乎所有領域。如地理空間信息搜集、人口調查、礦藏勘測、旅遊調查、醫療數據建立、資產統計、古玻璃成分研究、資源開發、植物的組成分析、生物化石分類鑒定等方向（梁豔平，2003；劉業森等，2005；何海洲等，2007；伏修鋒等，2006；趙賢淑，1996）。

2.2.1 統計分析在考古學上的應用

　　上世紀 50 年代開始，Robinson（1951）、Spaulding（1953）等人就開始將定量方法運用於考古學研究，主要用於類型學、排序等方面。而當將統計學上的方法應用於闡釋考古學問題的時候，考古學家們開始意注意到統計方法可以作為研究考古問題的一種手段。到了 70 年代，定量方法開始在考古研究中迅速發展，美國學者 Binford（1964，1966）等人在這一浪潮中起到了主導作用。但從統計方法在考古學的應用角度來看，70 年代中期以前，主要是從應

用可行性予以討論，基本停留在初期探索嘗試階段，並非是真正的實例應用。70 年代中期以後，統計考古方面的研究逐漸取得了一些有意義的成果，這方面的典型代表，是 Bieber（1976）團隊的工作，他們為統計考古工作建立了一種分析方法模式，成為現在統計考古分析法的雛形。及至 80 年代，統計考古工作已經普遍為相關研究學者所認識，而這方面的教科書也開始發行，如定量考古 *Quantifying archaeology*（Shennan S.，1988）一書。統計考古開始走上正軌是在上世紀 90 年代，統計方法在考古的應用上與 70 年代相比，未有太大變化，主要還是用於分析產地、測年等問題上，並且採用的統計基礎理論也差別不大，進步在於，統計分析在考古學中的應用並不限於單一方法的運用，而是綜合考慮多種研究方法來闡釋考古學問題。

目前，統計方法已經應用到考古研究的諸多方面，如古希臘銅幣研究（Araventinos A. et al，1993）、景德鎮歷代青花瓷胎研究（吳雋等，1997）等。統計方法應用最多的考古領域是古陶瓷研究。自上世紀 70 年代，多元統計分析就開始運用於古陶瓷研究上（Bieber A. M. et al，1976），由於考古樣品的龐雜特點，採用的多元統計分析法一般是混合數據的聚類分析，而統計研究的主要目的是利用成分數據輔助揭示陶器的產地，如通過克里特島黏土多樣性來探索米諾安陶器的來源（Hein A. et al，2004）。到了 90 年代，隨著核技術在科技考古中應用的推廣，中子活化分析也用於古陶瓷成分的檢測，但成分數據的處理依舊採用多元統計分析中的常用方法。21 世紀以後，古陶瓷的多元統計分析已經不再是一種新鮮的方法了，介紹這方面應用成果的文獻頗多，如 *Quantitative techniques for analyzing ceramic compositional data* 分析陶器成分數據的定量方法（Glowacki D M. et al，2002）、*On statistical approaches to the study of ceramic artefacts using geochemical and petrographic data* 論用地球化學分析和岩相分析研究陶瓷的統計方法。

國內利用統計方法研究古陶瓷問題發展於上世紀 90 年代，以高力明（1990）、李家治（1999）、邱平（2000）、謝建忠（2001）、李國霞（2002）、吳雋（2007）、呂利亞（2007）、毛振偉（2007）、鄭乃章（2007）等為代表的考古學者對中國古陶瓷的成分進行了一系列的統計分析研究，發表了不少這方面的成果。本文採用統計分析法處理樣品成分數據，是為了闡釋青銅器鑄造地問題，其原理與古陶瓷研究的統計分析是基本一致的，只是所要解決的考古學問題不同。

2.2.2 統計方法及軟件的選擇

　　考古學中的定量研究是分析考古材料中的各種數量關係，也就是將描述性的考古信息量化後，利用數學來研究其中可能存在的某種規律。這一想法始於上世紀 60 年代（Clarke D. L.，1968），之後，定量方法在考古上的應用逐步變為現實。上世紀 80 年代以後，國內學者將此方法介紹到考古研究中來，賈偉明（蘇秉琦等編，1987）、滕銘予（劉慶柱等編，2000）、陳建立（2000）、陳鐵梅（2005）等學者對這一應用都有論述。

　　統計方法是定量研究的重要手段，在面對大量複雜考古數據的時候，統計方法可以作為定量研究考古問題的工具，輔助處理、分析樣品數據。國內外有關統計方法應用於考古研究的文獻頗多（Baxter M. J.，2001），目前，廣泛應用於考古學各領域的主要是多元統計分析法 Multivariate Analysis（Baxter M. J.，1994）。多元統計分析，又稱多變量分析法，它可以用於處理每個樣本具有多個特徵（變量）的大樣本數據群。這種分析法的優點是根據變量之間的關係，按照研究者的經驗以及數據本身特點導出不同變量的權重，得出綜合結果以供分析，避免了變量選擇中顧此失彼的情況發生（陳鐵梅，2005）。它包括判別分析 Discriminant Analysis（羅宏傑等，1995）、貝葉斯方法 Bayesian Approach（Buck C. E. et al，1996）、相關分析 Correlation Analysis（吳十洲，2001；陳鐵梅，2005[98-100]）、主成分分析 Principle Component Analysis（PCA）、聚類分析 Clustering Analysis 等方法。

　　本工作所採集的樣本量較大，且每個樣品具有多個特徵變量，為了綜合考慮所有檢測數據的權重，並獲得清晰、可信的統計結果。在處理樣品成分數據時，採用多元統計分析中的主成分分析和聚類分析，研究青銅器鑄造地問題。

　　主成分分析是分析多元數據的有效方法之一，它的關鍵作用是降維 Ordination，即是將原來的複合多變量重新組合成幾個綜合變量。簡單來說，當面對一群樣品，而每個樣品又具有多個數據的時候，無法從整體上來把握這些數據的關係。而主成分分析就是在儘量保留對分析結論貢獻高的「特徵數據」的情況下，對數據群進行降維重組，使之成為可視化程度高的二維或三維數據。如今，主成分分析在國內外考古研究中的應用已經相當普遍，如對河南出土二里崗時期陶豆研究（陳鐵梅，2005）[230]、安徽繁昌出土青白瓷的微量元素分析（楊玉璋等，2008）等方面均有運用。

聚類分析是將未知的數據按照相似性進行分類的一種方法，是考古研究中應用最多的一種多元統計分析法。聚類分析最初是用於數學上的一種模糊集合的分類法（Bezdek J. C.，1974），其主要目的是建立分開混合數據的有限混合模型（Everitt B.S.，1988）。聚類分析包括合成聚類法、K 均值聚類法等多種方法，對於研究中如何選用聚類方法，Fraley et al（1998）曾有過專門的論述，而對於怎樣用模糊聚類法分析數據，Döring et al（2006）也有專門的說明，此處不再詳述。聚類分析在考古上的廣泛應用始於上世紀 90 年代，陳鐵梅先生（1991）在研究古代顱骨的時候用到了聚類分析，探討其在考古上的應用。21 世紀以後，有關聚類分析在考古上應用的參考文獻越來越多（Baxter M. J.，2009），聚類分析在考古應用上的日趨成熟，為本工作採用該統計方法提供了有效的保障。

統計軟件的選擇是十分必要的，因為在處理大量信息數據的時候，統計分析會產生運算負擔，因而基於計算機的統計軟件就應運而生了。近年來，統計軟件也逐步應用在了考古研究中，用於處理量化了的考古信息。由於考古樣品本身較多，加之每個樣品的實驗數據有數個，導致研究對象的整體數據群龐大，因而，統計軟件的使用顯得十分必要。適用於考古學研究的計算機軟件比較多，常用的有 SPSS（Statistical Package for Social Science）、SAS（Statistical Analysis System）和 MATLAB（MATrix LABoratory）三款軟件。

本工作所採用的統計軟件是常應用於考古研究的 SPSS 軟件。該軟件操作便捷，使用簡單，在考古學研究上有多種應用，如利用植矽石形態來辨別東亞野生與人工培育稻米、新西蘭史前波利尼西亞人性別判斷等方面（Murphy A. M. C.，2002）。本文主要是利用 SPSS 軟件進行主成分分析，並做散點圖 Scatter Diagram、箱式圖 Box Plot、聚類圖 Cluster Graph，以便清晰地觀察研究對象之間的關係。SPSS 軟件處理本文數據的具體程式操作和說明參見附錄二。

EXCEL 辦公軟件是常用的數據處理軟件，在將表格數據快速圖形化方面的作用具有絕對優勢。本工作的重點不在於展示各種統計軟件的運用，所以數據處理採用 SPSS 統計軟件和 EXCEL 軟件。

2.2.3 統計分析對青銅器鑄造地研究的現實意義

隨著學科交叉研究成為熱點，統計分析方法已廣泛運用於考古研究的眾多領域。但這並不意味著這一應用以臻成熟，尤其是當一種新的統計方法出現

的時候，將之引入考古學研究時，需得十分謹慎。

回顧過去幾十年統計方法在考古學上的應用，可以發現一些令人深思的案例，如鉛同位素考古（金正耀，2008；崔劍鋒，吳小紅，2008；Pollard A. M. et al，2007）、14C 測年校準。這類統計分析的問題主要集中在兩個方面：一是樣本量不夠。Burton 等人（1996）就在曾說過「一個點不是一整塊石頭」，這就提醒考古學者在研究問題的時候需要統籌考慮，不妄下定論。二是在沒有充分理解統計原理的適用條件下，簡化數學前提，將考古變量直接導入統計分析。這種缺乏斟酌的做法並不符合科技考古研究的作風。目前，如何有效應用統計分析方法來解決考古學課題，就成了一個亟待解決問題。

限於樣品的難獲取，本文僅採集了安徽、湖北兩省若干地點的樣品，相對於北方中原鑄銅遺址出土的大量鑄範樣品而言，樣本較小，但對於考古學界關注度較小的南方地區來說，對這一樣本的研究是具有重要意義的。此外，本研究樣品適用 SPSS 軟件的原理條件，分析結果含有各項統計指標，並最終以圖形形式導出，圖形是展示數據最形象的表達。另一方面，作為描述性軟件的 EXCEL，其作用主要是將數據以圖形的形式直接展示出來，不對數據本身做任何變動，其結論也是完全可信的。

2.3　結論

本章主要介紹了作為科技考古手段的檢測方法及數據處理方法，在檢測方法的選擇上，綜合考慮檢測速度、靈敏性、測試價格等因素，選擇了 X 射線波長色散熒光光譜方法；而在數據處理方式上，由於本研究需處理的樣本量較大，且具有多特徵變量，在處理樣品成分數據時，採用多元統計分析中的主成分分析和聚類分析，並利用 SPSS 軟件實現統計信息處理。

在研究青銅器鑄造地問題上，簡單成熟的實驗儀器和統計軟件總是更易被接受，也更具說服力。在充分考慮樣本量和適用條件下，一款簡單的實驗儀器或統計軟件在闡釋鑄造地問題上比較有效，那就是合適的。本工作並未採用多種實驗儀器（或者統計軟件）來闡釋同一個問題，X 射線波長色散熒光光譜和 SPSS 軟件沒有繁冗的原理和複雜的前提條件，滿足本研究的需要。

在統計方法的考古應用上，存在這種現象：一些考古研究學者採用了某種統計方法，並不是為了解決具體的考古問題，僅僅是為了展示其在某類考古材料上的應用。統計考古的早期發展就顯示了這麼一種情況，統計考古看上去更

像是獨立於傳統考古學研究而獨立發展的，所以產生了所謂「後過程主義」考古學。對於一項本質上是考古研究的工作，如果為了展示某種統計方法而使用統計軟件，那麼這項工作也是殘缺的。實驗儀器的選擇也是這個道理。但這並不是說，前人將統計方法運用於考古研究中的努力是無用的，它能在實踐檢驗中確定其有效性，從而為該方法的合理運用指明方向。本工作對統計方法的應用，無論數據處理結果如何，都能說明利用泥芯示蹤青銅器鑄造地這一方法是否可行，為其他學者今後從事這方面研究工作提供參考，總的來說，這一工作是具有現實意義的。

第三章　青銅器鑄造及鑄造中使用的泥芯

　　對於青銅器鼎盛時代的鑄造技藝，《後村集》〔註1〕有如此評價「余嘗見人家藏盤匜鼎洗之屬，凡出於周漢以前者，其質甚輕，其範鑄極精，其款識極高，簡其模擬物象殆，幾類神鬼所為，此其所以為貴也」，側面表達了對早期青銅器鑄造技藝高超的讚歎。但周漢時期青銅器鑄造流程的記載尚未找到，後世文獻裏多以詞語形式提及這一工藝，如「範鑄」〔註2〕、「範金」〔註3〕、「鑄金」〔註4〕、「鑄銅」〔註5〕等，尤以「鑄鼎」出現最頻，《史記》、《論衡》等書中都提到了「黃帝鑄鼎」之說〔註6〕。正是因為文獻記錄的語焉不詳，致使

〔註1〕〔宋〕劉克莊，《後村集·卷一百》，四部叢刊景舊鈔本。

〔註2〕〔晉〕葛洪，《抱朴子內外篇》，四部叢刊景明本，參見內篇卷十：「道也者，所以陶冶百氏，範鑄二儀，胞胎萬類，醞釀彝倫者也」。又〔南北朝〕陶弘景，《華陽陶隱居集·卷下》，明正統道藏本，參見其中：「範鑄群品」。

〔註3〕〔明〕郝敬，《禮記通解·卷八》，明九部經解本，參見其中：「笵金為型，範鑄金器也」。又〔漢〕戴聖，〔漢〕鄭玄注，〔唐〕陸德明音義，《禮記·卷七》，四部叢刊景宋本，參見其中：「範金合土，以為臺榭宮室牖戶」，「範金」指採用範來鑄造青銅器，借代鑄造工藝。

〔註4〕〔唐〕許敬宗，《文館詞林·卷四百五十二碑卅二》，民國適園叢書本，參見其中：「鑄金模範為山……」，「鑄金模範」四字言簡意賅地概括了青銅鑄造工藝。

〔註5〕〔漢〕袁康，《越絕書·卷八》，四部叢刊景明雙柏堂本，參見其中：「六山者，句踐鑄銅，鑄銅不爍，埋之東阪……」，這大概是最早出現的「鑄銅」說法了。

〔註6〕〔漢〕司馬遷，《史記》，清乾隆武英殿刻本，參見孝武本記：「黃帝採首山銅，鑄鼎於荊山下」。又〔漢〕王充，《論衡》，四部叢刊景通津草堂本，參見卷八：「儒書言，夏之方盛也，遠方圖物，貢金九牧，鑄鼎象物而為之」。

對發現的早期青銅器鑄造技藝無從考證，從而引發了學界對鑄造技術的多種推測。本文對青銅器鑄造地的研究，是以鑄造中使用的部件——泥芯、陶範等作為媒介，所以本章將在前人工作的基礎上，對泥芯所涉及的青銅器鑄造流程等問題進行綜述，以展示現階段學界對中國青銅鑄造工藝的主要看法。

3.1 青銅器鑄造技術之辯

銅器的製法有鍛造和鑄造兩類（見圖3.1），國內學界對於中國古代青銅器製做的主流觀點是：已發現的青銅器一般是採用鑄造法制成，而鑄造法有兩種製做手段，一是範鑄法，範鑄法在具體實施的時候又可分為渾鑄和分鑄等工藝；二是熔模鑄造體系，熔模鑄造體系包含了失蠟法和焚失法等工藝。無論是範鑄法還是熔模鑄造體系，在三代至春秋戰國的古籍中尚未有詳細的記載，因而，對於早期青銅器鑄造方法和具體流程學術界一直有爭議（華覺明等，1985、2006；譚德睿，1994；趙世綱，2006）。

圖 3.1　青銅器鑄造法

```
青銅器製造 ┬ 鍛造
           └ 鑄造 ┬ 範鑄法（渾鑄／分鑄）
                  └ 熔模鑄造體系 ┬ 失蠟法
                               └ 焚失法
```

以華覺明、董亞巍、王昌燧等為代表的學者認為中國早期的青銅器鑄造絕大多數是採用範鑄法，而非採用失蠟法製做。譚德睿、張昌平等為代表的學者認為中國早期青銅器在當時就已經存在應用失蠟法的可能（張昌平，2007）。

另一方面，譚德睿先生（1985）通過推敲《宣和博古圖》（王黼，北宋宣和五年）和《洞天清祿集》（趙希鵠，南宋）中的記載，輔以對上海博物館館藏戈鴞鹵進行的分析和模擬實驗，提出了中國早期青銅器熔模鑄造的可能性。

華覺明先生（1984）認為，與西亞、埃及和美索不達米亞平原等文化鍛造鑄件不同，中國青銅時代幾乎所有的青銅器都是採用鑄造的。而鑄法所製的青銅器，特別是商周絕大部分青銅器都是採用範鑄法的，而失蠟法鑄銅至遲在春秋晚期已經成熟應用。

3.2　青銅器鑄造工藝及流程

　　我國在新石器晚期的文化遺存中就發現了青銅器範鑄工藝的痕跡，及至商代中期，人們已經能夠熟練地應用分鑄法製做銅器，到了商代晚期，青銅器的範鑄工藝已臻成熟（馬洪路等，1995）。西周早期的鑄銅業在繼承了商代的技術之外，有所發展，使得商周時期的範鑄工藝具有連續性〔註7〕（葉萬松，1984）。春秋戰國以後，隨著冶鐵業的逐漸興起和其他外部原因，青銅器鑄造由鼎盛時期逐漸衰落。

　　近代考古學建立以後，隨著愈來愈多精美奪目的早期青銅器展示在世人面前，青銅器的鑄造再一次引起考古學家們的關注，不少學者和單位為此做了大量工作，其研究主要集中在青銅器鑄造工藝和流程兩個方面。

　　中國古代青銅器鑄造工藝多而繁雜，尤以範鑄法、失蠟法、疊鑄法等為代表的鑄造技術，以玉石鑲嵌（鑲綠松石）、錯金銀〔註8〕、鎏金銀〔註9〕、金銀平脫等為代表的表面裝飾技藝，以及鑄造合金等其他工藝（譚德睿等，2010）為著。其中，範鑄法可分為渾鑄法〔註10〕和分鑄法技術，對於分鑄法採用的古法焊料與焊接技術，華覺明（1979）、孫淑雲（2008）、金普軍（2007a，2007b）等學者曾從焊料的合金配比、理化性能、焊接工藝及腐蝕機理等方面做過專門研究。

　　青銅器鑄造流程的研究一直是最具爭議、最具研究價值的課題之一。有的學者根據鑄範遺物，結合出土的青銅器實物，推測鑄造過程，相當於理想實驗。目前，陳建立、蘇榮譽、劉煜、劉彥琪、岳洪彬等人以及一些考古單位〔註11〕紛紛加入到中國青銅器鑄造流程研究之中。

　　另一批學者從模擬實驗角度出發，採用古法試鑄青銅器的途徑來說明青

〔註7〕　從鄭州商城出土的商代前期青銅器，到殷墟出土的商代後期青銅器，再到陝西寶雞出土的西周早中期彊國青銅器，能看出商周青銅器鑄造工藝具有連續性。

〔註8〕　史樹青（1973）、趙振茂（1994）、張曉芬（1998）、梁書臺（2000）等人對古代錯金銀工藝有初步研究。

〔註9〕　古文亦稱「流金銀」、「鎦金銀」。現代鎏金銀採用鍍法，古法鎏金銀研究甚少。

〔註10〕　廉海萍等人（2011）通過研究二里頭的陶範，認為該地出土的青銅爵是採用渾鑄法制成。

〔註11〕　侯馬考古發掘委員會（1962）對侯馬牛村古城南遺址發掘出的陶範部件進行分析，認為當時鑄造分為選泥、製模、翻範、熔銅澆鑄和修正五個過程。中國社會科學院考古研究所（1987）也對殷墟發掘出土的青銅器及相關遺跡從器物學的角度進行研究，得出當時青銅器範鑄工藝的可能情形。

銅器鑄造過程。上世紀 80 年代以後，以華覺明（1999）、譚德睿〔註12〕（1999）
[239-240]、董亞巍（2010）為代表的學者對青銅器進行了一系列的復原實驗，更
新了有關青銅器鑄造的新認識。郭寶鈞（1981）、李京華（2000）等人還曾對
青銅器範鑄技術的發展脈絡進行深入探討，《範鑄青銅》（董亞巍，2006）一
書，是在結合青銅器試鑄實驗的基礎上第一次系統地總結了我國範鑄工藝的
發展框架。

　　實際上，對古代精湛技法制成的青銅器的好奇，並非始於近現代，由此產
生的仿製早在明宣德年間就已拉開帷幕。據史料記載，明宣宗朱瞻基見到皇宮
陳設的彝器均非古制，遂生復古之心，於是下詔（宣德三年，即公元 1428 年）
讓工部根據宋人的《考古圖》〔註13〕和《宣和博古圖》〔註14〕，製做仿古銅
器。明代《天工開物》〔註15〕一書詳細記載了鼎、鐘、釜、鏡、錢和佛像等青
銅器的鑄造過程，並附有生動的鑄造插圖。

　　近年來，不少年輕學者（何薇等，2008；李靜，2009）也對古代青銅器的
範鑄工藝進行了專門研究，尤其是中國科學技術大學科技考古專業的李迎華
（2005）、佘玲珠（2009）、張少昀（2010）等人對不同青銅器物進行了一系列
的試鑄實驗，圖 3.2 以商晚期圓底簋的範鑄實驗為例，簡要展示青銅器範鑄法
的製做流程〔註16〕。

圖 3.2　青銅簋的範鑄流程

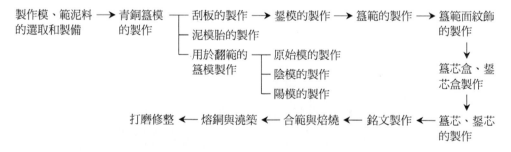

〔註12〕上海博物館文物保護與考古科學實驗室的「中國青銅時代陶範鑄造技術」課
　　　　題組曾對青銅器的範鑄法進行了多年的復原實驗，他們認為範鑄法的關鍵技
　　　　術包括緩慢陰乾、反覆捶實等。
〔註13〕呂大臨著作，成書於宋元祐七年（1092 年），著錄了當時宮廷和私家收藏的古
　　　　代銅器、玉器，是我國在著錄古器物的體例上具有開創性的圖錄。
〔註14〕〔宋〕王黼，《宣和博古圖·卷六》，清文淵閣四庫全書本。
〔註15〕〔明〕宋應星，《天工開物·卷中》，明崇禎初刻本，參見《冶鑄第八卷》。
〔註16〕佘玲珠（2009）的範鑄復原實驗之一。

3.3 鑄造中使用的泥芯等鑄範

　　從材料來看，鑄範大體有三種材質：石範、泥範和鐵範。石範主要用於鑄造簡單的工具、武器和錢幣。目前已知最早的石範當屬甘肅玉門火燒溝遺址出土的石質簇範，屬於齊家文化晚期（彭明瀚，2005）。此外，在中原地區〔註17〕、長江流域〔註18〕、淮河流域以及珠江三角地區〔註19〕都曾發現石範。鐵範出現較晚，比較少見。相對而言，與青銅器鑄造相關的泥範出土較多〔註20〕，一般發現於鑄造遺址，並且集中在中原地區。

3.3.1 發現鑄範的遺址和地區

　　新中國成立以來，隨著田野考古工作的深入，多地發現有與鑄銅有關的遺址。偃師二里頭的鑄銅作坊是目前已知年代最早的鑄銅遺址，在該作坊出土的坩堝殘片、銅渣、小件銅器等遺物中發現有陶範，有學者還對二里頭文化各期出土包括泥範在內的鑄銅遺物進行過專門的統計（李京華，2004；廉海萍等，2011）。在河南省的其他地區，如鄭州的南關外和紫荊山〔註21〕、安陽〔註22〕、洛陽〔註23〕等地也發現有大量泥範出土的鑄銅作坊，其中，洛陽北窯遺址是我國迄今發現規模最大的西周鑄銅作坊（洛陽博物館，1981）。此外，中原地區

〔註17〕山西夏縣東下馮遺址曾發現了不少用於製做工具和武器的石範（彭明瀚，2005）。

〔註18〕在江西商代早期的吳城遺址，發現了長江流域最早的石範，約300多件。三峽庫區的萬州麻柳沱遺址也發現了東周時期的石範，屬長江中上游首度發現石範（重慶市文物局等，2006）。長江中下游也有石範出土，如1987年在鳳凰山出土的砂質岩範，以及同年在木魚山發現的銅斧合範和魚標範（張國茂，1991）。

〔註19〕1994年，廣東考古所在珠海平沙區堂下環遺址，發掘了一件商代中晚期鑄銅石範，石質為粉紅色砂岩（廣東省文物考古研究所等，1998）。

〔註20〕主要以安陽殷墟出土的泥芯和模範為代表。

〔註21〕這兩處屬於商代中期鑄銅作坊。南關外遺址在一千平方米左右的範圍內，發現千餘塊陶範碎片；紫荊山遺址在一座房屋基址內發現一百多塊碎範（趙全等，1957）。

〔註22〕1958年到1961年，河南安陽發掘的商代遺址地點包括小屯西地、苗圃北地、孝民屯、大司空村等。其中，苗圃北地是在殷墟發現最大的商代鑄銅遺址，出土鑄範共計一萬九千四百五十九塊，鑄範多數為禮器，且外範居多，均為泥質。在孝民屯遺址，發現範三百二十二塊。此外，在大司空村也發現了小型鑄銅作坊遺跡（中國社會科學院考古研究所，1987）。

〔註23〕洛陽北窯遺址有十餘萬平方米，出土了數以千計的鑄範殘片、熔銅爐等鑄銅遺物（洛陽市文物工作隊，1983）。

的山西〔註24〕（圖 3.3）、陝西〔註25〕也發現了大量鑄範遺物。

　　近年來，在中原以外的安徽〔註26〕、湖北〔註27〕、江西〔註28〕等地，也陸續出土了陶範、泥芯等一批鑄造遺物。2012 年，銅陵師姑墩遺址出土了銅塊、爐渣、陶範等青銅冶鑄遺物，是我國考古學界第一次在長江南岸用科學方法發現的鑄銅痕跡。

圖 3.3　山西侯馬牛村古城出土陶範

　　上述事實可以看出，考古發掘的早期青銅器鑄造作坊集中於中原地區，其他地區泥範等鑄銅遺物出土較少，對於判斷中原以外地區出土青銅器的鑄造地較為困難。

3.3.2　與鑄範相關的古文獻掇英

　　《說文解字》〔註29〕（以下簡稱《說文》）對「範」有明確的解釋：「範，範軷也。從車，笵省聲，讀與犯同」。按照釋義，「範」是指範軷，而「軷」在《說文》中亦有解釋「出，將有事於道，必先告其神，立壇四通，樹茅以依神，

〔註24〕1959 年，在山西侯馬晉魏城郊區發現了 4 座熔爐和陶範（中國科學院考古研究所，1961）[65]。1960 年 10 月到 1961 年 5 月，在山西侯馬牛村古城南東周遺址又發現了大批鑄銅遺物，其中，陶範共三萬餘塊，有花紋的約一萬塊，花紋精細（侯馬市考古發掘委員會，1962）。

〔註25〕陝西扶風李家鑄銅遺址發現有泥範等鑄銅遺物（魏國鋒，2007）。

〔註26〕在安徽省樅陽湯家墩、霍邱堰臺、滁州何郢、肥東吳大墩、潛山薛家崗、安慶張四墩等遺址內，均發現有少量商周時期的陶範等鑄銅遺物（安徽省文物考古研究所，2004、2010；張愛冰等，2002；吳家智，2009）。

〔註27〕湖北的盤龍城、襄樊、隨州、鄖縣、棗陽等地出土不少陶範、泥芯等鑄造遺物（南普恒等，2008a、2008b、2010；羅武干，2008；魏國鋒等，2011）。

〔註28〕江西新幹大洋洲商代大墓，發現了大規模的青銅器群，與青銅器一齊出土的有大量泥芯。（江西省博物館等，1997）

〔註29〕〔漢〕許慎，《說文解字》，清文淵閣四庫全書本。

為戟。既祭戟，轢於牲而行，為範戟」，可見「戟」是古代祭路神的儀式。所以「範」也是指祭祀，因而「範」的引申義是合乎規矩。

在青銅器鑄型的過程中，模，也稱母範，它的作用就是給青銅器一個規定的形象，而外範和泥芯即為一個局限了的澆築框架，使得銅液在裏面成型，這就與「範」合乎規矩的意思相符。

《漢書》〔註30〕云「夫上之化下，下之從上，猶泥之在鈞，唯甄者之所為；猶金之在鎔，唯冶者之所鑄」，唐代顏師古對文中「鎔」進行了注釋，認為「鎔，謂鑄器之模範也，鎔音容」。說明青銅器鑄造用「範」又可稱作「鎔」。

青銅器鑄造中涉及鑄範部件的詞語還有「陶範」、「刑範」、「泥範」、「模範」。《至正集》〔註31〕卷四十載有「……雕陶範以辨民器，工之事也」，此處「雕陶範」即指陶範的加工。《荀子》〔註32〕亦有提及「刑範」之說，刑同形，即製做青銅器的模和範，這段記述雖然沒有青銅器鑄造的詳細工藝流程，但確為已知文獻中最具參考價值的範鑄文獻。

清代《東洲草堂文鈔》〔註33〕在提及「跋景龍觀鐘銘拓本」時有這樣一段記述「睿宗書此銘，奇偉非常……間有失於弱穴處，則由泥範未精冶銅入之，不無走失也」。鑄範的材料一般是就地取土，採用泥料製成，因而也稱為「泥範」。

作為「鑄範部件」的「模範」，自漢代以後，記載頗多，《論衡》〔註34〕、《周易參同契通真義》〔註35〕、《東堂集》〔註36〕、《周易疏義》〔註37〕等書

〔註30〕〔漢〕班固，〔唐〕顏師古注，《漢書·卷五十六》，清乾隆武英殿刻本。
〔註31〕〔元〕許有壬，《至正集·卷四十》，清文淵閣四庫全書本。
〔註32〕〔春秋戰國〕荀況，〔唐〕楊倞注，《荀子·卷十一》，清抱經堂叢書本，參見強國篇第十六：「刑範正，金錫美，工冶巧火齊得，剖刑而莫邪已。然而不剝脫、不砥厲則不可以斷繩，剝脫謂刮去其生澀，砥厲謂磨淬也。剝脫之、砥厲之，則劙盤盂刎牛馬忽然耳……」。
〔註33〕〔清〕何紹基，《東洲草堂文鈔·卷十題跋》，清光緒刻本。
〔註34〕〔漢〕王充，《論衡》，四部叢刊景通津草堂本，參見卷三物勢篇：「今夫陶冶者，初埏埴作器，必模範為形，故作之也」。
〔註35〕〔五代〕彭曉，《周易參同契通真義·卷下》，民國續金華叢書本，參見其中：「有鑄寫之模範，有離合之形體」。
〔註36〕〔宋〕毛滂，《東堂集·卷九》，清文淵閣四庫全書本，參見其中：饒州州學士題名記「使人如使器，為器必有模範，模範不善，則雖成器，不可用其能，為器之累。如此以故，人材猶器爾」。作者採用借喻的手法說明器物與模範、人才與老師之間的相似性。
〔註37〕〔明〕程汝繼，《周易疏義·卷三》，明崇禎八年姚學心等刻本，藏所：上海師範大學圖書館，參見其中：「範如鑄金之有模範，圍匡郭也」。

中皆有提及。實際上，「模範」還有其他釋義，譬如《子夏易傳》〔註38〕中的「不超出某一界限」之意、《八旗通志》〔註39〕中的「行事規範」之意、《揚子雲集》〔註40〕和《隋書》〔註41〕中的「學習榜樣」之意。總得來說，「模範」的多種釋義均源於規範之意。

從上述古文獻對「範」字的注解和使用可以看出，古人所謂的用於青銅器鑄造之「範」就是鑄範（部件），包括模、外範和泥芯，「範」限定了青銅器鑄造的框架，使得鑄器合乎規範。

3.3.3 鑄範的種類及製做

鑄範，是鑄範部件的總稱，青銅時代的鑄範一般包括模、外範（陶範）、泥芯三個基本部件〔註42〕。圖 3.4 用青銅觶的範鑄工藝模擬來展示鑄造中使用的模、陶範和泥芯〔註43〕。根據陶範的鑄造方式，可分為單面陶範、雙合陶範、多合陶範，多合陶範鑄造青銅器的器形和紋飾一般較為複雜（張子高等，1973）。本工作即是利用泥芯等鑄範作為媒介，研究青銅器鑄造地問題。

對於具有鋬、耳、足等附件的青銅器，多為分鑄法制成。蘇榮譽等人（1995）曾對河南輝縣琉璃閣出土青銅鼎足部填範的鑄造工藝進行剖析，由圖 3.5 可見泥芯在製做銅器中所起的作用。正是因為泥芯是青銅器鑄造時留存在器物裏的，而泥芯一般是當地取土製成，所以泥芯包含有鑄造地信息，為研究青銅器產地提供了線索。

〔註38〕 〔周〕卜商，《子夏易傳・卷七》，周易清通志堂經解本，參見其中：「故能施愛而博化，模範天地周圍之而不過其大」，這裡是指天地萬物都在這個規則內行事。

〔註39〕 〔清〕官修，《八旗通志・卷一百二十》，清文淵閣四庫全書本，參見卷一百二十藝文志：「故薄領余閒，手定一編，示之模範，後總制三江」。

〔註40〕 〔漢〕揚雄，《揚子雲集・卷一》，清文淵閣四庫全書本，參見卷一學行篇：「師者，人之模範也」，作者對於如何修學以及學界狀況提出了自己的看法。

〔註41〕 〔唐〕魏徵，《隋書・卷七十三》，清乾隆武英殿刻本，參見列傳第三十八循吏，這一節提及皇帝對房恭懿的評價：「當令天下模範之」。

〔註42〕 模，是鑄件的形象，用於製（翻）範的。外範，又稱陶範，是鑄銅時在鑄件的外面，是用泥製做成需要的模型後焙燒而成的，其朝向鑄件一面的，稱為範面；泥芯，又稱範心、芯子，是留在鑄件耳部或者足內等附件部分的泥胎（中國社會科學院考古研究所，1987）[32]。

〔註43〕 青銅觶興起於殷墟二期晚段，並於西周早期取代了觚，是商周時期重要的酒器（曹斌，2007）。

圖 3.4　鑄範及其在青銅器鑄造中的作用

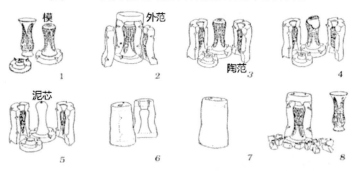

圖 3.5　輝縣琉璃閣青銅鼎足部泥芯撐

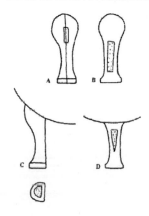

　　張萬鍾（1962）、譚德睿〔註44〕（1986a、1986b、1999[227-228]）、李靜生（2012）曾對古陶範的製做進行過研究。範的材料主要是黏土，其次是細砂。原料的選擇也有要求，一般採用細泥，經過挖取、破碎、篩選、淘洗、摻砂、混合、陳腐、揉製等過程製成。

　　從範的製做可以看出，範的加工主要是物理過程，由於植物摻合料的無機成分含量較少，並且焙燒過程燒失的多為水和碳，對範的化學組成影響不大。所以，範的成分與原料並無顯著差異。所以，在鑄範成分簡單的情況下，本研究將青銅器中的泥芯等鑄範與土壤之間進行對比是可行的。

〔註44〕譚德睿先生通過對古陶範的強度、透氣性、焙燒溫度、耐火度、成分等理化性能的檢測，推測了商周時期的陶範製做技術。他發現，東周陶範中摻有草秸和麥秸，而在制範過程中摻入砂子是為了提高陶範的透氣性。

第四章　泥芯示蹤青銅器鑄造地的可行性

青銅器鑄造過程中泥芯留在青銅器裏，泥芯一般在鑄造地取土製得，根據地球化學理論及土壤分布原理，不同地區的土壤在元素組成和含量上存在差異，這就是利用泥芯示蹤青銅器鑄造地的基本原理。

本章採用對已知鑄造地青銅器泥芯與原生土、陶片等的對比，來驗證這一原理應用的可行性。此外，由於模、外範（陶範）等鑄造部件與泥芯製做工序類似，也作為本研究的參照樣品。

4.1　原生土作為研究中參照樣品的可行性

出土青銅器中的泥芯，含有鑄造地信息。如果已知鑄造地的泥芯與當地原生土的成分通過實驗分析確實是一致的，說明利用泥芯示蹤青銅器鑄造地時，採用原生土作為參照樣品是可行的。從實物檢測結果的角度，證實原理的可行性。

山西侯馬東周鑄銅遺址和河南安陽殷墟鑄銅作坊出土的不少青銅器鑄造遺物——泥芯、陶範等鑄範均屬當地製做[註1]。現以兩處遺址的泥芯為例，通過與原生土等樣品的比較，探討原生土是否可以作為泥芯示蹤青銅器鑄造地的參照樣品。

〔註 1〕譚德睿先生（1986[355-362]，1999[243-244]）對山西侯馬東周遺址出土的鑄造遺物進行過討論。

4.1.1 山西侯馬鑄銅遺址的泥芯與當地原生土

採集了 2 個山西侯馬鑄銅遺址的青銅器泥芯樣品（編號為 hmx1、hmx2），與其他 13 個鑄範樣品以及該遺址文化層下的 5 個原生土樣品進行對比，樣品描述見表 4.1 中。

表 4.1　山西侯馬泥芯、原生土等樣品簡介

分析號	樣品類別	時　代	出土或採樣地點
hmx1	泥芯	東周	山西侯馬
hmx2	泥芯	東周	山西侯馬
H1	陶範	東周	山西侯馬①
H2	陶範	東周	山西侯馬①
2003H15	陶範	東周	山西侯馬②
T663H87	陶範	東周	山西侯馬②
92H4-1	陶範	東周	山西侯馬③
92H4-2	陶範	東周	山西侯馬④
63H4T661	陶範	東周	山西侯馬③
hmt	陶範	東周	山西侯馬③
y18	外範	東周	山西侯馬⑤
y19	外範	東周	山西侯馬⑤
y20	外範	東周	山西侯馬⑤
y21	泥模	東周	山西侯馬⑤
H7	泥料	東周	山西侯馬⑤
hmT	原生土	－	山西侯馬鑄造遺址文化層下④
Q3	原生土	－	山西侯馬鑄造遺址文化層下⑤
2-Q3	原生土	－	山西侯馬鑄造遺址文化層下⑤
22-Q3	原生土	－	山西侯馬鑄造遺址文化層下⑤

注：①南普恒等（2008a），②南普恒等（2008b），③南普恒等（2010），④南普恒等（2008c），⑤譚德睿（1986）[355-369]

利用波長色散 X 射線熒光光譜（WDXRF）對上述樣品的主量元素進行檢測，樣品製備和儀器檢測條件見第二章，本文所採樣品檢測均使用 WDXRF，後文不再贅述。分析結果見表 4.2，並以該數據做折線圖（圖 4.1、圖 4.2）。

表 4.2　山西侯馬泥芯、原生土等樣品的主量元素分析結果（％）

分析號	SiO₂	Al₂O₃	K₂O	Na₂O	CaO	P₂O₅	Fe₂O₃	MgO	TiO₂	MnO
hmx1	60.56	12.78	3.03	0.37	14.15	0.36	4.91	2.42	0.86	0.11
hmx2	58.93	13.64	3.57	0.31	14.1	0.32	5.64	2.14	0.88	0.13
H1	54.06	11.72	2.2	1.36	9.79	0.12	4.5	2.21	0.6	0.08
H2	64.12	11.36	2.38	1.83	7.2	0.13	3.99	2	0.61	0.08
2003H15	63.53	13.03	2.22	1.57	11.68	0.3	4.67	2.04	0.09	0.09
T663H87	62.4	12.97	2.26	1.6	12.56	0.37	4.91	1.94	0.09	0.09
92H4-1	58.14	12.9	2.42	1.75	13.65	0.45	5.36	2.45	0.82	0.1
92H4-2	59.28	13.16	2.47	1.78	13.92	0.46	5.47	2.5	0.1	0.11
63H4T661	63.91	14.34	2.37	1.95	8.27	0.25	5.29	2.21	0.83	0.12
hmt	59.56	14.99	2.37	1.2	11.49	0.32	6.12	2.22	0.89	0.16
y18	65.57	11.61	2.46	1.7	7.77	0.23	4.09	1.66	0.82	0.07
y19	62.08	11.18	2.15	1.63	8.07	0.16	4.04	1.77	0.7	0.07
y20	64.36	11.53	2.37	1.73	6.51	0.18	3.97	1.83	0.66	0.07
y21	66.92	12.42	2.4	1.99	6.33	1.07	4.15	1.91	0.77	0.07
H7	45.43	15.9	2.74	0.65	11.14	0.22	3.42	2.84	0.68	0.1
hmT	59.97	15.1	2.39	1.21	11.57	0.32	6.17	2.24	0.9	0.16
Q3	64.19	11.31	2.26	1.5	6.36	0.05	3.75	1.87	0.69	0.07
2-Q3	56.23	12.16	2.34	1.36	9.58	0.05	4.68	2.16	0.86	0.09
22-Q3	55.73	11.91	2.36	1.13	9.82	0.05	4.63	2.19	0.7	0.09

圖 4.1　　　　　　　　　　　　　　圖 4.2
山西侯馬樣品主量元素折線圖 1　　山西侯馬樣品主量元素折線圖 2

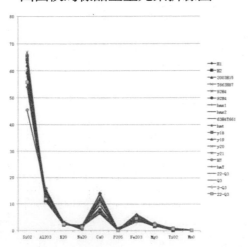

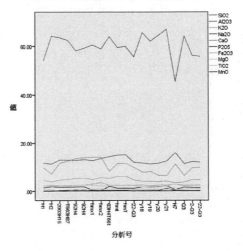

從圖 4.1 可以看出，山西侯馬泥芯、原生土等樣品的所有主量元素中，Si、Al、Ca 三種元素的波動範圍最大，其他元素的波動較小。圖 4.2 顯示了山西侯馬泥芯、陶範、外範（青綠色折線）和當地原生土（黃綠色折線）的主量元素 Si、Al、K、Na、Ca、P、Fe、Mg、Ti、Mn 在總體趨勢上具有一致性。以上分析說明了在山西侯馬鑄造的青銅器，其泥芯等範鑄部件確實與當地原生土的主成分具有一致性。

除了山西侯馬泥芯與當地原生土之間對比，下面將山西侯馬的樣品分別與同處中原地區的河南（安陽、洛陽、新鄭）、長江流域的湖北黃陂盤龍城、淮河流域的安徽蚌埠雙墩三個地區的原生土進行對比分析，以觀察不同地區原生土作為研究參照樣品的區分度範圍。

4.1.2 山西侯馬的泥芯、原生土與其他地區原生土

選取 3 個河南原生土樣品、5 個湖北黃陂盤龍城原生土樣品、2 個安徽蚌埠雙墩的原生土樣品，樣品描述及成分數據如表 4.3 所示。

表 4.3　湖北、河南、安徽的原生土樣品簡介及成分數據（％）

分析號	類別	樣品來源	SiO_2	Al_2O_3	K_2O	Na_2O	CaO	P_2O_5	Fe_2O_3	MgO	TiO_2	MnO
plct1	原生土	湖北黃陂盤龍城①	64.19	15.44	1.84	0.23	0.29	0.13	10	0.75	0.95	0.09
plct2	原生土	湖北黃陂盤龍城①	68.56	14.64	1.85	0.24	0.28	0.07	6.62	0.73	0.95	0.09
plct2-1	原生紅土	湖北黃陂盤龍城②	70.7	15.4	1.86	0.05	0.46	0.41	9.03	0.57	1.18	0.07
plct2-2	原生紅土	湖北黃陂盤龍城③	75.91	13.66	1.84	0.07	0.51	0.36	5.71	0.5	1.2	0.04
plct3-1	原生紅土	湖北黃陂盤龍城②	73.2	14.53	2.23	0.11	0.49	0.64	6.7	0.69	1.12	0.1
T11	原生土	河南安陽殷墟⑥	67.77	14.43	2.55	1.54	1.34	–	4.06	1.96	0.48	–
T24	原生土	河南洛陽⑥	66.42	14.11	2.49	1.32	1.88	–	4.56	1.96	0.49	–
T37	原生土	新鄭鄭韓鑄銅遺址⑥	74.18	12.7	2.36	1.87	1.16	–	3.02	1.33	0.58	–
B1	土偶	安徽蚌埠雙墩⑦	67.21	18.86	3.14	0.18	1.37	0.13	6.21	1.71	0.97	0.11
B2	墓土	安徽蚌埠雙墩⑦	74.31	13.68	3.32	0.49	1.49	0.33	4.06	1.36	0.79	0.04

注：①②③南普恒（2008a、2008b、2010），⑥譚德睿（1999）[211-250]，⑦胡飛等（2010）

　　將三地的原生土與侯馬泥芯、原生土的做主量元素折線圖（見圖 4.3）。圖
4.3 顯示：不同地區樣品折線的總體趨勢不同，同一地區樣品的趨勢是接近
的；鈣元素在不同地區的樣品中，區分度較明顯，侯馬泥芯、原生土等樣品的
鈣含量總體很高，河南原生土次之，安徽蚌埠原生土再次之，湖北盤龍城原生
土的鈣含量最低，這應該是不同地區土壤淋溶程度差異所致。就上述地區的樣
品而言，鈣元素是區分度較高的特徵示蹤元素。

圖 4.3　侯馬泥芯、原生土等樣品與其他三個地區原生土折線圖

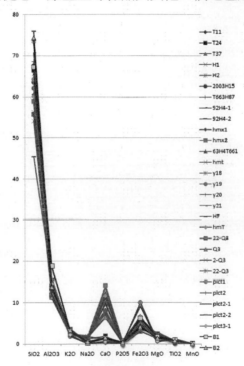

　　利用 SPSS 軟件對山西侯馬鑄銅遺址的樣品與河南地區（安陽、洛陽、新
鄭）、湖北黃陂盤龍城、安徽蚌埠雙墩三個地區原生土樣品進行主成分分析，
由於河南原生土沒有 P、Mn 元素數值，排除這 2 個元素。從主成分分析（見
附錄一圖一～圖五）可以得到以下結果：第一，KMO 樣本適宜度是 0.513，同
時，Bartlett 的球形度檢驗顯示了「相關係數矩陣是單位矩陣」的原假設被否
定，說明整套數據基本適合採用主成分分析的。第二，反映像相關係數矩陣顯
示，除了 Si、Al、K、Na、Mg，其他元素的反映像相關係數均大於 0.5，說明
所選大部分元素的採樣適宜度是可以接受的。第三，從公因子方差可以看出，
除了 K，剩下元素在主成分為 2 時的共同度均大於 0.558，說明 K 在該分析中

作用不大。第四，從解釋的總方差來看，選取 2 個主成分時，能解釋 69.349%
的總方差，說明 2 因子的主成分分析有一定效果。第五，從 2 因子負載矩陣可
知，除了 K 貢獻度較低外，其他元素對因子 1 的貢獻很大，與此相對的，Na、
Si、Al、K 對主成分分析因子 2 的貢獻度較大，其他元素的貢獻度非常小。主
成分分析所得樣品的 2 個綜合因子的數值見表 4.4。

表 4.4　侯馬泥芯、原生土等樣品與其他三個地區原生土的主成分分析
　　　　2 因子數值

分析號	Factor 1	Facor 2	分析號	Factor 1	Facor 2
B1	-1.2017	2.02227	T663H87	0.90047	-0.50722
B2	-0.60011	0.12449	92H4-1	0.81345	0.41926
T11	0.07584	-0.51844	92H4-2	1.25412	0.09335
T24	0.01901	-0.38835	63H4T661	0.28087	0.02325
T37	-0.07876	-1.7826	hmt	0.12829	0.97227
plct1	-1.93161	0.37724	y18	0.32565	-0.81114
plct2	-1.58144	-0.40536	y19	0.50686	-0.99923
plct2-1	-2.23662	0.13059	y20	0.482	-0.96242
plct2-2	-1.87129	-0.91779	y21	0.35495	-0.87514
plct3-1	-1.77981	-0.15806	H7	1.01166	2.11524
hmx1	0.5227	1.40254	hmT	0.11407	1.01182
hmx2	0.37633	2.14456	Q3	0.43309	-0.9934
H1	0.85109	-0.13444	2-Q3	0.5725	0.12163
H2	0.65485	-0.96265	22-Q3	0.72405	0.05505
2003H15	0.87947	-0.59733	—	—	—

　　從主成分分析圖 4.4 可以看出，山西侯馬的泥芯、原生土等樣品的數據比
較集中，位於圖的右上部。河南安陽、洛陽、新鄭的原生土與其較為接近；湖
北盤龍城原生土聚在圖的下方，與其他三地的樣品明顯分開。安徽蚌埠雙墩的
原生土分布較散，但沒有混入其他地區的數據之中。

　　分析結果顯示，山西侯馬的泥芯、陶範、外範、原生土不僅與同處黃河流
域的河南地區原生土不同，也與長江流域的湖北盤龍城原生土、淮河流域的
蚌埠雙墩原生土相異。處於長江流域的湖北盤龍城樣品與其他三地的區分度
較大，而同處中原地區的山西侯馬與河南的數據較為接近。總體上看，山西侯
馬、安徽蚌埠雙墩、湖北黃陂盤龍城以及河南四個地區的泥範、原生土有各自

的區域，即不同地區的原生土組成是相異的，說明了地球化學的土壤原理可以應用於科技考古的青銅器鑄造地研究中。

圖 4.4　侯馬泥芯、原生土等樣品與
其他三個地區原生土的主成分分析散點圖

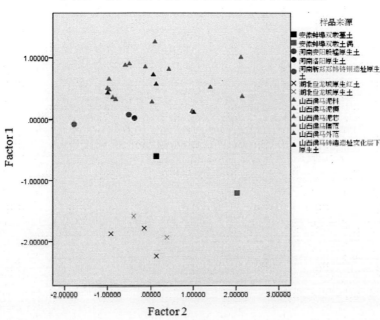

山西侯馬的泥芯、陶範、外範等鑄範與當地原生土的主成分分析結果在同一區域，也證明了同一鑄造地的泥質鑄範在組成上具有一致性。換而言之，陶範、外範和泥芯在青銅器鑄造地研究中的媒介作用是等價的。

4.1.3　山西侯馬的泥芯、原生土與河南殷墟的泥芯、原生土

同處黃河流域的河南殷墟鑄造作坊也出土了大量泥芯等鑄範，下面將該地的泥芯、原生土樣品與山西侯馬的泥芯、原生土進行對比，觀察不同鑄造地泥芯等鑄範與當地原生土的對應關係。河南殷墟樣品及成分數據見表 4.5、表 4.6。

表 4.5　河南安陽殷墟泥芯、原生土等樣品的簡介

分析號	樣品類別	時　　代	出土或採樣地點
Y1	容器範	商代	安陽殷墟⑧
Y2	銹範	商代	安陽殷墟⑧

Y3	觚範	商代	安陽殷墟⑧
Y4	卣提梁模	商代	安陽殷墟⑧
Y5	外範	商代	安陽殷墟⑨
Y6	錛範	商代	安陽殷墟婦好墓⑩
Y7	斝芯	商代	安陽殷墟婦好墓⑩
Y8	方尊芯	商代	安陽殷墟婦好墓⑩
Y9	範	商代	安陽殷墟小屯苗圃北地⑩
y10	陶範	商代	安陽殷墟⑥
y11	陶範	商代	安陽殷墟⑥
T11	原生土	－	安陽殷墟⑥

注：⑧陳志達（1986），⑨萬家保（1979），⑩華覺明等（1981），⑥譚德睿（1999）[211-250]

表 4.6　河南安陽殷墟泥芯、原生土等樣品的成分數據（％）

分析號	SiO$_2$	Al$_2$O$_3$	K$_2$O	Na$_2$O	CaO	P$_2$O$_5$	Fe$_2$O$_3$	MgO	TiO$_2$	MnO
Y1	68.04	10.03	2	2.49	5.64	－	3.54	1.35	0.85	－
Y2	68.83	11.06	1.98	2.13	5.48	－	3.45	1.08	0.6	－
Y3	73.04	13.6	2.43	2.62	2.1	－	3.98	1.45	0.83	－
Y4	68.7	15.02	2.45	2.78	2.4	－	4.6	1.5	0.78	－
Y5	70.97	13.61	－	－	2.06	－	5.18	1.19	－	－
Y6	53.86	10.44	1.56	1.43	2.03	－	3.54	1.55	0.6	0.04
Y7	55.44	10.17	1.66	1.77	8.87	－	3.25	1.9	0.5	0.05
Y8	53.86	9.7	1.64	2.31	1.87	－	2.88	1.35	0.5	0.04
Y9	72.6	12.2	2.08	2.75	2.48	－	3.39	1.44	1.36	0.05
y10	74.06	12.27	2.3	1.8	2.24	－	3.05	1.41	0.47	－
y11	73	11.91	2.23	1.73	2.69	－	3.06	1.38	0.47	－
T11	67.77	14.43	2.55	1.54	1.34	－	4.06	1.96	0.48	－

　　將兩地樣品成分數據作折線圖〔註2〕，如圖 4.5 所示。從圖 4.5 可以看出，河南安陽殷墟的泥芯、原生土等樣品的某些元素（如 Al、K、Ca）與山西侯馬的泥芯、原生土等樣品有交集，但兩地樣品折線的整體趨勢各有特點。可以看出，河南安陽殷墟和山西侯馬的泥芯等鑄範與各自的原生土趨勢總體保持一致。

〔註 2〕河南安陽數據中沒有檢測到磷元素，為了便於比較，在實際作圖時，將磷的含量設為零。

圖 4.5　河南安陽殷墟樣品與山西侯馬樣品的折線圖

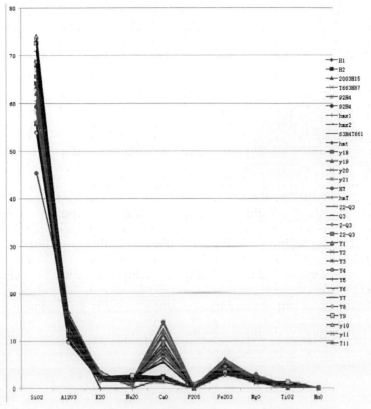

　　利用 SPSS 軟件對上述兩地的樣品進行主成分分析〔註3〕，從主成分分析（見附錄一圖六～圖十）結果如下：第一，KMO 樣本適宜度是 0.657，高於 0.6，同時，Bartlett 的球形度檢驗顯示了「相關係數矩陣是單位矩陣」的原假設被否定，說明整套數據基本適合採用主成分分析的。第二，反映像相關係數矩陣顯示，除了 Ti，其他元素的反映像相關係數均大於 0.5，說明所選大部分元素的採樣適宜度是可以接受的。第三，從公因子方差可以看出，除了 Ti，剩下元素在主成分為 2 時的共同度均大於 0.684，說明 Ti 在該分析中作用不大。第四，從解釋的總方差來看，選取 2 個主成分時，能解釋 69.722% 的總方差，說明 2 因子的主成分分析還是比較有效的。第五，從 2 因子負載矩陣可知，除了 Ti 貢獻度較低外，其他元素對因子 1 的貢獻較大，與此相對的，Al、Si、Ti 對主成分分析因子 2 的貢獻度較大，其他元素的貢獻度非常小。

〔註 3〕　由於 Y5 樣品數據不全，同時其他樣品的磷、錳元素數值不全，排除 Y5 樣品和這 2 個元素。

表 4.7　河南安陽殷墟與山西侯馬樣品的主成分分析 2 因子數值

分析號	Factor 1	Factor 2	分析號	Factor 1	Factor 2
Y1	-1.32864	0.08809	2003H15	0.37843	-0.86511
Y2	-1.31136	-0.05916	T663H87	0.44619	-0.86626
Y3	-0.96747	1.74071	92H4-1	0.97973	0.01643
Y4	-0.61131	1.86278	92H4-2	1.0587	-0.85786
Y6	-0.92848	-1.67664	63H4T661	0.49094	0.95015
Y7	-0.57542	-1.97313	hmt	1.236	0.75222
Y8	-1.51013	-1.75031	y18	-0.26192	0.37104
Y9	-1.40758	1.79494	y19	-0.28632	-0.44974
y10	-1.11921	0.48002	y20	-0.29357	-0.04946
y11	-1.1322	0.24941	y21	-0.25966	0.5866
T11	-0.1151	0.80068	H7	1.70241	-0.73814
hmx1	1.56466	0.25122	hmT	1.26967	0.83871
hmx2	1.94874	1.02015	Q3	-0.31891	-0.26758
H1	0.4661	-1.09384	2-Q3	0.52866	-0.30607
H2	-0.20135	-0.20114	22-Q3	0.55838	-0.64869

圖 4.6　河南安陽殷墟與山西侯馬樣品的主成分分析散點圖

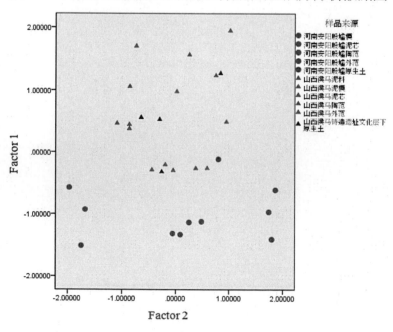

　　主成分分析得到的各樣品 2 個綜合因子的數值見表 4.7，從主成分分析散
點圖 4.6 可以看出，河南安陽殷墟的泥芯、陶範、原生土等樣品大部分聚在圖
的下部，山西侯馬的泥芯、陶範、原生土等樣品聚在另一處。河南安陽殷墟的
原生土靠近山西侯馬樣品所在區域，應該是該方法對於鑄造地較近的樣品，區
分度不是很大〔註4〕。但總體上看，兩地的數據具有一定的區分度。

4.1.4　小結

　　研究表明，山西侯馬鑄銅遺址的泥芯、陶範等鑄範與當地的原生土具有較
高的一致性。其次，山西侯馬的泥芯、陶範、原生土與同處黃河流域的河南原
生土不同，與長江流域的盤龍城原生土不同，與淮河流域的禹會原生土也不
同，這一分析結果說明，地球化學原理可以應用到青銅器鑄造地研究，也驗證
了土壤成分具有地域差異性的理論。最後，主成分分析顯示山西侯馬和河南安
陽殷墟兩地的泥範、原生土等樣品具有一定區分度，說明將原生土作為參照樣
品，利用泥芯示蹤青銅器鑄造地是可行的。

4.2　古土壤作為研究中參照樣品的可行性

　　一般來說，古土壤受現代人類活動的擾動較弱，其組成所受人為干擾也
較小。理論上，在沒有條件採集原生土的條件下，利用已知的代表性古土壤
作為原生土的替代樣品，可以較為方便的進行鑄造地研究。下面選取包括古
土壤〔註5〕在內的山西侯馬及陝西的鑄範樣品進行比較，分析古土壤是否可以
作為參照樣品。

　　選取陝西扶風李家鑄銅遺址和陝西弳國墓地的泥芯、陶範與山西侯馬樣
品進行對比。樣品的簡介及成分數據〔註6〕見表 4.8、表 4.9。

表 4.8　山西、陝西古土壤等樣品的簡介

分析號	樣品類別	時　代	出土或採樣地點
H66-05	陶範	西周	陝西扶風李家鑄銅遺址①
H66-05-2	陶範	西周	陝西扶風李家鑄銅遺址⑪

〔註 4〕後文將對擴大地理標尺後的情況進行討論。
〔註 5〕以陝西洛川馬蘭黃土、山西翼城西玉嶺馬蘭黃土、山西新絳馬蘭黃土為例。
〔註 6〕山西侯馬的樣品數據前文已列出。

H75-11	陶範	西周	陝西扶風李家鑄銅遺址①
H75-11-2	陶範	西周	陝西扶風李家鑄銅遺址⑪
H138-10	陶範	西周	陝西扶風李家鑄銅遺址⑪
Y-MC-2	泥芯	西周	陝西強國墓地⑫
Y-MC-4	泥芯	西周	陝西強國墓地⑫
Y-MC-13	泥芯	西周	陝西強國墓地⑫
Y-MC-14	泥芯	西周	陝西強國墓地⑫
J1	馬蘭黃土	－	山西翼城西玉嶺⑤
J2	馬蘭黃土	－	山西新絳⑤
LC	馬蘭黃土	－	陝西洛川⑬

注：①南普恒等（2008a），⑪魏國鋒等（2011），⑫蘇榮譽等（1988），⑬胡飛等（2010）

表 4.9　山西、陝西古土壤等樣品的成分數據（%）

分析號	SiO$_2$	Al$_2$O$_3$	K$_2$O	Na$_2$O	CaO	P$_2$O$_5$	Fe$_2$O$_3$	MgO	TiO$_2$	MnO
H66-05	72.97	11.55	2.29	2	4.27	0.15	4.15	1.74	0.78	0.1
H66-05-2	68.28	10.81	2.14	1.87	4	0.14	3.88	1.62	0.73	0.09
H75-11	72.5	12.34	2.33	2.05	3.67	0.2	4.45	1.53	0.82	0.1
H75-11-2	68.55	11.67	2.2	1.94	3.47	0.19	4.21	1. 45	0.78	0.09
H138-10	66.78	12.4	2.44	1.91	3.25	0.47	4.82	1.84	0.82	0.1
Y-MC-2	72.52	12.23	－	－	2.01	－	3.36	1.37	0.96	－
Y-MC-4	65.08	12.65	－	－	6.14	－	3.62	1.71	0.69	－
Y-MC-13	69.12	12.41	－	－	2.81	－	4.11	1.82	0.89	－
Y-MC-14	68.3	13.08	－	－	3.28	－	4.15	1.83	0.91	－
J1	49.23	11.09	0.2	1.44	12.92	－	4.74	－	0.62	0.1
J2	68.88	10.73	2.44	2.35	9.48	－	4.05	2.28	－	－
LC	59.04	12.37	2.45	1.49	6.01	－	4.05	2.14	－	－

　　利用 SPSS 軟件對山西侯馬、陝西李家和強國的泥芯、古土壤等樣品數據做主成分分析〔註7〕，從主成分分析（見附錄一圖十一～圖十五）可以看出以下結果：第一，KMO 樣本適宜度是 0.440，同時，Bartlett 的球形度檢驗顯示

〔註 7〕　由於樣品鉀、鈉、磷、鈦、錳五個元素數據的不全，所以不考慮這些元素，同
　　　　時山西翼城西玉嶺馬蘭黃土 J1 和陝西扶風李家陶範 H75-11-2 的鎂元素數據
　　　　缺失，將其剔除，對剩下的元素做主因子分析。

了「相關係數矩陣是單位矩陣」的原假設被否定，說明整套數據不是很適合採用主成分分析。第二，反映像相關係數矩陣顯示，這些元素反映像相關係數均小於 0.6，說明所選元素的採樣適宜度不是很好。第三，從公因子方差可以看出，這些元素共同度均大於 0.524，說明這些元素在該分析中較為有用。第四，從解釋的總方差來看，選取 2 個主成分時，能解釋 73.196% 的總方差，說明 2 因子的主成分分析還是有效的。第五，從 2 因子負載矩陣可知，所有元素對因子 1 的貢獻都很高，與此相對的，Mg 對主成分分析因子 2 的貢獻度較大，其他元素的貢獻度非常小。主成分分析結果見表 4.10。

表 4.10 山西侯馬、陝西李家和彊國樣品的主成分分析 2 因子數值

分析號	Factor 1	Factor 2	分析號	Factor 1	Factor 2
H1	0.50726	-0.55876	y21	-0.41745	0.43068
H2	-0.49265	-0.02389	H7	1.78404	1.51005
2003H15	0.5525	-0.00612	J1	-0.03833	-4.35804
T663H87	0.70672	-0.37465	J2	-0.50696	0.15739
92H4-1	1.35016	-0.18844	LC	-0.0635	0.33955
92H4-2	1.44695	-0.02078	H66-05	-1.10892	0.41368
hmx1	1.0763	-0.05281	H66-05-2	-1.25723	-0.17249
hmx2	1.49547	-0.41129	H75-11	-0.93381	0.36301
63H4T661	0.86849	0.85127	H75-11-2	-1.06288	-0.11846
hmt	1.78244	0.32171	H138-10	-0.43882	0.4111
y18	-0.5585	-0.38689	Y-MC-2	-1.5814	0.58044
y19	-0.45717	-0.60366	Y-MC-4	-0.59295	0.31709
–	–	–	Y-MC-14	-0.6073	0.92134

從圖 4.7 可以看出，同處中原地區的山西與陝西，兩地樣品數據比較接近，但不影響兩地數據總體分布有各自區域這一判斷，山西與陝西的泥芯與各自的古土壤聚合度較大。兩地數據較為接近，可能是由於樣品元素不全導致主成分分析結果的區分度不夠造成。

由於陝西彊國墓地的泥芯樣品沒有 K、Na、P、Mn 元素的含量值，陝西洛川黃土沒有 P、Ti、Mn 元素的數值，所以選擇部分元素以複合變量的形式，對山西、陝西古土壤等樣品作散點圖，結果如圖 4.8 所示。

圖 4.7　山西侯馬、陝西李家和弢國樣品的主成分分析散點圖

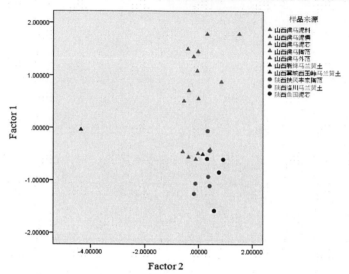

圖 4.8　山西侯馬、陝西李家和弢國的泥芯、古土壤等樣品散點圖

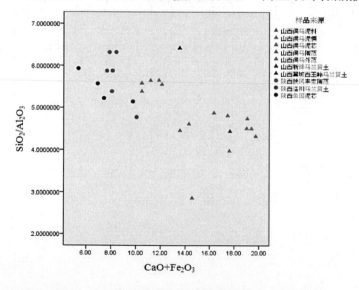

　　從圖 4.8 可以看到，山西侯馬的泥芯等樣品與山西翼城西玉嶺、新絳的馬蘭黃土樣品聚在一起，同時，陝西李家和弢國墓地的泥芯等樣品與陝西洛川的馬蘭黃土較為接近，幾乎都聚在一個區域。這說明了鑄造地的泥芯與當地的古土壤成分具有密切相關度，說明古土壤可以作為利用泥芯示蹤青銅器鑄造地的參照樣品〔註8〕。

────────────

〔註 8〕在一定範圍內，至少上述三個古土壤存在有效性。

古土壤和原生土都可以作為青銅器鑄造地研究的參照樣品，說明了土壤的地域水平分布差異較垂直分布差異更為明顯。因而，從地質時間單位來看，在青銅時代這一較短的歷史時期內，不同時代的樣品可以放在一起討論。

4.3 陶片作為研究中參照樣品的可行性

早期低溫陶器與泥芯等鑄範在選料和製做上尤為相近，而出土早期青銅器的地點往往會發現陶片，陶器一般採用當時當地的原生土製成。理論上，是較為理想的示蹤青銅器鑄造地的參照物。

現選取河南安陽、山西侯馬、湖北鄖縣三地的泥芯和陶片等樣品進行分析〔註9〕。樣品的簡介及成分數據〔註10〕見表4.11、表4.12。

表 4.11　河南安陽殷墟、山西侯馬、湖北鄖縣樣品簡介

分析號	樣品類別	時　代	出土或採樣地點
YXB1	白陶	商代	安陽殷墟⑭
YXB2	白陶	商代	安陽殷墟⑭
YXH1	黑陶	商代	安陽殷墟⑭
YXH2	灰陶	商代	安陽殷墟⑭
YXY1	硬陶	商代	安陽殷墟⑭
YXY2	帶釉陶	商代	安陽殷墟⑭
26	灰陶	龍山文化	安陽後崗⑮
27	黑陶	龍山文化	安陽後崗⑮
30	紅陶	商代晚期	安陽五道溝⑮
31	灰陶	商代晚期	安陽五道溝⑮
32	紅陶	商代晚期	安陽四盤磨⑮
T27	陶鬲腿	東周	山西侯馬⑥
T28	陶管	東周	山西侯馬⑥
M5:5	泥芯	春秋	湖北鄖縣喬家院⑯
M6:7	泥芯	春秋	湖北鄖縣喬家院⑯
M6:4	泥芯	春秋	湖北鄖縣喬家院⑯

〔註 9〕據地質原理，土壤成分在短期歷史時期不會有較大變動，所以，青銅時代不同歷史時期的樣品可以進行比較。
〔註10〕河南安陽殷墟和山西侯馬的泥芯等樣品前文已列出。

M5:8	泥芯	春秋	湖北鄖縣喬家院⑯
M4:10	泥芯	春秋	湖北鄖縣喬家院⑯
M4:9	泥芯	春秋	湖北鄖縣喬家院⑯
69	彩陶	屈家嶺文化	湖北鄖縣青龍泉⑯
70	灰陶	屈家嶺文化	湖北鄖縣青龍泉⑯

注：⑭李濟（2007），⑮李家治等（1998），⑯羅武干（2008）

表 4.12　河南安陽、山西侯馬、湖北鄖縣的成分數據（%）

分析號	SiO_2	Al_2O_3	K_2O	Na_2O	CaO	P_2O_5	Fe_2O_3	MgO	TiO_2	MnO
YXB1	49.94	39.68	0.5	0.7	1.56	–	1.07	0.46	2.18	–
YXB2	56.72	35.19	2.26	1.26	0.84	–	1.23	0.48	0.88	tr-
YXH1	58.96	17.46	2.09	1.49	2.2	tr-	6.44	2.09	0.63	0.07
YXH2	67.68	16.97	2.89	2	1.52	tr-	5.66	2.08	0.71	0.09
YXY1	71.66	18.6	2.25	1.06	0.68	–	3.61	0.83	0.85	0.02
YXY2	76.18	17.13	2.17	0.78	0.51	–	1.97	0.85	0.77	0.01
26	66.32	14.9	2.24	1.02	2.78	0	5.94	1.76	0.84	0
27	67.98	13.97	2.73	1.35	2.34	0	6.13	2.38	0.79	0.05
30	65.41	17.16	2.92	1.65	2.35	0	5.91	2.21	0.84	0.05
31	66.39	17.09	2.49	1.29	2.11	0	5.82	2.28	0.87	0.13
32	66.85	16.56	2.62	1.48	1.91	0	6.01	1.93	0.91	0.01
T27	62.95	14.86	3.21	1.18	2.33	–	6.41	3.32	0.51	–
T28	58.95	14.96	2.76	1.33	8.62	–	5.46	3.22	0.49	–
M5:5	80.33	7.35	1.67	0.87	0.55	0.18	2.54	0.66	0.45	0.05
M6:7	79.69	7.16	1.67	0.86	1.53	0.15	2.58	0.80	0.44	0.05
M6:4	75.65	7.13	1.83	0.89	2.48	0.33	2.59	1.06	0.45	0.07
M5:8	74.17	8.92	1.77	0.98	1.69	0.11	3.16	0.91	0.53	0.06
M4:10	79.78	6.68	1.54	0.88	0.43	0.12	2.38	0.51	0.41	0.04
M4:9	77.74	7.62	1.63	1.02	0.94	0.09	2.51	0.67	0.58	0.06
69	67.12	18.08	2.63	1.19	1.54	0	4.56	1.6	0	0
70	67.54	17.16	2.37	0.65	1.85	0	6.6	1.32	0.92	0

　　利用 SPSS 軟件對山西侯馬和河南安陽的陶片等樣品做主成分分析散點圖〔註11〕，從主成分分析（見附錄一圖十六～圖二十）可以看出：第一，KMO

〔註11〕　由於磷、錳元素數據不全，所以在採用主因子分析時，排除這兩個元素，並且Y5 的元素數據不全，所以排除該樣品。

樣本適宜度是 0.59，略微低於 0.6，同時，Bartlett 的球形度檢驗顯示了「相關係數矩陣是單位矩陣」的原假設被否定，說明整套數據基本適合採用主成分分析的。第二，反映像相關係數矩陣顯示，除了 Si，其他元素的反映像相關係數均大於 0.539，說明所選大部分元素的採樣適宜度是可以接受的。第三，從公因子方差可以看出，除了 Na、Ti，剩下元素在主成分為 2 時的共同度均大於 0.676，說明 Na、Ti 在該分析中作用不大。第四，從解釋的總方差來看，選取 2 個主成分時，能解釋 65.938%的總方差，說明 2 因子的主成分分析還是比較有效的。第五，從 2 因子負載矩陣可知，除了 Si、Ca、Ti，其他元素對因子 1 的貢獻都很高，與此相對的，Si、Al、Ca、Ti 對主成分分析因子 2 的貢獻度較大，其他元素的貢獻度非常小。

　　主成分分析得到的各樣品 2 個綜合因子的數值見表 4.13，從主成分分析散點圖 4.9 可以看出，山西侯馬的泥芯、範、陶片與河南安陽的泥芯、範、陶片有各自的特徵分布區域，但是區分度不明顯。因而，利用 SPSS 軟件以 CaO、Fe_2O_3、SiO_2、Al_2O_3〔註 12〕為特徵變量做標作散點圖，並以複合變量（CaO＋Fe_2O_3）為特徵因子對山西侯馬、河南安陽的泥芯和陶片等樣品作聚類圖，結果分別如圖 4.10、圖 4.11 所示。

表 4.13　山西侯馬、河南安陽的泥芯和陶片等樣品主成分分析 2 因子數值

分析號	Factor 1	Factor 2	分析號	Factor 1	Factor 2
Y1	-1.50041	-0.13365	H1	0.28424	-1.26073
Y2	-1.447	-0.26176	H2	-0.34627	-0.50661
Y3	-1.12638	1.09213	2003H15	0.15366	-1.24583
Y4	-0.81131	1.0979	T663H87	0.21544	-1.30502
Y6	-0.98351	-1.1744	92H4	0.66131	-0.67654
Y7	-0.77894	-1.77069	92H4	0.78474	-1.41719
Y8	-1.58866	-1.32121	hmx1	1.41117	-0.54879
Y9	-1.63216	1.2591	hmx2	1.85792	-0.12379
y10	-1.17393	0.2354	63H4T661	0.22187	0.25722
y11	-1.18661	0.06794	hmt	0.95229	-0.00561

〔註 12〕鈣、鐵元素因地域差異波動較大，適合作為特徵元素，而（SiO_2＋Al_2O_3）是研究土質區分度的常用複合變量。

YXH1	0.58978	0.67396	y18	-0.40514	-0.10961
YXH2	0.41354	1.45938	y19	-0.4469	-0.66877
YXY1	-0.63839	1.60064	y20	-0.4188	-0.35528
26	0.25429	0.88477	y21	-0.43429	0.10229
27	0.63441	0.99204	H7	1.48423	-1.28589
30	0.77109	1.45024	T27	1.69732	0.59894
31	0.65074	1.30658	T28	1.42255	-0.38393
32	0.45811	1.47679	—	—	—

圖 4.9　山西侯馬、河南安陽的泥芯和陶片等樣品主成分分析散點圖

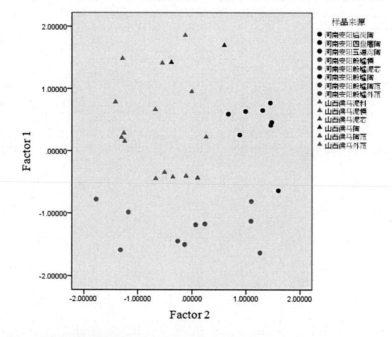

　　從圖 4.10 能清晰地看出，安陽的陶片與當地的泥芯、陶範基本聚在圖內左上角的狹長區域，侯馬的泥芯等鑄範與當地的陶片基本散狀分布於圖的右下角位置，說明陶片可以作為青銅器鑄造地研究的參照樣品。從圖 4.11 樹狀聚類圖可以看出，河南安陽的泥芯、範和陶片樣品聚在一起，即樹狀圖的下半部分，同時，系統樹狀圖的上半部分是山西侯馬的泥芯、範和陶片樣品〔註13〕。

〔註13〕例外的是，聚類分析顯示，安陽殷墟的一個犀芯樣品與山西侯馬的樣品混在一起，同樣的狀況還有侯馬的一個陶腿樣品。由於樣本量較大，從統計學角度來看，一個樣品的偏離不影響對整個樣本結論的闡釋，偏離的原因有待進一步討論。

圖 4.10　山西侯馬、河南安陽的泥芯和陶片等樣品散點圖

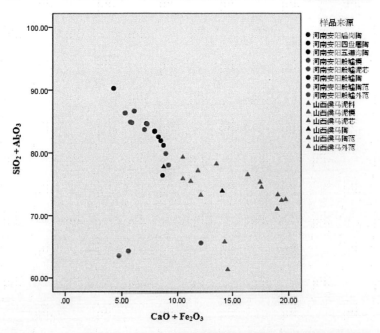

圖 4.11　山西侯馬、河南安陽的泥芯和陶片等樣品聚類圖

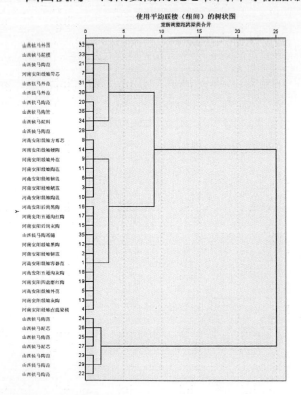

上述分析說明，同一鑄造地的泥芯等鑄範與當地陶片在成分上具有某種有別於其他地區的一致性。也就是說，從中原地區的山西、河南來看，陶片可以作為泥芯示蹤青銅器鑄造地的參照樣品。

為了確定作為參照樣品的陶片是否適用於更大範圍區域的青銅器鑄造地研究，將長江流域的湖北鄖縣泥芯、陶片納入討論範圍，擴大研究地區，討論陶片在更大地域範圍內的適用性。

根據土壤原理，由於 K、Na、Ca、Mg 元素在不同地區差異性較大，以上述元素的符合變量為特徵座標，將湖北鄖縣、山西侯馬、河南安陽三地樣品作散點圖，結果見圖 4.12。

圖 4.12　湖北鄖縣、山西侯馬、河南安陽樣品散點圖

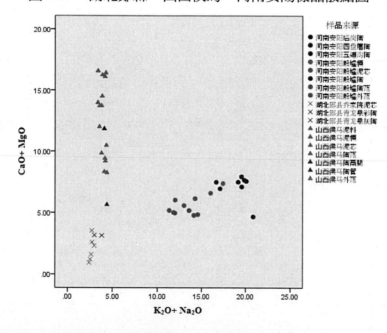

從圖 4.12 可以看到，湖北鄖縣、山西侯馬、河南安陽三地的泥芯和陶片在各自區域聚在一起，說明陶片與土壤一樣，具有地域差異性。這種差異使得青銅器中的泥芯與鑄造地的陶片在成分上具有某種一致性，且不同地區有別，這就使得在青銅器鑄造地研究中，陶片也可作為參照樣品。

4.4　結論

通過對山西侯馬、河南安陽殷墟、陝西扶風、湖北鄖縣等地樣品的實例分

析，可以看出，原生土、古土壤、同墓葬或者同一地區出土的陶片，作為泥芯
示蹤青銅器鑄造地方法的參照樣品是可行的，為下文採用原生土、古土壤、陶
片、泥範等研究青銅器鑄造地提供了依據。

第五章　安徽省出土青銅器的鑄造地研究

　　安徽省位於中國華東腹地，北連山東、河南，南接浙江、江西，西面湖北，東臨江蘇，是長江中下游地區貿易往來的必經之地（見圖 5.1）。淮河、長江、新安江三大水系流經安徽省，加上宜人的氣候，造就了燦爛的安徽文化。考古發掘顯示，自遠古時期開始，安徽就有了豐富的青銅文化。建國以來，安徽各地均有不少青銅器出土（見圖 5.2），但對於這些青銅器的鑄造地在哪，前人的研究基本停留在文化特徵（如類型學）的研究上。隨著考古發掘實物的不斷更新，本章擬採用科學實驗的方法，利用近年出土的泥芯、陶範對安徽部分地區青銅器的鑄造地進行探討，並討論安徽江淮地區的早期人類族群，以瞭解當時的文化背景。

圖 5.1　安徽省地理位置圖

圖 5.2　安徽省商周青銅器出土代表性地點〔註1〕

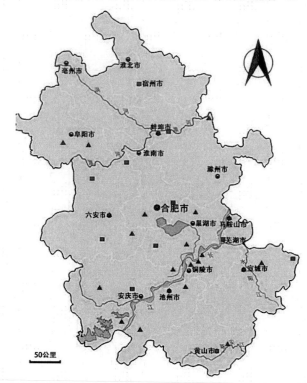

5.1　安徽省出土的早期青銅器

　　就截至目前發掘成果來看，安徽省出土的商周青銅器並不像中原地區尤其河南省、陝西省數量那麼多，也沒有中國南部其他省份包括湖北、四川、江西等地具有代表性的青銅器出土大遺址，如黃陂盤龍城遺址（武漢大學歷史學院，湖北省文物考古研究所，盤龍城遺址博物院，2019；韓用祥，2016）、三星堆遺址（四川省文物管理委員會，四川省文物考古研究所，四川省廣漢縣文化局，1987）、新幹大洋洲，但這並不妨礙新中國成立之後安徽青銅器的發掘與研究工作之展開，安徽早期青銅器的冶鑄遺址主要集中在南部的銅陵、南陵等地，但近年來發掘的青銅器及其討論與研究，主要是針對江淮地區，也就是安徽中部地區發現的具有地方特色之青銅器，從青銅容器、兵器到飾件等種類各異，如圖 5.3、圖 5.4。

〔註 1〕　本文在張愛冰先生（2010）對皖南出土商代青銅器地點（用▲表示）研究的基礎上，補充了安徽地區出土商周青銅器的代表性地點，用■表示。

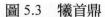

圖 5.3　犧首鼎　　　　　　圖 5.4　鳳首曲柄盉

　　（安徽博物院藏）　　　　　　（潛山縣博物館藏）

　　對於青銅器鑄造地，早在青銅器發現之初就為學界所關注。換而言之，「青銅器在哪裏鑄造」這個問題對於解答中國早期青銅器製做流程中關鍵一環留下懸念。曾幾何時，特別是近十年，青銅器鑄造地研究在中國考古學界不再那麼「熱」了，多數學者對於青銅器製做的研究重點落在礦料開採和冶煉上，而對鑄造涉及較少，一方面是與鑄造相關的遺物出土有限，另一方面可能在於尚未找到更好的方法來揭示青銅器鑄造地。

　　當重新審視安徽發現的商周青銅器，尤其江淮青銅器之時，傳統的類型學方法，或者說，單從器物形制角度出發，往往很難判斷它們中一些的器物是在哪裏鑄造的，尤其是那些不具有代表性、江淮典型特徵的青銅器。

　　目前，安徽發現的鑄造銅器遺址主要僅有兩處——銅陵縣師姑墩西周鑄銅遺址（朔知，王冬冬，羅汝鵬，2013）和阜南縣臺家寺商代鑄銅遺址（武漢大學歷史學院考古系，安徽省文物考古研究所，2018），此外，在阜陽迎水寺和合肥大雁墩等遺址也發現有陶範等鑄銅遺物。那麼，除了這兩個遺址發掘的青銅器較為確定是當地鑄造，安徽江淮地區出土的其他商周青銅器的鑄造地點即成為本章討論的重點。

5.1.1　安徽江淮地區地域範圍

　　在討論安徽江淮地區的商周青銅器之前，我們首先需要明確安徽江淮地區的地理範圍。江淮地區主要是指位於淮河以南、長江以北之間的地理區域，該地區位於秦嶺——淮河自然地理分界線以南。而安徽江淮地區是指江淮地

區屬於安徽省行政區劃地理範圍的一部分，居於安徽中部，夾在淮河和長江之間，包括合肥、六安、滁州、安慶四個地級市和馬鞍山市、蕪湖市、蚌埠市、淮南市的部分區縣。安徽江淮地區內的地勢總趨勢是西高東低，以大別山山脈為界，西部為山地丘陵區域，東部為臺地丘陵和平原地帶，北部則與中游淮北平原區相鄰，見圖 5.5。

圖 5.5　安徽江淮地區地域範圍示意圖

5.1.2 安徽出土商周青銅器概述

　　按照地理發現區域，安徽出土商周青銅器可分為淮北青銅器、江淮青銅器和皖南青銅器三大片區，如圖 5.6，目前已出版的著作有《江淮群舒青銅器》（安徽博物院等，2013）、《安徽江淮地區商周青銅器》（陸勤毅、宮希成，2014）、《樅陽商周青銅器》（安徽大學歷史系，樅陽縣文物管理所，2018）等，主要是從文物圖錄展示和考古發掘材料整理兩個方面對安徽出土的商周青銅器進行介紹、描述與歸納，並未對這批銅器的鑄造地做專門討論與研究。

圖 5.6　安徽出土商周青銅器主要地點〔註2〕

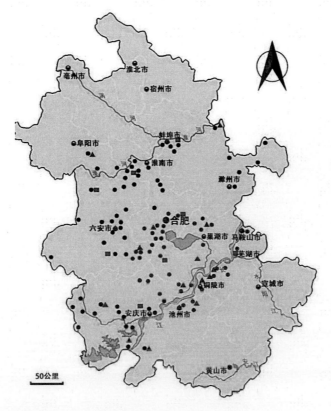

（一）安徽淮北地區發現青銅器

淮北地區在本文中指的是安徽省區域內淮河以北的地區，地理範圍包括宿州、淮北、亳州和阜陽市全境，淮南、蚌埠市的大部區域也歸在淮北地區以內，共有6市17縣。

新中國成立以後，安徽淮北地區發現了數量較多的青銅器，代表性的青銅器有在阜南臺家寺發現的龍虎尊和饕餮紋尊（武漢大學歷史學院考古系，安徽省文物考古研究所，2018），2007年在鳳陽卞莊一號墓出土的鍾離國青銅器，該墓發現的 14 件銅編鐘造型精美，見圖 5.7（闞緒杭、周群、唐更生，2009）。此外，在距離卞莊一號墓較近的蚌埠雙墩一號春秋墓也出土了極具特色的青銅器，經鑒定，為鍾離國君柏之墓，其中代表性有青銅編鐘、簠、戟，上面均有銘文「童麗君柏」（闞緒杭、周群、錢仁發、王元宏，2010）。

〔註2〕　▲和■是黃鳳博士畢業論文《安徽、湖北近年來出土青銅器的鑄造地研究》，中國科學技術大學，2014 年，第 58 頁原圖上的，豔是在其基礎上新增的地點。

圖 5.7　鳳陽卞莊一號墓銅編鐘

（安徽省文物考古研究所，鳳陽縣文物管理所，2009）

　　除了以上代表性青銅器，從上個世紀 50 年代起，安徽淮北地區陸續發現有商、西周至戰國時期的青銅器。1955 年，在蚌埠八里橋出土環鏈敦 1 件、鼎 2 件、壺 2 件。1957 年 6 月，在阜南縣朱寨鎮小運河月兒河段地區發現商代龍虎尊等器物（葛介屏，1959）。1962 年，在宿縣靜村蘆古城子村遺址上發現銅樂器兩件（胡悅謙，1964）。1971 年 11 月和 1972 年 1 月，在離王崗 10 餘公里的趙集王拐村，徵集到銅器 7 件，爵 3 件，觚 1 件，鈴 1 件，車軎 1 件，弓形器殘存 1 件（劉海超，1985）。1972 年春，王崗鄭小莊東地和北地池塘邊發現商代墓葬各一座，出土一些青銅器，包括爵 2 件，觶 1 件，矛 1 件，刀 1 件、鑿 1 件和斧 1 件（劉海超，1985）。80 年代在潁上縣、利辛縣、臨泉縣、蒙城縣發現出土有青銅器，1980 年秋，在王崗公社鄭小莊農民發現有銅器，經考古發掘出土有銅、鉛、陶器（劉海超，1985）。1984 年，在利辛縣管檯子莊西頭的古淝河出土簋 2 件和鼎 1 件（安徽省地方志編纂委員會，1998）。1984 年 10 月，在安徽渦陽縣雙廟區盛雙樓村農，發現一批青銅器，包括農具、工具、兵器、雜器等（楊玉彬、劉海超，2006）。1985 年在臨泉縣城郊王路莊出土有銅器，1987 年 12 月，在宿縣褚蘭區謝蘆村發現青銅器 5 件，包括鼎 1 件、簋 1 件、匜 1 件和鬲 2 件（李國梁，1991）。1989 年蒙城縣小澗區狼山村發現戈 1 件、銅簋 1 件和馬銜 2 件（鹿俊個，1995）。2004 年，界首市新張莊村出土一批青銅器，包括簋 1 件、劍 1 件（界首市文物管理所，2007）。2007 年安徽省文物考古研究所與鳳陽縣文物管理所聯合對該鳳陽卞莊一號墓

進行了搶救性發掘，出土了 59 件青銅器，包括生活用器、樂器、兵器、工具和車馬器（闞緒杭、周群、唐更生，2009）。2006 年 12 月至 2008 年 8 月，安徽省文物考古研究所與蚌埠市博物館聯合對蚌埠雙墩一號墓進行搶救性發掘，出土了極具有地方特色、種類多樣的青銅器（闞緒杭、周群、錢仁發、王元宏，2010）。

（二）安徽江淮地區發現青銅器

安徽江淮地區最早的青銅發現可溯至新石器時代末期，較為受關注的遺址是肥西大墩孜遺址發現 1 件銅鈴和其他遺物，其中，銅鈴上窄下寬，橫截面為棗核形，青銅鈴一側有扉棱，上有穿孔，為橋鈕形，素面無紋飾，見圖 5.8，是安徽省境內出土最早的青銅器，為夏代二里頭文化時期的產物，距今已有 3000 多年的歷史。

商代出土的青銅器整體數量不多，但較之新石器時代增多，有銅鏃、銅尊、銅鐃等。在含山孫家崗遺址，發現銅鏃和銅鐮，銅鏃為凸脊，有兩翼，銅鐮的背部成弧形，刃部有細小鋸齒，成一排（安徽省博物館，1977）。這一地區的銅尊主要是折肩大口尊和筒形尊兩類，如六安出土的大口尊形體頗大，肩處有三處高浮雕牛首和立鳥裝飾，肩、腹、圈足部位飾凸出的夔紋和獸面紋，器內壁因器表的紋飾而凹陷。而筒形尊在潛山、金寨等地均有發現，器腹圓鼓，以獸面紋為主裝飾，間飾大鳥紋。此外，還有銅鐃。在壽縣發現有小型獸面紋鐃，見圖 5.9，於 2001 年在壽縣蒼陵城出土，這種小鐃在殷墟遺址常見（朱華東、王建國，2019）。

圖 5.8　肥西大墩孜銅鈴	圖 5.9　壽縣小型獸面紋鐃

（陸勤毅、宮希成，2014）[12]	（陸勤毅、宮希成，2014）[14]

及至西周時期，安徽江淮地區青銅器的器類和數量逐漸增多，隨著考古工作的深入，包括鼎、簋、甗、盨、爵、斝、尊、盃、匜、甬鐘等器物都有所發現，紋飾主要有獸面紋、竊曲紋、波曲紋、重環紋、乳釘紋、夔龍紋、鳳鳥紋、雲雷紋、弦紋等。

下面以青銅食器、酒器、水器、樂器為代表來介紹安徽江淮地區西周時期的青銅器。青銅食器主要有鼎、簋、甗和盨，這一時期的鼎為圓鼎，大致有垂腹、圓腹、盆形腹。潛山的一件無耳垂腹鼎，圜底，柱足，內側扁平，器腹飾弦紋和乳釘紋，造型較為特別。來安縣頓丘山遺址出土的一件方座無耳小簋，見圖 5.10，造型別致，器身似瓿，下設方座，器腹主要飾連珠紋，通高 13.3 釐米，口徑 10.2 釐米，座邊長 12 釐米（陸勤毅、宮希成，2014）[84]。潛山縣彰法山發現的 1 件連體式甗，袋足部位飾獸面紋（陸勤毅、宮希成，2014）[86]。

酒器有爵、尊、觶與盃。爵的紋飾有獸面紋、蕉葉紋、弦紋等，金寨縣斑竹園出土了 1 件爵（陸勤毅、宮希成，2014）[69]。尊為觚式，分垂腹和鼓腹兩類，垂腹尊紋飾精美，如霍山縣城關鎮出土的鳳紋尊，腹部有鳳鳥紋，鼓腹尊腹部一般飾竊曲紋。在潛山縣彰法山發現有弦紋觶，通高 18.7 釐米，口徑 9 釐米（陸勤毅、宮希成，2014）[75]。在巢湖市出土一件龍首鈕蓋盃，見圖 5.11，其蓋面上一龍盤踞而立，高直頸，鼓腹，圜底，下有三足，通高 26 釐米。

圖 5.10　來安縣頓丘山遺址方座簋　　　　圖 5.11　龍首鈕蓋盃

（陸勤毅、宮希成，2014）[84]

（陸勤毅、宮希成，2014）[80]

水器有匜，匜為三蹄足，槽式流，尾設環狀平鎜，頂端有一扇形平板狀裝飾，面上飾雲雷紋，口沿下腹部飾四組顧首龍紋，間以雲紋。此外，樂器有甬、鐘等，在壽縣、長豐、舒城、太湖、巢湖（陸勤毅、宮希成，2014）[88]等地有發現。

春秋時期的江淮青銅器極具地方特色，較為重要的遺址地點有舒城鳳凰嘴、舒城河口、鳳陽卡莊、鳳陽大東關、蚌埠雙墩等，出土器類主要有鼎、簠、缶、盉、鬲、盤、匜、罍、尊等。此外，還有樂器和兵器。鼎的數量是最多的，有地方特色的是獸首（犧首）造型，紋飾主要有竊曲紋、弦紋、蟠螭紋、龍紋、雲雷紋、鳥紋、雲紋、重環紋。銅鼎在合肥市、含山縣、巢湖市、滁州市、壽縣、樅陽縣、廬江縣、懷寧縣、望江縣肥西縣、六安舒城縣等均有出土，在江淮地區發現了較多的獸首鼎，鼎身獸首，附耳，平蓋。盉的數量其次，類型多樣，出土了具有特色的曲柄盉，見圖5.12。缶主要為雙耳缶和蟠螭紋缶，在肥西縣、廬江縣、舒城縣均有出土（陸勤毅、宮希成，2014）[178-180]。鬲均無耳，有的有蓋，分折肩寬弧襠和弧肩窄襠兩類，前者尖錐足，素面，後者為平足，上腹飾有竊曲紋。

圖5.12　曲柄盉

（陸勤毅、宮希成，2014）[154]

匜、盤在安徽江淮地區春秋時期也較為常見。匜多三蹄足式，也有四足，尾設龍首鎜，腹飾竊曲紋、蟠螭紋等紋飾。盤為淺腹、圈足，有素面盤也有竊曲紋盤。樂器還出土有甬鐘、鎛鐘和鐸。

安徽江淮地區春秋時期出土的兵器主要有戈、戟和劍三種，1974年，在廬江湯池發現了吳王光劍，見圖5.13，劍長54釐米，劍身有銘文兩行十六字：「攻吳王光自作用劍，趄余以至，克肇多攻」（馬道闊，1986）。

圖 5.13　吳王光劍

（陸勤毅、宮希成，2014）[196]

　　到了戰國時期，發現有大量的青銅容器、兵器和車馬器飾件等。安徽江淮地區戰國時期青銅禮樂器有鼎、壺、敦、盤、鉦等。1991 年在六安市城北出土有 2 件蟠螭紋鼎，形制、花紋、尺寸相同，器蓋隆起，在器蓋的中心有銜環，為獸面蹄足，銜環飾雲雷紋和圓點紋，在器蓋、耳、腹上飾有變形鳥紋和圓點紋（許玲，1995）。在該地區出土的壺多為圓形，兩肩上有鋪首銜環，壺

根據紋飾主要分為雲紋方壺、三角紋壺和蟠螭紋壺。敦有獸形鈕墩和龍鈕墩，在六安市城北出土有 2 件敦，蓋與器身半相合，整器近球形，蓋紐的形狀為鳥首，有鏤孔，足紐的形狀為獸狀，昂首，造型生動形象，在腹部有兩組環紐，上面飾有卷雲紋和圓點紋（許玲，1995）。潛山出土的一件刻紋盤紋飾精細，平底，在器物的外腹刻有雲氣紋，紋飾淺而細，看不清楚拓印。鉦在潛山、安慶一帶的戰國墓均有出土，飾有三角雲紋，在潛山縣彰法山出土的一件鉦柄末端還有獸首裝飾。

（三）安徽皖南地區出土青銅器

皖南地區，顧名思義，即安徽的南部地區，主要指安徽省行政區劃內、長江以南的地區，包括今黃山市、宣城市、池州市、銅陵市、蕪湖市等市（陸勤毅、宮希成，2016）[1]。1959 年在屯溪奕棋發掘土墩墓，發現了商周青銅器，自此拉開了皖南商周青銅器的序幕（安徽省文化局文物工作隊，1959），至 2015 年，皖南全境成組或零星出土的青銅器已達 500 餘件，以容器、兵器、樂器為主體，農具、工具類次之，雜器與車馬器相對較少。青銅容器主要有飪食器類的鼎、鬲、甗、簋等，酒器類的爵、斝、尊、卣、罍、盉，水器類的盤、匜等。皖南地區發現的青銅兵器主要有劍、戈、矛、鏃等，樂器有鐃、鐘、句鑃、鉦等，農具、工具有鍤、鐮、削、錛、鋸、斧、鑿等（陸勤毅、宮希成，2016）[3]。

現以皖南地區發現青銅器的重要地點作簡要介紹。首先是屯溪地區，屯溪發掘有 8 座土墩墓，其中的 6 座土墩墓出土的青銅容器共 100 餘件（李國梁，2006）。在 M1 中出土鼎 4 件、簋 2 件、尊 2 件、卣 2 件、盤 2 件、盉 1 件、五柱器 2 件、鳥形飾 2 件、三足器 1 件，在 M2 出土簋 1 件、尊 1 件，在 M3 中出土鼎 4 件、方鼎 2 件、簋 8 件、犧尊 1 件、卣 2 件、盉 1 件、圓盤 3 件、方盤 1 件、盉 3 件、壺 1 件、方座器 2 件、跪坐人 4 件、車飾 8 件、劍 2 件、斧 1 件、削刀 7 件，在 M4 中出土尊 1 件、劍 1 件、戈 1 件、矛 1 件、斧 1 件、鏃 7 件，在 M5 中出土尊 1 件、盉 1 件、斧 1 件、削刀 1 件，在 M6 中出土尊 1 件，在 M7 中出土劍 1 件、戈 1 件、矛 1 件、斧 1 件、鏃 6 件，在 M8 中出土劍 1 件。

銅陵地區出土青銅器數量多，地位也較為重要。1987 年和 1990 年，在金口嶺先後發掘 2 座春秋墓，M1 出土青銅鼎 1 件、劍 1 件、戈 1 件。M2 出土青銅鼎 1 件、劍 1 件、矛 1 件、甬鐘 1 件、耑 1 件、扁方形飾件 1 件。金口嶺

M1 東北方向 15 米發現殘鼎 2 件和 1 件鏃（張國茂，1991b）。1989 年，北郊謝壟窖藏出土一組青銅器，容器包括鼎 2 件、瓿 1 件、盉 1 件、匜 1 件（張國茂，1990）。

1985 年，在青陽縣廟前鄉發現一批春秋時期青銅器，出土地點原來可能是一座土墩墓，出土戈 1 件、矛 1 件、鏃 87 件、墩 8 件、斧 1 件、鑽 1 件、鑿 1 件等，從形制和紋飾來看，具有春秋中晚期江南地區青銅器風格，應是本地即南陵、銅陵所出（朱獻雄，1990）。1986 年，東至縣文管所在勝利鄉勝利村徵集到銅罍 1 件，調查稱該器物是 1975 年開鑿堯渡河時在赤頭段出土（張北進，1990）。1995 年，在龍崗發掘了 2 座春秋墓。龍崗 M1 為長方形豎穴土坑木槨墓，出土青銅器包括鼎 2 件，瓿 1 件、劍 1 件、戈 1 件、矛 1 件、鏃 2 件、鐸 1 件、錛 1 件、削 1 件。而龍崗 M2 為小型豎穴土坑墓，出土青銅鼎 1 件（青陽縣文物管理所，1998）。

1981 年，在宣城市孫埠鄉正興村發現 4 件青銅器，容器有鼎 2 件和鬲 1 件，樂器有鉦 1 件（徐之田，1991）。1985 年，徵集 1 件出土於宣郎廣茶場的山地裏的西周銅鼎（宋永祥，1987）。1991 年，在廣德縣徵集了一批青銅器，出土於當地的盧村鄉上陽村，包括戈 1 件、劍 1 件、錛 1 件和 1 件青銅構件，經對比考證，該批青銅器可能為一處窖藏，年代應為春秋中、晚期，這也是青銅兵器第一次在廣德縣發現，為研究當地文化提供了寶貴的資料（鄭振，1992）。

5.1.3 安徽省青銅器出土地分布概覽

淮河和長江橫穿安徽省，地理上的天然阻隔使得安徽的淮河流域和長江流域環境資源不同。安徽淮河流域處於淮河的中下游地區，建國後，在省內多個地點發現與青銅器相關的遺跡遺物，該地區出土商周青銅器的代表性地點見表 5.1、表 5.2。安徽長江流域地區出土商周青銅器的出土地點多集中在長江以南，見表 5.3。

從安徽省青銅器出土情況來看，青銅器出土覆蓋了安徽省大部分區域，對於這些青銅器究竟是在哪裏鑄造的，一些學者（馬道闊，1990；張國茂，1991；李修松，2006[274-275]；張敏，2007；張愛冰，2009）曾從青銅器類型學角度，通過研究器物風格，發現其中一些青銅器具有本地特色。本章試以銅陵、肥東兩個遺址出土的青銅器為例，利用科技考古的手段對近年來安徽青銅器的鑄造地問題進行研究。

表 5.1 安徽淮河流域地區出土商代青銅器代表性地點

出土時間	地　　點	出土時間	地　　點	出土時間	地　　點
1953 年	嘉山縣①	1972 年 1980 年	潁上縣王崗鄭小莊②	1987 年 1989 年	樅陽縣⑥
1955 年	潛山縣②	1972 年	肥西縣②	1999 年	六安市⑦
1957 年	阜南縣③	1973 年	廬江縣②	2006 年	望江縣②
1971～ 1972 年	潁上縣趙集王拐村④	1984 年	含山縣孫家崗⑤		

注： ①葛治功（1965），②吳家智（2009），③施勁松（1998a，1998b），④阜陽地區博
物館（1985），⑤楊德標（1992），⑥安徽省文物考古研究所（2004），⑦安徽省皖
西博物館（2000）

表 5.2 安徽淮河流域地區出土周代青銅器代表性地點

地　　點		墓葬遺址	地　　點		墓葬遺址
合肥地區	合肥市	烏龜崗春秋墓①	六安地區	六安市	義倉春秋墓等⑦
	巢湖市	聯合村春秋銅器組②		壽縣	春秋戰國蔡侯墓等⑧
	肥西縣	柿樹崗小八里村西周銅器群① 金牛春秋墓③		舒城縣	鳳凰嘴春秋墓⑨ 五里鄉春秋銅器群⑩ 九里墩春秋墓等⑪
	肥東縣	吳大墩遺址④		霍山縣	吳國十八塔墓⑫
	廬江縣	嶽廟春秋銅器群⑤ 泥河銅器組⑥		霍邱縣	繡鞋墩遺址⑬
鳳陽縣		大東關 1 號春秋墓⑭ 卞莊 1 號墓⑮	蚌埠市		雙墩 1 號春秋墓⑱
懷寧縣		楊家牌春秋銅器群⑯	宿州		謝蘆村銅器組⑲
潛山縣		春嶺春秋墓⑰	含山縣		大城墩遺址⑳

注： ①安徽省博物館（1978），②葉舒然（2012），③安徽省文物工作隊（1984），④安
徽省文物考古研究所等（1985），⑤馬道闊（1990），⑥鄭小爐（2003），⑦除了義
倉春秋墓，還有燕山春秋墓、九里溝春秋墓、堰墩遺址、白鷺洲戰國墓（六安縣
文物管理所，1990；安徽省博物館等，1993；胡仁宜，1986；安徽省文物考古研
究所等，2002；安徽省文物考古研究所等，2012），⑧除了春秋戰國蔡侯墓，還有
肖嚴湖春秋銅器群、西圈墓葬、青蓮寺遺址（安徽省文物管理委員會等，1956；
壽縣博物館，1990；安徽省文物考古研究所等，2005；北京大學考古系等，1997[266-
280]），⑨安徽省文化局文物工作隊（1964），⑩《文物研究》編輯部（1990），⑪除
了九里墩春秋墓，還有河口春秋墓（安徽省文物工作隊，1982；安徽省文物考古
研究所等，1990），⑫王步毅（1986），⑬北京大學考古系等（1997）[243-250]，⑭安
徽省文物考古研究所等（2010）[16-51]，⑮安徽省文物考古研究所等（2010）[52-119]，
⑯懷寧縣文物管理所（1983），⑰《文物研究》編輯部，⑱（2001）安徽省文物考
古研究所等（2010b），⑲李國梁（1991），⑳安徽省文物考古研究所等（1989）

表 5.3　安徽長江流域地區出土商周青銅器代表性地點

出土時間	地點	出土時間	地點	出土時間	地點
1959～1975 年	黃山屯溪區奕棋鎮①	1972 年，1979 年	繁昌縣①	1987 年	銅陵市金口嶺①
1975 年	東至縣②	1985 年	郎溪縣②	1989 年	銅陵市北郊謝壨①
1977 年	貴池市里山鄉徽家沖①	1985 年，1995 年	青陽縣廟前鎮①	1993 年	銅陵市董店鄉雙龍村①
1981 年	宣城市孫埠鎮正興村①	1985 年	廣德縣高湖鄉張家大村①	2002 年	馬鞍山市②
1983 年	銅陵市西湖鎮童墩村①	1986 年	蕪湖市火龍崗鎮新義村韓墩①		

注：①安徽大學等（2006），②張北進（1990），李學勤（1991）。此外，在安徽的長豐縣、天長縣、桐城市、望江縣、樅陽縣、宿松縣、當塗縣等地也發現青銅器出土（吳家智，2009；王峰，2011；葉舒然，2012；王俊，1988）

5.2 安徽長江流域銅陵地區青銅器的鑄造地研究

　　銅陵地處皖南西北部，位於長江中下游南岸，先秦時期的銅陵曾先後歸屬於吳、楚等國，與淮夷文化僅隔長江，是江淮通吳的古長江渡口，屬於中部和南部文化的交匯地區（張國茂，1991）。銅陵地區陸路交通便捷，與商王朝有道路相通〔註3〕（彭邦炯，1988）。此外，銅陵水上交通也比較發達，西面有大通河、秋浦河，境內有清水河、青弋江，通水陽江達江蘇南部，江北面樅陽，而樅陽是中原通越的入口，可見歷史上的銅陵一直是交通運輸的要道。

　　中國兩大銅礦帶，黃河以北規模小，長江下游規模較大，如江西新幹大洋洲和銅陵地區。銅陵也是除了湖北大冶銅綠山、江西瑞昌以外，古代長江流域重要的銅料輸出地〔註4〕。考古發掘顯示，銅陵地區目前已發現了多處以

〔註 3〕《商歷史探微》裏曾提到「當時以大邑商為中心，東及今山東，南到今淮南並經淮南輾轉達銅陵，西南達於今江西、湖北沿江地帶⋯⋯都有道路可以通達，或輾轉通達」。

〔註 4〕西漢元封二年（公元前 109 年），銅陵銅官山設立「銅官」以管理該地區礦冶相關事宜。王文傑等人（2000）在《安徽省古代礦業史略》中曾對銅陵在內的礦業遺跡進行過綜述。

銅陵為中心的古銅礦採冶遺址〔註5〕。古銅冶遺址不只限於銅陵轄區〔註6〕，
從範圍上來看，銅陵、南陵與鄰縣繁昌等地的古礦冶遺址相連，形成了一個
規模大、時代跨度廣的冶鑄區域。對於銅陵地區採冶遺址的研究地位和歷史
意義，華覺明、楊立新（1991）、陸勤毅等人〔註7〕曾給予高度肯定，銅陵地區
青銅時代遺址研究的重要性可見一斑。

近年來，銅陵地區發現的與早期青銅器冶鑄有關的新材料，如銅陵師姑
墩遺址，使得銅陵地區的青銅器研究再一次引起考古學界的關注。由於銅陵
在青銅器研究地理上的重要性，本節以銅陵師姑墩遺址為例，根據最新出土
的考古實物證據以及前人的研究，試就該地出土青銅器鑄造地問題做簡單討
論〔註8〕。

5.2.1 樣品來源

2012 年，銅陵師姑墩遺址出土了 200 多件珍貴文物，其中，鬲、豆、罐
等陶製生活用品佔了較大比重，值得注意的是，考古人員還發現了銅塊、爐
渣、陶範等鑄銅遺物。這是在安徽長江南岸首次發現的年代框架完整的夏商
時期遺址。

銅陵曾發現大量銅煉渣等冶煉遺址，也出土過鑄銅的石範〔註9〕，但一直
沒有發現明確的鑄造遺跡。師姑墩的發現，完善了對銅陵地區青銅器冶鑄業
的認識，說明當地先民可能在夏商時期就已經掌握鑄造青銅器的技術。

為了探索銅陵師姑墩出土的青銅器是否為當地鑄造，從銅陵師姑墩遺址採

〔註5〕 如金牛洞採礦遺址。該遺址約始於春秋時期，發現了很多古代採礦井巷和採
　　　 掘遺物，是銅陵諸多採礦遺址中具有代表性的一個（楊立新等，1989）。
〔註6〕 如南陵西南大工山古銅冶遺址，它與銅陵毗鄰，是 1984 年文物普查發現的，
　　　 該遺址區域當時應該是一個古銅冶集中地（歐遠方，1997）。
〔註7〕 華覺明在皖南古文化研究會上，曾有這樣的評價「現代考古資料表明，湖北銅
　　　 綠山是古荊州的產銅塞地……銅陵地區的古礦規模更大，年代跨度又長，從
　　　 商周到唐宋一直是採銅、冶銅的中心……以前，學術界都以為黃河流域是中
　　　 華民族文明的起源地。20 世紀 40 年代郭沫若則認為華夏文明起源於江淮流
　　　 域……80 年代，蘇秉琦先生（1980）認為兩河同時起源。銅陵古礦冶遺址的
　　　 發現意義十分重大，它對探索中國冶金史和青銅文化的起源、發展，都有著十
　　　 分重要的價值」（銅陵市政協文史委員會，1992）1-4,22。
〔註8〕 由於樣品用作有損實驗的難度大，僅取少量樣品做初步討論，請方家指正。
〔註9〕 如 1987 年在鳳凰山出土的砂質岩範，以及同年在木魚山發現的銅斧合範和魚
　　　 標石範（張國茂，1991）。

集了 1 塊陶範，見圖 5.14，樣品單獨編號為 TL1，同時採集陶片 2 塊，樣品分別編號為 TL2、TL3。銅陵與作為對比的其他地區樣品簡介〔註10〕，見表 5.4。

圖 5.14　銅陵師姑墩陶範

表 5.4　銅陵與其他地區樣品的簡介

分析號	類　　別	時代	樣品來源	採樣部位
TL1	陶範	西周	安徽銅陵	陶範近口部紅胎
TL2	陶片	西周	安徽銅陵	泥質灰陶
TL3	陶片	西周	安徽銅陵	泥質紅陶
B1	土偶	春秋	安徽蚌埠雙墩①	–
B2	墓土	春秋	安徽蚌埠雙墩①	–
294	泥芯	春秋	安徽蚌埠雙墩①	M1:294 鼎足
400	泥芯	春秋	安徽蚌埠雙墩①	M1:400 罍獸耳
356	泥芯	春秋	安徽蚌埠雙墩①	M1:356 鼎耳
113	泥芯	春秋	安徽蚌埠雙墩①	M1:113 鼎耳
398	泥芯	春秋	安徽蚌埠雙墩①	M1:398 罍獸耳
377	泥芯	春秋	安徽蚌埠雙墩①	M1:377 簠耳
YH1	生土	–	安徽蚌埠禹會②	–
YH2	白土	–	安徽蚌埠禹會②	–

〔註10〕 山西侯馬、陝西扶風李家、河南安陽殷墟三處樣品的簡介和成分數據前文已列出，此處略。

YH3	黃土	–	安徽蚌埠禹會②	–
YH4	灰土	–	安徽蚌埠禹會②	–
F1	泥芯	春秋	安徽鳳陽①	–
F2	原生土	–	安徽鳳陽①	–
F2-1	過篩的 F2 樣	東周	安徽鳳陽①	–
F3	紅陶	東周	安徽鳳陽①	–
F4	灰陶	東周	安徽鳳陽①	–
M2047:18	泥芯	西周	山西橫水③	簋耳內
M2165:118	泥芯	西周	山西橫水③	簋耳內
M2158:150	泥芯	西周	山西橫水③	鼎耳內
M1008:4	泥芯	西周	山西橫水③	甗足內
M2165:61	泥芯	西周	山西橫水③	鼎足內
M1013:38	泥芯	西周	山西橫水③	甗足內
M1011:119	泥芯	西周	山西橫水③	鼎足內
M1013:31	泥芯	西周	山西橫水③	方彝底部
M1011:71	泥芯	西周	山西橫水③	甬鐘底部
M1013:20	泥芯	西周	山西橫水③	尊底部
HST	墓地生土	–	山西橫水③	西周墓開口相當層位的黃土
XC2	原生土	–	安徽宣城④	深度 10cm

注：①胡飛等（2010），②王輩（2012），③南普恒等（2008），④林家駿等（2004）

5.2.2 實驗結果與分析

樣品的成分數據見表 5.5。

表 5.5　銅陵與其他地區樣品的主量元素 XRF 分析結果（%）

分析號	SiO_2	Al_2O_3	K_2O	Na_2O	CaO	P_2O_5	Fe_2O_3	MgO	TiO_2	MnO
TL1	78.86	10.31	1.15	3.46	0.53	2.05	1.69	0.21	1.38	0.06
TL2	69.68	15.39	1.91	0.83	0.67	3.8	3.56	0.14	2.79	0.03
TL3	62.43	23.3	2.3	0.98	0.53	2.54	5.43	0.19	2.86	0.04
B1	67.21	18.86	3.14	0.18	1.37	0.13	6.21	1.71	0.97	0.11
B2	74.31	13.68	3.32	0.49	1.49	0.33	4.06	1.36	0.79	0.04
294	72.5	12.15	4.46	0.71	2.36	0.27	1.26	0.63	0.83	0.1
400	70.55	12.51	2.86	0.22	2.68	1.9	3.62	1.02	0.75	0.06

356	72.15	13	3.54	0.77	1.93	0.28	2.81	0.81	0.89	0.15
113	69.6	12.65	4.45	0.68	2.01	0.32	1.62	0.6	0.73	0.09
398	70.36	11.49	3.01	0.24	1.63	2.26	2.54	0.91	0.72	0.05
377	69.2	13.06	2.85	0.37	1.89	0.86	2.03	0.54	0.72	0.06
YH1	60.87	17.57	2.54	1.28	1.13	0.09	5.92	1.9	0.8	0.2
YH2	75.22	12.18	1.99	1.55	0.72	0.042	2.42	0.68	0.97	0.045
YH3	70.54	14.34	2.08	1.25	0.75	0.041	3.88	0.99	0.96	0.053
YH4	57.33	18.8	2.4	0.95	1.02	0.048	6.44	1.83	0.8	0.12
F1	69.23	13.16	2.48	0.51	1.51	0.63	1.92	0.76	0.5	0.04
F2	65.86	17.28	2.34	0.14	1.36	0.08	5.84	1.02	0.84	0.11
F2-1	66.24	18.39	2.81	0.18	1.32	0.08	3.61	0.94	0.75	0.04
F3	67.06	16.08	2.96	0.31	1.35	0.39	6.4	1.09	0.84	0.1
F4	64.12	18.12	2.69	0.18	0.94	0.44	7.06	0.87	0.93	0.29
M2047:18	65.96	13.13	2.11	2.05	6.4	0.5	4.86	1.73	0.9	0.09
M2165:118	67.38	13.12	2.03	1.73	7.3	0.3	4.36	1.68	0.84	0.1
M2158:150	60.37	11.69	2.02	1.63	4.06	0.26	4.21	1.31	0.88	0.08
M1008:4	63.69	16.02	2.5	1.26	3.69	0.96	5.73	1.35	0.94	0.14
M2165:61	64.86	12.45	1.78	2.06	9.37	0.42	4.25	1.72	0.92	0.09
M1013:38	62.43	13.38	2.12	1.62	10.46	0.46	5.09	2.02	0.94	0.08
M1011:119	57.06	13.14	1.92	1.64	10.57	0.32	7.88	1.94	0.78	0.09
M1013:31	64.29	13.39	2.07	1.9	9.7	0.38	4.6	1.92	0.87	0.1
M1011:71	64.53	13.94	2.1	2.27	1.92	0.32	11.38	0.62	0.8	0.06
M1013:20	64.35	13.16	2.09	1.9	9.59	0.3	4.79	1.88	0.92	0.11
HST	60.57	14.03	2.32	1.51	12.61	0.24	5.61	2.09	0.9	0.11
XC2	69.93	13.9	5.63	0.13	0.12	0.16	0.97	0.59	0.62	3.7

　　利用 SPSS 軟件做單因子分析。從單因子分析（見附錄一二十一～圖二十五）可以看出：第一，KMO 樣本適宜度是 0.543，超過 0.5，同時，Bartlett 的球形度檢驗顯示了「相關係數矩陣是單位矩陣」的原假設被否定，說明整套數據較適合採用主成分分析。第二，反映像相關係數矩陣顯示，除了 Al、K、Na、Ti，其他元素的反映像相關係數均大於 0.576，說明所選大部分元素的採樣適宜度是可以接受的。第三，從公因子方差可以看出，除了 Al、K、Na、Fe、Ti，剩下元素在主成分為 1 時的共同度均大於 0.58，說明這 5 個元素在該分析中作用不大。第四，從解釋的總方差來看，選取 1 個主成分時，能解釋 33.179%的總方差，說明 1 個因子的主成分分析會損失其他信息，綜合度不甚高，其結

果僅能作為參考。第五，從單因子成分矩陣可知，除了 Al、Na、Fe、K，其他元素對主成分分析因子的貢獻很大。單因子分析結果數值見表 5.6。

表 5.6　銅陵與其他地區樣品的主成分分析單因子數值

分析號	Factor	分析號	Factor
Y1	-0.08215	M2158:150	0.03985
Y2	-0.22438	M1008:4	-0.24102
Y3	-0.63211	M2165:61	0.47689
Y4	-0.33094	M1013:38	0.77092
Y6	0.45971	M1011:119	1.37723
Y7	1.12078	M1013:31	0.59891
Y8	0.43153	M1011:71	0.07737
Y9	-0.78992	M1013:20	0.56736
y10	-0.63565	HST	1.06138
y11	-0.55353	H66-05	-0.26005
T11	-0.17148	H66-05-2	-0.0974
H1	1.31665	H75-11	-0.40375
H2	0.53499	H75-11-2	-0.25439
2003H15	1.17297	H138-10	-0.01151
T663H87	1.26283	TL1	-1.75436
92H4-1	1.49111	TL2	-2.38282
92H4-2	1.82349	TL3	-2.17196
hmx1	1.11005	B1	-0.65403
hmx2	0.99118	B2	-1.10764
63H4T661	0.676	294	-1.72112
hmt	1.07592	400	-0.96797
y18	0.21663	356	-1.40706
y19	0.55764	113	-1.56352
y20	0.34677	398	-1.17396
y21	0.217	377	-1.35185
H7	1.70225	YH1	0.00859
T27	0.8838	YH2	-1.44844
T28	1.47724	YH3	-1.0369
hmT	1.06811	YH4	0.12649
Q3	0.32646	F1	-1.11205

2-Q3	1.03699	F2	-0.75536
22-Q3	1.16342	F2-1	-1.09468
M2047:18	0.21047	F3	-0.75452
M2165:118	0.14423	F4	-0.77671

圖 5.15　銅陵與其他地區樣品的單因子分析箱式圖

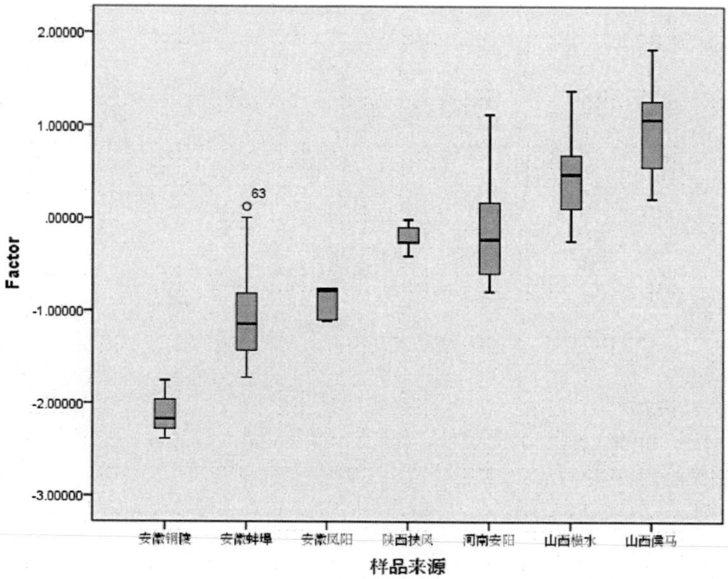

利用單因子分析結果做箱式圖。從圖 5.15 可以看到，河南、山西、陝西樣品數據的均值線比較接近，安徽蚌埠與鳳陽樣品數據的均值線相近，銅陵陶範和陶片的單因子分析結果聚在一起，所得集合均值較低，異於其他地區樣品。由於陶一般是當地原生土製成，陶片與陶範的分析結果接近，說明銅陵師姑墩遺址出土的陶範也是在當地製做的。陶範是鑄造技術的標誌之一，所以說，銅陵地區在西周時期是可以鑄造青銅器的。

　　為提高主成分分析的綜合可信度，再對樣品做 2 因子主成分分析〔註11〕，從主成分分析（見附錄一圖二十六～圖三十）可以看出：第一，KMO 樣本適宜度是 0.543，超過 0.5，同時，Bartlett 的球形度檢驗顯示了「相關係數矩陣是單位矩陣」的原假設被否定，說明整套數據是基本適合採用主成分分析的。第二，反映像相關係數矩陣顯示，除了 Al、K、Na、Ti，其他元素的反映像相關係數均大於 0.57，說明所選大部分元素的採樣適宜度是可以接受的。第三，

〔註11〕　由於 P、Mn 元素數據不全，不考慮這 2 個元素。

從公因子方差可以看出，除了 K、Fe、Ti，剩下元素在主成分為 2 時的共同度均大於 0.65，說明 K、Fe、Ti 在該分析中作用不大。第四，從解釋的總方差來看，選取 2 個主成分時，能解釋 58.835%的總方差，說明 2 因子的主成分分析較為有效。第五，從 2 因子負載矩陣可知，Mg、Ca、Si、Ti 對主成分分析因子 1 的貢獻很大，與此相對的，Na、Al、K、Fe 對主成分分析因子 2 的貢獻度較大。主成分分析得到的 2 個綜合因子的數值見表 5.7，並做散點圖。

表 5.7　銅陵與其他地區樣品的主成分分析 2 因子數值

分析號	Factor 1	Factor 2	分析號	Factor 1	Factor 2
Y1	-0.08215	-1.56481	y20	0.34677	-0.588
Y2	-0.22438	-1.33648	y21	0.217	-0.56457
Y3	-0.63211	-0.89284	H7	1.70225	1.38617
Y4	-0.33094	-0.52663	T27	0.8838	1.14888
Y6	0.45971	-0.83329	T28	1.47724	0.82083
Y7	1.12078	-1.0896	hmT	1.06811	0.85137
Y8	0.43153	-1.52411	Q3	0.32646	-0.57642
Y9	-0.78992	-1.30229	2-Q3	1.03699	0.10388
y10	-0.63565	-1.02132	22-Q3	1.16342	0.06277
y11	-0.55353	-1.0509	M2047:18	0.21047	-0.45848
T11	-0.17148	-0.03567	M2165:118	0.14423	-0.46624
H1	1.31665	-0.07341	M2158:150	0.03985	-0.51659
H2	0.53499	-0.65429	M1008:4	-0.24102	0.80095
2003H15	1.17297	-0.32592	M2165:61	0.47689	-0.79513
T663H87	1.26283	-0.27186	M1013:38	0.77092	-0.02149
92H4-1	1.49111	0.13319	M1011:119	1.37723	0.36182
92H4-2	1.82349	-0.0167	M1013:31	0.59891	-0.34303
hmx1	1.11005	1.0013	M1011:71	0.07737	0.50072
hmx2	0.99118	1.57708	M1013:20	0.56736	-0.33353
63H4T661	0.676	0.06203	HST	1.06138	0.36782
hmt	1.07592	0.82732	H66-05	-0.26005	-0.94023
y18	0.21663	-0.49796	H66-05-2	-0.0974	-1.00919
y19	0.55764	-0.62116	H75-11	-0.40375	-0.7613
H75-11-2	-0.25439	-0.82848	398	-1.17396	0.05025
H138-10	-0.01151	-0.39292	377	-1.35185	0.09128

TL1	-1.75436	-2.95755	YH1	0.00859	1.17569
TL2	-2.38282	0.53979	YH2	-1.44844	-1.10675
TL3	-2.17196	2.47972	YH3	-1.0369	-0.17192
B1	-0.65403	2.16336	YH4	0.12649	1.65646
B2	-1.10764	0.62141	F1	-1.11205	-0.20316
294	-1.72112	0.36263	F2	-0.75536	1.42631
400	-0.96797	0.34087	F2-1	-1.09468	1.42736
356	-1.40706	0.31351	F3	-0.75452	1.49529
113	-1.56352	0.56089	F4	-0.77671	1.96328

圖 5.16　銅陵與其他地區樣品的主成分分析散點圖〔註 12〕

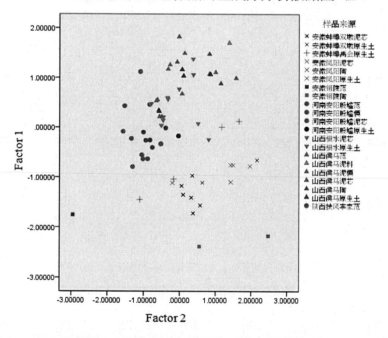

從圖 5.16 可以看出：中原地區河南、山西、陝西的樣品與安徽地區的樣品有明顯的分界。總體來看，河南安陽殷墟、山西（橫水和侯馬）、陝西扶風的陶、泥芯、陶範、原生土聚在一起。安徽蚌埠、鳳陽、銅陵三地的陶、泥芯、陶範、原生土分散在圖的下部，蚌埠和鳳陽的樣品比較接近，銅陵的陶、陶範樣品比較獨立，可以認為銅陵師姑墩遺址的青銅器並非中原地區鑄造，應屬當地鑄造。

〔註 12〕由於外範和陶範都是青銅器鑄造過程中採用的鑄範，組成相近，為簡化圖注，下文同一地區的外範和陶範樣品在「樣品來源」中統一標成「範」。

　　實際上，根據地球化學和土壤原理，如果能直接證明銅陵青銅器遺址出土的陶範與當地原生土在成分上較為接近，並與其他鑄造地相異，更能說明銅陵師姑墩遺址鑄造青銅器。

　　由於宣城和銅陵同屬安徽長江以南地區，且地理接近，現利用 SPSS 軟件將宣城原生土與銅陵等其他地區樣品進行比較〔註 13〕。樣品 2 因子分析（詳見附錄一圖三十一～圖三十五）和單因子分析（詳見附錄一圖三十六～圖四十）均顯示，該樣本適合採用此種分析方法，且所得結果比較有效〔註 14〕。樣品分析數據見表 5.8、表 5.9。

表 5.8　銅陵與宣城等其他地區樣品的主成分分析 2 因子數值

分析號	Factor 1	Factor 2	分析號	Factor 1	Factor 2
Y1	0.0364	-1.57773	M2158:150	0.11091	-0.47574
Y2	-0.13004	-1.35253	M1008:4	-0.20079	0.80673
Y3	-0.51748	-0.96641	M2165:61	0.56609	-0.70434
Y4	-0.22368	-0.5545	M1013:38	0.80985	0.05961
Y6	0.51381	-0.71159	M1011:119	1.42301	0.50776
Y7	1.15172	-0.95774	M1013:31	0.65482	-0.27273
Y8	0.51742	-1.42541	M1011:71	0.23386	0.53199
Y9	-0.61869	-1.33342	M1013:20	0.62814	-0.26923
y10	-0.57387	-1.1117	HST	1.07143	0.4513
y11	-0.49323	-1.12826	H66-05	-0.17852	-1.00542
T11	-0.15712	-0.08556	H66-05-2	-0.02307	-1.039
H1	1.29636	0.02344	H75-11	-0.31323	-0.82576
H2	0.55852	-0.66417	H75-11-2	-0.17022	-0.86257
2003H15	1.14605	-0.27647	H138-10	0.04972	-0.43035
T663H87	1.23391	-0.21934	TL1	-1.45441	-2.95795
92H4-1	1.48438	0.21752	TL2	-2.16861	0.55479
92H4-2	1.76961	0.05042	TL3	-1.98643	2.58557
hmx1	1.01223	0.9751	B1	-0.69247	2.08418
hmx2	0.86812	1.49074	B2	-1.13377	0.39741
63H4T661	0.71316	0.10674	294	-1.79862	-0.04877

〔註 13〕沒有採集銅陵原生土數據，用宣城原生土作為參考樣品。
〔註 14〕由於 P、Mn 元素數據不全，排除這 2 個元素做主成分分析。

hmt	1.06772	0.9192	400	-0.9867	0.18441
y18	0.25346	-0.52886	356	-1.42401	0.05185
y19	0.59019	-0.59001	113	-1.65151	0.17236
y20	0.37601	-0.60308	398	-1.20077	-0.14875
y21	0.2669	-0.58474	377	-1.36282	-0.06855
H7	1.57533	1.52321	YH1	0.02487	1.21284
T27	0.81154	1.08434	YH2	-1.32644	-1.1834
T28	1.40608	0.86709	YH3	-0.94743	-0.19656
hmT	1.06012	0.94032	YH4	0.13118	1.74705
Q3	0.35167	-0.57909	F1	-1.11534	-0.30872
2-Q3	1.03239	0.17441	F2	-0.74458	1.42966
22-Q3	1.14277	0.12997	F2-1	-1.12433	1.36489
M2047:18	0.29247	-0.42345	F3	-0.76511	1.39502
M2165:118	0.21152	-0.43091	F4	-0.77145	1.93829
−	−	−	XC2	-2.18897	0.92461

表 5.9 銅陵與宣城等其他地區樣品的主成分分析單因子數值

分析號	Factor	分析號	Factor
Y1	0.0364	M2158:150	0.11091
Y2	-0.13004	M1008:4	-0.20079
Y3	-0.51748	M2165:61	0.56609
Y4	-0.22368	M1013:38	0.80985
Y6	0.51381	M1011:119	1.42301
Y7	1.15172	M1013:31	0.65482
Y8	0.51742	M1011:71	0.23386
Y9	-0.61869	M1013:20	0.62814
y10	-0.57387	HST	1.07143
y11	-0.49323	H66-05	-0.17852
T11	-0.15712	H66-05-2	-0.02307
H1	1.29636	H75-11	-0.31323
H2	0.55852	H75-11-2	-0.17022
2003H15	1.14605	H138-10	0.04972
T663H87	1.23391	TL1	-1.45441
92H4-1	1.48438	TL2	-2.16861

92H4-2	1.76961	TL3	-1.98643
hmx1	1.01223	B1	-0.69247
hmx2	0.86812	B2	-1.13377
63H4T661	0.71316	294	-1.79862
hmt	1.06772	400	-0.9867
y18	0.25346	356	-1.42401
y19	0.59019	113	-1.65151
y20	0.37601	398	-1.20077
y21	0.2669	377	-1.36282
H7	1.57533	YH1	0.02487
T27	0.81154	YH2	-1.32644
T28	1.40608	YH3	-0.94743
hmT	1.06012	YH4	0.13118
Q3	0.35167	F1	-1.11534
2-Q3	1.03239	F2	-0.74458
22-Q3	1.14277	F2-1	-1.12433
M2047:18	0.29247	F3	-0.76511
M2165:118	0.21152	F4	-0.77145
—	—	XC2	-2.18897

圖 5.17　銅陵與宣城等其他地區樣品的主成分分析散點圖

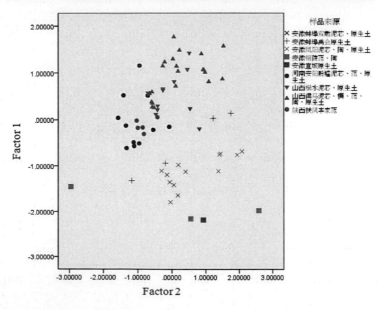

圖 5.18　銅陵與宣城等其他地區樣品的單因子分析箱式圖

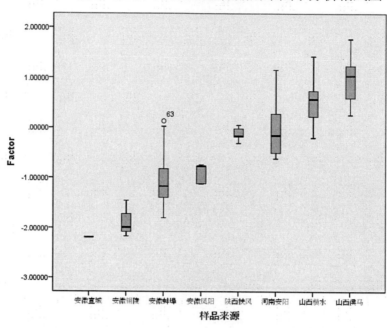

　　根據上述樣品的主成分分析 2 因子數值和單因子數值分別作散點圖和箱式圖，見圖 5.17 和圖 5.18。

　　從圖 5.17 可以看出：安徽蚌埠、鳳陽、銅陵的樣品與中原地區樣品分別落在圖的兩個區域。銅陵陶片與地理上較為接近的宣城原生土在一個區域，並且銅陵陶範單獨在圖的左邊一處，由於樣本數量小，從 2 因子分析散點圖很難判斷銅陵地區陶範樣品是否存在獨立的特徵區域。但從圖 5.18 可以看到，安徽銅陵陶範、陶片的均值線與相近地區宣城的原生土綜合因子接近〔註15〕，與蚌埠、鳳陽樣品均值有差距，與中原地區樣品的均值差距更大。所以，銅陵師姑墩遺址中，與陶範一同出土的青銅器應該屬於當地鑄造。銅陵地區在西周時期就具有鑄造青銅器的技術，說明銅陵地區出土的具有當地風格的青銅器很可能是在當地鑄造。

5.2.3　小結

　　銅陵地區出土的先秦青銅器數量約占皖南地區的四分之一，張國茂（1991）曾對銅陵出土的 120 餘件青銅器進行專門研究，發現銅陵地區的青銅

〔註15〕根據地質統計學基本原理，宣城原生土當與銅陵地區原生土差別不大。

器在組合和類型上「與中原地區存在較大差異」﹝註16﹞。此外，銅陵部分青銅器合金成分的檢測結果，顯示該地銅器含鐵量較高，與當地出土的銅錠、礦體中的礦石含鐵品位高的現象吻合。上述證據都說明了銅陵地區可能具有自己的青銅器鑄造傳統。

　　本節利用陶範示蹤師姑墩青銅器的鑄造地，通過與其他地區樣品的對比研究，印證了前人的判斷，認為銅陵出土的青銅器有本地鑄造的可能。

5.3 安徽淮河流域出土青銅器的鑄造地研究

　　王峰﹝註17﹞、馬道闊﹝註18﹞等人曾通過對安徽淮河流域出土青銅器的類型學研究，發現該地早期青銅器極具本地特色，李修松（2006）[274-275]則認為淮河流域出土的商代銅器一般是在當地冶鑄的。另一方面，上文圖 5.6 和圖 5.7 顯示，安徽淮河流域蚌埠、鳳陽的泥芯樣品與當地原生土的主成分分析結果落在相同區域，有別於中原地區，應屬當地鑄造。

　　對於安徽淮河流域出土青銅器的鑄造地問題，僅蚌埠、鳳陽兩地樣品不足以闡釋問題。現再以肥東龍城戰國墓青銅器為例，採用泥芯示蹤青銅器鑄造地的科學方法進行研究。

5.3.1 樣品來源

　　2005 年 12 月～2007 年 1 月，安徽省文物考古研究所對位於合寧鐵路安徽段的肥東縣石塘鎮龍城古墓群進行了搶救性發掘。該墓群已發現墓葬 49 座，實際發掘 34 座，出土銅、陶、青瓷、滑石等類計 200 件（套）。其中，在取土場內發現的 7 號墓較大，長寬約 6 米，深近 3 米，是一座合葬墓，除了出土有銅器、陶器等，還有 4 具陪葬屍骨，經初步推斷，該墓為戰國早期（安徽省文

﹝註16﹞ 例如，中原的鼎簋相配，盤匜相合的組合關係在銅陵地區已有的發掘材料裏未見。他對銅陵火車站出土鳥形鈕蓋鼎的器形研究，顯示該器物具有明顯的南方土著色彩。

﹝註17﹞ 王峰（2011）對淮河流域出土的周代銅器的研究表明，淮河地區文化的發展是一脈相承的，並且以本地區文化因素為主體，特別是淮河中下游地區的兩周時期器物極具本地特色，而兼有晚商文化因素、周文化因素和齊魯等文化因素。

﹝註18﹞ 馬道闊（1990）發現江淮地區有些器形的青銅器是其他地區所未見的，如盧江岳廟、舒城鳳凰咀、舒城五里和懷寧楊家牌發現的兔首鼎（或稱牲鼎、獸首鼎）；河口、舒城鳳凰咀、銅陵謝壟出土的鬲形盉。此外，還有蟬紋鼎、匜形勺等。

物考古研究所，2006）。

現採集肥東龍城戰國墓出土青銅器的泥芯，見圖 5.19、圖 5.20，樣品編號分別為 FLM7-3-4、FLM7-4-4，樣品簡介〔註 19〕見表 5.10。

圖 5.19　樣品 FLM7-3-4	圖 5.20　樣品 FLM7-4-4

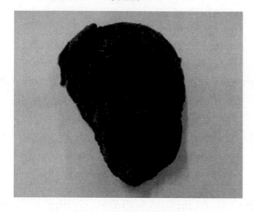

表 5.10　肥東龍城泥芯樣品的簡介

分析號	類　別	時　代	樣品來源	採樣部位
FLM7-3-4	泥芯	戰國早期	肥東龍城	青銅器足部
FLM7-4-4	泥芯	戰國早期	肥東龍城	青銅器足部

5.3.2 實驗結果與分析

樣品的 XRF 檢測結果見表 5.11。

表 5.11　肥東龍城泥芯的主量元素 XRF 分析結果（％）

分析號	SiO_2	Al_2O_3	K_2O	Na_2O	CaO	P_2O_5	Fe_2O_3	MgO	TiO_2	MnO
FLM7-3-4	71.28	9.60	1.86	0.92	0.91	0.72	3.23	1.12	0.66	0.08
FLM7-4-4	62.34	11.82	2.71	0.51	3.58	2.18	6.00	2.64	0.69	0.11

現利用 SPSS 軟件對肥東龍城泥芯與其他地區樣品作主成分分析，樣品單因子分析（詳見附錄一圖四十一～圖四十五）和 2 因子分析〔註 20〕（詳見附錄一圖四十六～圖五十）結果均顯示：第一，整套數據是較為適合採用主成分分析的。第二，所選元素（除了 Al）的採樣適宜度是可以接受的。單因子

〔註 19〕對比樣品的簡介和成分數據前文已經注明。
〔註 20〕P、Mn 元素對 2 因子分析的貢獻度不大，排除這 2 個元素。

分析只能解釋 34.247%的總方差，闡釋度不高。相應的，能解釋 57.958%總方差的 2 因子分析作為補充闡釋，還是比較有效的。樣品分析數據見表 5.12、表 5.13。

表 5.12　肥東龍城泥芯與其他地區樣品的主成分分析單因子數值

分析號	Factor	分析號	Factor
Y1	0.02035	M2158:150	0.09786
Y2	-0.15034	M1008:4	-0.23297
Y3	-0.55822	M2165:61	0.54867
Y4	-0.26652	M1013:38	0.78667
Y6	0.50376	M1011:119	1.40584
Y7	1.13924	M1013:31	0.6291
Y8	0.50774	M1011:71	0.21625
Y9	-0.64059	M1013:20	0.60437
y10	-0.61564	HST	1.04669
y11	-0.5313	H66-05	-0.21365
T11	-0.21004	H66-05-2	-0.04978
H1	1.27477	H75-11	-0.34746
H2	0.52696	H75-11-2	-0.19742
2003H15	1.10568	H138-10	0.01477
T663H87	1.19665	TL1	-1.45272
92H4-1	1.45792	TL2	-2.14636
92H4-2	1.72583	TL3	-1.98414
hmx1	0.98212	B1	-0.74727
hmx2	0.83629	B2	-1.18089
63H4T661	0.67569	294	-1.83957
hmt	1.03802	400	-1.01688
y18	0.22907	356	-1.45974
y19	0.56959	113	-1.69307
y20	0.34677	398	-1.22958
y21	0.23295	377	-1.38842
H7	1.53877	F1	-1.14593
T27	0.73836	F2	-0.77844

T28	1.34746	F2-1	-1.16765
hmT	1.02953	F3	-0.80377
Q3	0.32455	F4	-0.80591
2-Q3	1.01201	XC2	-2.24918
22-Q3	1.12002	FLM7-3-4	-0.71922
M2047:18	0.26545	FLM7-4-4	0.54195
M2165:118	0.18493	—	—

表 5.13　肥東龍城泥芯與其他地區樣品的主成分分析 2 因子數值

分析號	Factor 1	Factor 2	分析號	Factor 1	Factor 2
Y1	0.02035	-1.55961	M2158:150	0.09786	-0.47211
Y2	-0.15034	-1.34227	M1008:4	-0.23297	0.8408
Y3	-0.55822	-0.94562	M2165:61	0.54867	-0.64487
Y4	-0.26652	-0.52385	M1013:38	0.78667	0.13376
Y6	0.50376	-0.75451	M1011:119	1.40584	0.56422
Y7	1.13924	-0.9403	M1013:31	0.6291	-0.20375
Y8	0.50774	-1.46644	M1011:71	0.21625	0.52317
Y9	-0.64059	-1.30199	M1013:20	0.60437	-0.20107
y10	-0.61564	-1.12137	HST	1.04669	0.54715
y11	-0.5313	-1.13887	H66-05	-0.21365	-0.99115
T11	-0.21004	-0.09025	H66-05-2	-0.04978	-1.03912
H1	1.27477	0.06432	H75-11	-0.34746	-0.80961
H2	0.52696	-0.63533	H75-11-2	-0.19742	-0.85855
2003H15	1.10568	-0.22392	H138-10	0.01477	-0.41966
T663H87	1.19665	-0.15975	TL1	-1.45272	-2.95797
92H4-1	1.45792	0.31587	TL2	-2.14636	0.61924
92H4-2	1.72583	0.12717	TL3	-1.98414	2.70767
hmx1	0.98212	1.07415	B1	-0.74727	2.11768
hmx2	0.83629	1.60114	B2	-1.18089	0.40197
63H4T661	0.67569	0.17247	294	-1.83957	-0.02159
hmt	1.03802	1.00774	400	-1.01688	0.1786
y18	0.22907	-0.48589	356	-1.45974	0.06685
y19	0.56959	-0.55848	113	-1.69307	0.19389

y20	0.34677	-0.57851	398	-1.22958	-0.16723
y21	0.23295	-0.54737	377	-1.38842	-0.0747
H7	1.53877	1.60841	F1	-1.14593	-0.32926
T27	0.73836	1.0936	F2	-0.77844	1.43374
T28	1.34746	0.92576	F2-1	-1.16765	1.38549
hmT	1.02953	1.03118	F3	-0.80377	1.40138
Q3	0.32455	-0.56001	F4	-0.80591	1.95032
2-Q3	1.01201	0.22879	XC2	-2.24918	0.94789
22-Q3	1.12002	0.17839	FLM7-3-4	-0.71922	-1.19878
M2047:18	0.26545	-0.38156	FLM7-4-4	0.54195	0.64935
M2165:118	0.18493	-0.38687	–	–	–

　　根據主成分分析數據分別做箱式圖和散點圖。從圖 5.10 可以看到，肥東龍城樣品的均值線與中原地區的樣品很接近，與安徽蚌埠雙墩、鳳陽樣品有一定區別，與銅陵樣品差別較大。

　　從圖 5.22 可以看出：安徽肥東龍城的泥芯樣品落入中原地區（山西、陝西、河南）樣品的特徵區域，與安徽蚌埠雙墩、鳳陽、銅陵的樣品有明顯區別。綜上分析，可以推斷肥東龍城泥芯對應的青銅器鑄造地應該是中原地區。

　　圖 5.21　肥東龍城泥芯與其他地區樣品的單因子分析箱式圖

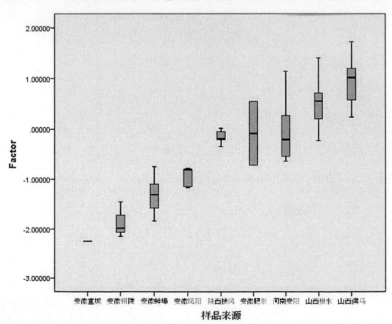

圖 5.22　肥東龍城泥芯與其他地區樣品的主成分分析散點

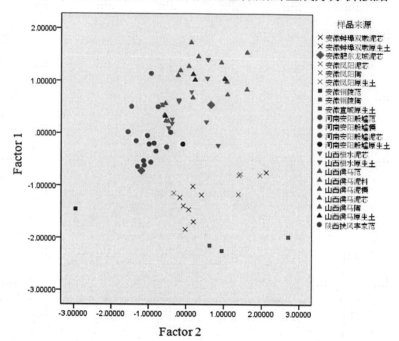

5.4 安徽江淮地區青銅時代的人類族群

　　青銅時代安徽江淮地區的人類族群問題，是研究安徽早期青銅器鑄造地的歷史背景，對理解文化屬性的成因、各族群之間的交流和青銅器技術的傳播等諸多方面具有一定意義。

　　本節討論的安徽江淮地區，指廣義上的長江〔註 21〕、淮河〔註 22〕之間的安徽地區及沿江、沿淮的周邊地區。這裡地理自然條件優越，北望商周王朝，

〔註21〕長江發源於青藏高原唐古拉山的主峰各拉丹冬雪山，流經青藏高原、青海、西藏、四川、雲南、重慶、湖北、湖南、江西、安徽、江蘇，從上海注入東海。李修松（2006）認為，長江流域是水澤之國，在今湖北一帶有漢水支流，而鄂東皖西一帶的濱江地帶又有彭蠡之澤，荊州之域的長江支流有「九江」之稱，支流很多。再往東，揚州之域又有錢塘、吳淞等三江，還有寬廣的震澤（今太湖）。

〔註22〕淮河發源於今河南桐柏胎簪山，地跨河南、安徽、江蘇、山東及湖北五省，是我國南北重要的地理分界線。歷史上，淮河曾獨流入海，商周時期亦然（譚其驤，1996），後黃河奪淮，迫使其改道。淮河流域是中國大河流域之一，流域面積 18.57 萬平方千米（熊武一等，2000），由安徽淮河流域、豫東南地區、鄂東北地區、魯東南地區和蘇北地區五個部分組成。

南臨百越等族群，是中原文化與江南文化交流的過渡地帶，四季分明、雨量充沛、物產豐富，非常適宜居住。

　　雖然長江流域銅陵師姑墩遺址出土的青銅器為當地鑄造，但不代表銅陵地區的青銅器鑄造傳統不受外來影響。近年來，劉建國（1994）〔註23〕、張敏（2007）、吳家智（2009）〔註24〕等學者對包括銅陵在內的安徽長江流域與安徽淮河流域出土的青銅器進行了對比研究。張敏（2007）認為銅陵、南陵、蕪湖、繁昌出土的曲柄瓠形盉，可能為長江地區與江淮之間的徐、舒相互影響的產物。張愛冰（2009）也曾研究過銅陵市北郊謝壠窖藏出土的青銅器〔註25〕，發現這組青銅器的形制特徵具有淮夷文化特點。實際上，淮河流域盧江、肥西、懷寧、舒城出土的一些青銅器〔註26〕與銅陵地區出土的同類青銅器形制上有諸多相近之處（張國茂，1991），可見安徽江淮地區青銅文化聯繫緊密。

　　蘇秉琦（1980）在提到淮河流域地方文化的重要性時，曾指出，淮河流域很可能存在一個或多個地方原始文化。青銅時代在江淮地區活動的大小國族有很多〔註27〕，由於地處中原地區的「邊緣地帶」，加之年代久遠，正史中有關當時該地人類族群的起源、發展與交流之信息較少〔註28〕。新中國成立後，史學家（顧孟武，1986；黃盛璋，1989；徐中舒，1998；李修松，1991[114-120]）對於淮河流域族群的名稱、源流及其與中央王朝的關係等方面的問題進行過初步討論。近年來，鄭小爐（2003，2004）、徐峰（2007）、王峰（2011）、徐

〔註23〕劉建國通過長江以南出土的青銅鬲、瓿和小口罐式湯鼎等器的比較分析，得出寧鎮及皖南沿江地區青銅器在相當程度上傾向於江淮青銅文化風格的認識。

〔註24〕吳家智通過類型學對比發現，江淮地區含山孫家崗遺址出土的獸面紋爵（二里崗後期至商代早期）與皖南銅陵童墩獸面紋爵相似。

〔註25〕1989年，該地出土了5件春秋時期青銅器，鼎2件、瓿1件、盉1件、匜1件。此外，在銅陵其他地區也發現有與謝壠窖藏器形類似的瓿二件和匜一件（張國茂，1991）。

〔註26〕如盧江的西周獸鋬盉，肥西、懷寧、舒城的春秋時期瓠形盉。

〔註27〕夏代的國族有六、英、許、逢、窮、蕃、仍、虞、繪、過、戈、商、亳、葛、薛、南巢、有莘氏、陳豐氏、有緡氏等。商代的國族有林方、盂方、商、亳、雀、貝、攸、潛、粟、徐、杞、魯、汝、櫟、宋、戈、任、彭、雉、霍、虎方、江、黃、六、白、陳、歸、夒、兒、奄等。周代國族除了群舒族，還有祭、管、鄭、鄶、蔡、項、宋、陳、杞、沈、戎蠻、許、不羹、賴（厲）、應、葛、頓、房、息、白、弦、江、黃、道、柏、魯、邾等（李修松，2006[324-363]）。由於戰爭、遷徙等原因，即便是同一族群在不同時期的地理勢力範圍都不同。

〔註28〕能查到的記載往往語焉不詳、多有牴牾。

昭峰（2012）、孫振（2012）等年輕學者也對這一地區人類族群的族源、遷徙
等問題進行了再次探討，但各家的研究側重點不同。本節以當時江淮地區勢力
最大的兩支族群——淮夷和群舒為代表，從古文獻角度，對安徽早期青銅器鑄
造地的人類族群背景做簡要討論，以窺一二。

5.4.1 淮夷

　　對於淮夷〔註 29〕的族源、時間及地域範圍，學界至今沒有定論。李修松
（1991）[14-21] 認為淮夷的族源在山東，屬東夷〔註 30〕。徐峰（2007）認為，山
東地區的夷人夏商時期遷徙至淮河流域，與當地土著淮夷文化相融合，形成了
淮河流域的「淮夷」。王峰（2011）則認為，淮夷的主體源自淮河流域本地。
從目前出土的青銅器等考古實物來看，安徽江淮地區有關淮夷的文獻和考古
發掘材料最為豐富和集中，很可能是淮夷分布的腹地和文化中心。

　　徐夷，是淮夷中文明程度最高、實力最強的一支。《呂氏春秋》〔註 31〕曾
描述了大禹與塗山氏女之間的故事。有人認為塗山氏即是徐夷（李修松，
1991）。《鄭志》〔註 32〕注釋中對於大禹召集諸侯集會的地點，一說是「會稽」，
另一說是「塗山」，從目前的考古發現〔註 33〕來看，眾多專家傾向於認為安徽蚌
埠的塗山即「禹會諸侯」之塗山（錢仁發等，2012）。所以，夏族活動於淮河流
域中游地區，很可能與當地的淮夷（徐夷）逐漸融合，形成了徐夷文化。至於

〔註 29〕 相關的詞彙還有「東淮夷」、「南淮夷」、「北淮夷」、「西淮夷」，四方淮夷之間
　　　　的關係，目前沒有統一的說法。馬道闊（1990）認為，淮夷主要居住在淮河以
　　　　北的地區，而南淮夷，又稱南夷，居住在淮河以南地區。

〔註 30〕 東淮夷，是山東境內的土著淮夷，以奄為首，周代金文和文獻常將其稱為「東
　　　　夷」、「東國」。李龍海（2013）曾對殷商時期東夷文化的變遷做過研究。

〔註 31〕 〔秦〕呂不韋，〔漢〕高誘注，《呂氏春秋・第六卷》，四部叢刊景明刊本，參
　　　　見季夏紀第六：「禹行功見塗山之女，禹未之遇而巡省南，塗山氏之女乃令其
　　　　妾待禹於塗山之陽，女乃作歌，歌曰候人，狩實始作為南音」。

〔註 32〕 〔三國〕鄭小同，《鄭志・卷上》，清武英殿聚珍版叢書本，參見其中：「陶謨
　　　　注云：禹朝羣臣於會稽，執玉帛者萬國。張逸問云：按《左傳》『禹會諸侯於
　　　　塗山，執玉帛者萬國』外傳云：禹朝羣臣於會稽」。

〔註 33〕 中國社會科學院考古研究所的淮河流域發掘隊在安徽省蚌埠市懷遠縣淮河中
　　　　游的岸邊發現一座山，當地人稱為塗山，塗山南麓發現一處大型的龍山時期
　　　　文化祭祀遺址，從文化特徵上來看，既具有山東、河南龍山文化因素，又具有
　　　　淮河本地特點（王吉懷等，2008）。作為探索「五帝時期」中華文明起源的重
　　　　要材料，如果「禹會諸侯於塗山」確實在此地，那麼大禹活動的中心地帶應當
　　　　在淮河流域的塗山附近。

淮夷所轄地理範圍，目前很難考證清楚。由於淮河流域的「嬴」姓代表淮夷，《水經注集釋訂訛》〔註34〕有「世本曰：鍾離，嬴姓也」，鍾離國，姓嬴，考古發掘顯示在今安徽蚌埠、鳳陽一帶，說明這一地區也是淮夷族群居住地。

　　徐夷的都城是徐國。《春秋左傳補疏》〔註35〕和《左傳屬事》〔註36〕均記載徐國的地望在泗州，即今安徽泗縣一帶。從當時的地理位置來看，徐國的西北方向即為周室，為軍事要塞，這也決定了徐國的命運。《左傳屬事》〔註37〕記錄了楚國討伐徐國之事，清代的《漢書地理志補注》〔註38〕較為詳細地敘述了徐國國史：徐國曾與中原周室交戰，徐國與淮夷一族在叛周失敗後向南逃遁，遷至淮河下游，再一次充實了「淮夷」；此後，徐國又與楚國、吳國開戰過，終被滅。徐國滅亡的因素有很多，總的來說，是以徐夷為代表的淮夷對周王朝當權者的叛服無常〔註39〕，加之周王朝想利用淮夷的地理優勢搶奪南方資源（豆海鋒，2012），導致了之後的戰爭連連。

　　從淮夷的族源、地望及遷移狀況，不難看出他們與中原地區有密切的關係。淮夷所在蚌埠、鳳陽一帶出土的部分青銅器屬於當地鑄造〔註40〕，那麼很有可能是中原地區的鑄造技術隨著淮夷族群戰爭遷移和文化交流後來傳到了這一地區。

〔註34〕〔南北朝〕酈道元撰，〔清〕沈炳巽注，《水經注集釋訂訛・卷三十》，清文淵閣四庫全書本。

〔註35〕〔清〕焦循，《春秋左傳補疏・卷五》，清道光刻本，參見其中：「徐國屬臨淮郡，今泗州也」。

〔註36〕〔明〕傅遜，《春秋左傳屬事》，清文淵閣四庫全書本，參見卷九：「傅遜注：徐，今泗州有徐城」。

〔註37〕《左傳屬事》卷二有「十五年春，楚人伐徐，徐即諸夏故也。三月盟於牡丘，尋葵丘之盟，且救徐也……冬，楚敗徐於婁林，徐恃救也。」

〔註38〕〔清〕吳卓信，《漢書地理志補注》，清道光刻本，參見卷三十七：「徐故國，盈姓。春秋莊二十九年，公會宋人齊人伐徐……括地志：泗州徐城縣西四十里，有大徐城，即古徐國也。方輿紀要：徐城廢縣，在泗州西北五十里。大清一統志：徐縣故城在舊泗州城西北州。志雲在州東北八十里……春秋地理考：實徐於周初為徐戎，周穆王時，徐偃僭稱王，穆王滅之，別封其系以祀伯翳，故春秋時尚有徐也。至春秋時，徐子章禹為楚所滅。左傳昭三十年，吳子伐徐，防山以水之滅徐，徐子章禹奔楚，楚城，夷以處之。伏滔北征記：徐縣北有大冢，即徐君，墓為延陵解劍之處。劉奉世曰：為吳所滅，非楚也。」

〔註39〕黃樹餘（2011）認為是殷移民依靠徐國等反叛周室，而周人將殷移民往南方趕。

〔註40〕泥範示蹤青銅器鑄造地的研究，表明安徽蚌埠、鳳陽出土的部分青銅器是當地鑄造。

5.4.2 群舒

　　江淮地區除了有淮夷，還活躍著另一支族群——群舒。對於淮夷和群舒是否屬於一個族群，學界曾有過不同看法，後來通過對先秦文獻、青銅銘文及族群器物的研究，發現二者是江淮地區兩種不同的文化群體〔註41〕。

　　群舒是舒族多個不同群體的統稱，包括舒庸、舒蓼、舒鳩、舒龍、舒鮑、舒龔等族屬。從《春秋左傳正義》〔註42〕、《漢書》〔註43〕、《春秋左傳詁》〔註44〕、《後漢書疏證》〔註45〕中的相關記載可以推斷，群舒活動的中心地帶在古廬江郡（縣）地區。由於江淮地區的「偃」姓屬於群舒姓氏（陸勤毅等，2011[282-294]），從《史記》〔註46〕、《輿地廣記》〔註47〕、《古今姓氏書辯證》〔註48〕、

〔註41〕 文字考證發現，分別代表徐夷和群舒的「余」、「捨」二字，在先秦文獻中有嚴格的區別（董楚平，1992）。劉興（1993）通過對現有青銅器銘文的研究，認為徐夷和群舒為不同的族群，且二者是並存於淮河流域的兩種文化群體。陸勤毅等人（2011）[273]認為，徐夷在淮北及沿淮居多，群舒居於江淮之間。孫振（2012）通過從紋飾、銘文和地理分布三個角度對徐器和舒器進行對比，認為徐夷和群舒為不同的族群。

〔註42〕 〔春秋〕左丘明，〔晉〕杜預注，〔唐〕孔穎達疏，〔唐〕陸德明音義，〔清〕陳澧批校，《春秋左傳正義附釋音春秋左傳注疏卷·第十九下》，清嘉慶二十年南昌府學刻本，藏所：中山圖書館，參見其中：「群舒叛楚。杜預注：群舒，偃姓，舒庸舒鳩之屬。今廬江南有舒城，舒城西南有龍舒。孔穎達疏：羣舒至龍舒。正義曰，《世本》（曰）偃姓。舒庸、舒蓼、舒鳩、舒龍、舒鮑、舒龔，以其非一故，言屬以包之」。

〔註43〕 〔漢〕班固，〔東漢〕應劭注，《漢書·卷二十八》，清乾隆武英殿刻本，參見其中：應劭注釋「龍舒」為「群舒之邑」。

〔註44〕 〔清〕洪亮吉，《春秋左傳詁·九》，清光緒四年授經堂刻本，參見其中：「廬江郡有舒及龍舒侯國」。

〔註45〕 〔清〕沈欽韓，《後漢書疏證·卷二十一》，清抄本，藏所：武漢大學圖書館，參見其中：「龍舒，通典：廬州廬江縣，漢龍舒縣故城在西。寰宇記：縣西一百二十里。九域志：廬江縣有東顧山」。

〔註46〕 〔漢〕司馬遷，《史記·卷七》，清乾隆武英殿刻本，參見其中：「當陽君黥布為楚將，常冠軍，故（項羽）立布為九江王，都六。注：《正義》、《括地志》云：故六城，在壽州安豐縣南百三十二里，本六國偃姓，皋陶之後所封也」，六國，在壽州安豐縣南百三十二里，即今六安市東北。偃姓，說明六安當時屬於群舒族群居住地。

〔註47〕 〔宋〕歐陽忞，《輿地廣記·卷二十一》，士禮居叢書景宋本，參見其中：「即此有六國故城在縣南，又有蓼國，皆皋陶之後，偃姓」，蓼國，偃姓，與六國距離很近，在今霍邱。

〔註48〕 〔宋〕鄧名世，《古今姓氏書辯證·卷十六》，清文淵閣四庫全書本，參見其中：「英，出自偃姓，皋陶之後，封國於英。春秋時，楚滅英。子孫以國氏」，英，偃姓，在今金寨縣東南。

《潛夫論箋》〔註49〕中「偃」姓的相關記載可以看出，舒城、六安、霍邱、金寨、潛山和懷寧這一帶地區都曾是群舒的地望。

　　群舒作為一個龐大的地方勢力，以廬江郡為中心，其轄區內除了舒族，還包括其他小國。《左傳杜林合注》〔註50〕提到宗、巢都屬於群舒族範圍內的國家。歷史上關於巢國族源、地望及歷史沿革的記載頗多〔註51〕，以清代《漢書地理志補注》最為詳細。據文獻可知，巢是後來稱為居巢的，集各家之言，約略可判斷古巢國曾在今六安東、靠近巢湖的地方，水資源豐富，地理位置優越。對於群舒各國的相對地理位置，《左通補釋》〔註52〕、《路史》〔註53〕等書中有相應記載，可以看出，舒屬族群各自的地望十分接近，基本上是圍繞在舒城附近，譚其驤（1996$^{29\text{-}30}$）等人曾對商周時期群舒的地望進行了地裏標注，見圖 5.23。

　　從文獻記載來看，群舒歷經多次戰爭。除了族內戰爭〔註54〕，群舒曾謀反「叛楚」〔註55〕，由於地處徐國和楚國兩國之間的天然軍事要塞，群舒部分族屬後遭徐夷、楚國的進攻而相繼滅亡〔註56〕。

〔註49〕　〔清〕汪繼培，《潛夫論箋·卷九》，清嘉慶二十二年蕭山湖海樓陳氏刻本，藏所：復旦圖書館，參見注釋：「《地理志》『廬江郡皖縣，在舒與龍舒之後……皖，偃姓。皋陶後』」皖，偃姓，在今潛山、懷寧一帶。

〔註50〕　〔春秋〕左丘明，〔晉〕杜預注，〔宋〕林堯叟注，〔明〕王道焜、趙如源輯，《左傳杜林合注·卷十六》，清文淵閣四庫全書本，參見其中：「夏子孔執舒子平及宗子遂，圍巢。杜：平，舒君名。宗、巢二國，羣舒之屬」。

〔註51〕　《春秋左傳正義》、《水經注》、《路史》、《漢書地理志補注》等。

〔註52〕　〔清〕梁履繩，《左通補釋·補釋十》，清道光九年汪氏振綺堂刻光緒元年補修本，藏所：復旦圖書館，參見其中：「今江南廬州府舒城縣，為古舒城。廬江縣東百二十里有古龍舒城，其舒蓼、舒庸、舒鳩及宗四國，約略在此兩城（舒城和龍舒城）間」。

〔註53〕　〔宋〕羅泌，《路史·卷二十五》，清文淵閣四庫全書本，參見國名紀：「舒鮑，世本云：小國。寰宇記：舒鮑城在舒城西北，龍舒水南，小於諸城。舒龔，克之龔丘。東南二十有古龔丘城，然與羣舒遠宜別」。

〔註54〕　〔春秋〕左丘明，〔晉〕杜預注，〔宋〕林堯叟注，〔明〕王道焜、趙如源輯，《左傳杜林合注·卷十六》，清文淵閣四庫全書本，參見其中：「夏子孔執舒子平及宗子遂，圍巢」。

〔註55〕　〔春秋〕左丘明，〔晉〕杜預注，〔唐〕孔穎達疏，〔唐〕陸德明音義，〔清〕陳澧批校，《春秋左傳正義附釋音春秋左傳注疏卷·第十九下》，清嘉慶二十年南昌府學刻本，藏所：中山圖書館。

〔註56〕　〔宋〕鄭樵，《通志·卷二十六》，清文淵閣四庫全書本，參見氏族略第二「舒氏」詞條：「舒子平僖三年為徐所滅……襄二十一年，舒鳩子為楚所滅……其地在楚徐之間，故為二國所滅」。又《左傳杜林合注·卷十六》有「楚人圍巢」。

圖 5.23　西周時期江淮地理及族群（部分）

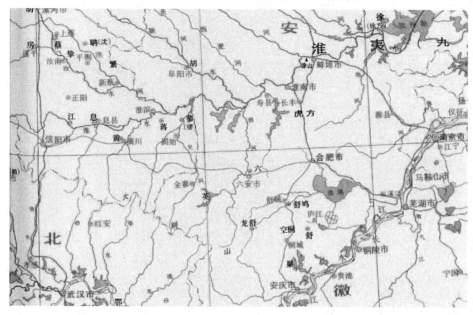

5.4.3　小結

　　徐夷是淮夷中一支強大的族群，其活動中心在古泗州附近。江淮地區另一支土著色彩強烈的群舒，地望在今舒城、六安一帶地區。無論是淮夷，還是群舒，在商周時期，都因各種原因，主動或被迫參與過同周邊鄰國的戰爭，但隨著周室的沒落，淮夷與群舒建立的國家相繼滅亡了〔註57〕。

　　由於戰爭和貿易往來交融，使得種族間的同化合流時不時存在，純而單一的族群是不存在的。歷史上有商王攻淮夷，迫其南遷的說法。皖南與江淮地區的徐、舒之間的相互影響始於西周，春秋早期得到加強，甚至深入到皖南，銅陵早期青銅器的風格就反映了江淮群舒族群和文化的向南遷播，春秋中期以後，徐、舒的影響消失殆盡。

5.5　結論

　　對安徽銅陵、肥東兩地出土的陶範、泥芯等樣品的科學分析顯示，安徽地區出土的青銅器並非都在中原地區鑄造，本文討論的銅陵師姑墩遺址青銅器

〔註57〕 豆海鋒（2012）認為商王朝對南方銅礦資源的追逐迫使商文化南移，各區域的聯繫依靠水系來維持。

應屬於當地鑄造，而肥東龍城出土青銅器則是在中原地區鑄造。截至目前，還沒有充足的考古發掘證據表明安徽地區有早期青銅器鑄造作坊，本研究證明了銅陵地區在西周時期是可以鑄造青銅器的。

　　從器物風格來看，安徽江淮地區出土的部分青銅器具有地方特色，從另一個側面佐證了該地區具有青銅器鑄造技術。此外，通過對該地區早期人類族群的研究可以看出，徐夷、群舒兩個族群文化的不同，加之貿易和戰爭導致的族群遷播，應該是導致江淮地區徐器、舒器造型風格具有一定差異的原因。對於這兩種青銅器的鑄造地，有待今後淮夷、群舒相關新材料的擴充後，進一步分類討論。

第六章　湖北省出土青銅器鑄造地研究及相關問題

　　湖北位於我國長江中游地區（見圖 6.1），漢江自西北向東南貫穿而過，匯入長江，形成了湖北中部的江漢平原，大冶銅綠山是古荊州的產銅要地（萬全文，2005）。由於水利交通便捷，加上豐富的資源，歷史上，湖北成為兵家必爭之地。建國後，在湖北省內多地發現了青銅時代遺址，特別是上世紀 60 年代以後，從黃陂盤龍城的發掘工作開始，湖北省陸續發現了一系列年代較早青銅器的遺址和地點，見圖 6.2 和表 6.1。

圖 6.1　湖北省地理位置圖

圖 6.2 湖北省近年來青銅器出土重要地點

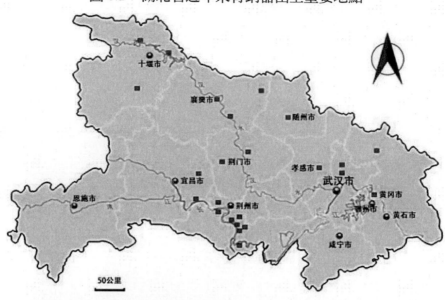

表 6.1 湖北出土青銅時代青銅器的代表性地點

20 世紀 80 年代以前 出土地點	20 世紀 80 年代 出土地點	20 世紀 90 年代及以後 出土地點
黃陂盤龍城①	襄陽擂鼓墩 2 號墓⑬	荊門㉒
江陵藤店②	江陵九店⑭	丹江口㉓
拍馬山③	黃岡⑮	宜城㉔
當陽季家湖④	江陵張家山⑯	鍾祥㉕
雲夢睡虎地⑤	毛家園⑰	雲夢㉖
楚郢都紀南城⑥	麻城⑱	麻城㉗
江陵雨臺山⑦	枝江⑲	石首㉘
宜城雷家坡、魏崗⑧	當陽⑳	鄖縣㉙
黃陂魯台山兩周遺址⑨	房縣㉑	棗陽㉚
江陵天星觀 1 號墓⑩		隨州㉛
隨縣曾侯乙墓⑪		
襄陽擂鼓墩 1 號西漢墓⑫		

注：①湖北省博物館（1976）、湖北省考古研究所（1995），②荊州地區博物館（1973），
③湖北省博物館發掘小組等（1973），④楊權喜（1980），⑤陳振裕（1986），⑥湖
北省博物館（1982a，1982b），⑦湖北省荊州地區博物館（1984），⑧王仁湘等
（1980），⑨魏益想等（1982），⑩湖北省荊州地區博物館（1982），⑪湖北省博物

館（1989），⑫隨縣擂鼓墩一號墓考古發掘隊（1979），⑬郭德維（1981），⑭楚文化研究會（1984），⑮王善才等（1983），⑯荊州地區博物館（1985），⑰中國考古學會（1988），⑱楊定愛（1986），⑲湖北省宜昌地區博物館（1988），⑳湖北省宜昌地區博物館（1988），㉑房縣文化館（1988），㉒湖北省荊沙鐵路考古隊（1991）、荊門市博物館（1992），㉓湖北省博物館等（1988），㉔楊定愛（1993），㉕中國考古學會（1992），㉖樊柱（1990），㉗湖北省文物考古研究所（2000），㉘戴修政（2000），㉙鄖縣博物館（2003），㉚湖北文物考古研究所（2003），㉛湖北省文物考古研究所等（2012）

近年來，在湖北的襄樊（襄樊市文物考古研究所，2010）、鄖縣（鄖縣博物館，2003）、棗陽（湖北文物考古研究所，2003）、隨州（湖北省文物考古研究所等，2012）等地出土了不少年代較早的青銅器，同時出土了不少陶範、泥芯等鑄造遺物。此前，考古工作者一直沒在南方發現青銅器鑄造作坊，所以，本文對湖北地區出土青銅器鑄造地的討論具有重要意義。

6.1　樣品來源及簡介

本章利用鄖縣、丹江口、襄樊〔註1〕、棗陽、隨州、黃陂盤龍城六個地點出土的泥芯、陶片等樣品，對近年湖北省出土青銅器的鑄造地進行綜合研究，樣品來源的地理分布如圖 6.3 所示。

圖 6.3　湖北省樣品來源分布

〔註 1〕2012 年，襄樊更名為襄陽市，本文沿用當時發掘報告所用地名。

6.1.1 樣品來源及墓葬背景

湖北近年來出土青銅器鑄造地研究的樣品來自丹江口、隨州、襄樊等地〔註2〕，下面對樣品來源背景進行簡要介紹。

丹江口吉家院墓地，位於湖北省丹江口市均縣鎮關門岩村的丹江口水庫消落區內，墓地所在的地理位置是高出漢江河谷的低矮丘陵，墓地範圍初步判斷，東西長約 2000 米，南北寬約 1200 米，已暴露的墓葬約百座，出土了一批重要文物（湖北省文物考古研究所等，2000）。本工作採集了該墓地的 5 個泥芯樣品，編號分別為：d11、d21、d26、d57、d59，1 個外範樣品 d17，並採集了此處的土樣，編號為 d41。

擂鼓墩二號墓位於湖北省隨州市城關西北 2.5 公里的擂鼓墩，與曾侯乙墓（擂鼓墩一號墓）相距僅 102 米，是一座戰國中期的墓葬。雖然墓內棺槨均已腐爛，並有擾亂痕跡，但仍出土大量文物，共計 2270 件，有青銅容器、樂器、車馬器、陶器、玉石器等，其中，象徵墓主地位的青銅禮樂器最引人注目，有鼎、壺、缶、鈁、甗、鬲、簠、簋、編鐘等，具有十分重要的考古學價值（湖北省博物館等，1985）。本工作的側重點是利用泥芯示蹤青銅器鑄造地，前人（南普恒等，2010）曾採集過該墓的泥芯樣品，本文補採該墓 2 個泥芯樣品（編號分別為：SM1、SM2）用於鑄造地研究。

本文採集的襄樊樣品來自多處墓葬，樣品來源墓地的相對地理位置關係見圖 6.4。湖北襄樊地區是發現楚墓的集中地，其中，沈崗 450 餘座，余崗 170 餘座，團山 90 餘座，都是春秋戰國時期楚國中下級貴族墓（襄樊市文物考古研究所，2007）。該地區出土了大量隨葬品，為研究襄北地區墓葬分期、葬制葬俗以及文化特徵提供了有意義的材料（襄樊市博物館，2003）。從襄樊余崗墓地採集陶片、泥芯、墓土樣品數件以供研究，其中，陶片樣品 9 件，編號依次為 XFT1、XFT2、XFT3、XFT4、XFT5、XFT6、XFT7、XFT8、XFT9；墓土樣品 6 份，編號依次為 M112、M308、M241、M4、M4：4、M279；泥芯等鑄件樣品 9 件，編號依次為 XFY1、XFY2、XFY3、XFY4、XFY5、XFY6（樣品來源青銅器見圖 6.5）、XFY7，M714-1、M714-2（見圖 6.6）；瓦當樣品 1 件，編號 M714-3。此外，本工作還採集了襄樊沈崗的陶片 1 件，編號為 SG1；泥

〔註2〕 羅武干（2008）、魏國鋒（2011）、南普恒（2008a）等人對鄖縣、棗陽、黃陂盤龍城出土的泥芯進行過初步研究，介紹過這三處樣品的墓葬背景，本文僅採用這三個地點的樣品數據做參考對比，所以，對於鄖縣、棗陽、黃陂盤龍城樣品的來源背景，此處不再累述。

芯 2 件，編號為 SG2、SG3，樣品來源青銅器見圖 6.7、圖 6.8；襄樊團山的泥
芯 3 件，編號分別為 TS1、TS2、TS3，作為參考樣品。

圖 6.4　夏商周時期襄樊遺存分布示意圖

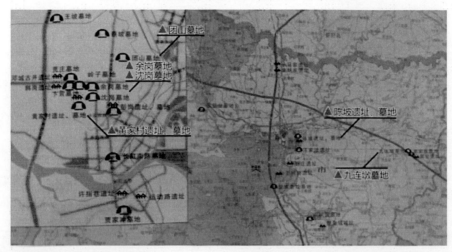

圖 6.5　余崗 XFY6
泥芯來源—M177 銅鼎

圖 6.6　襄樊余崗 M714：
鼎耳、鼎腿器模

圖 6.7　沈崗 SG2
泥芯來源—M4 銅

圖 6.8　沈崗 SG3 樣品所在
M308 墓的出土情況

　　湖北襄樊陳坡墓地，位於湖北省襄樊市襄陽區東津鎮陳坡村，2006 年，湖北省文物考古研究所為了配合基建，對該墓地進行了搶救性發掘，發現 3 座戰國楚墓，出土了以兵器為主的百餘件青銅器，是襄樊地區發現最大的戰國楚墓（南普恒等，2008b）。其中，2006 年發掘的襄陽區陳坡 10 號墓，是戰國中晚期典型楚墓。由於前人已經對該墓地的泥芯和墓土進行了採集，本工作採集該處的 2 件陶片樣品（編號為 Cp1、Cp2）以作為對照樣品。

　　湖北襄樊鄧城黃家村遺址，位於襄樊市（現為襄陽市）團山鎮黃家村北，西靠鄧城城址，該遺址東西長約 1500 米，南北寬約 300 米，見圖 6.9。2005 年，襄樊市文物考古研究所的工作人員在此清理出 14 座灰坑，出土器物以陶器居多，代表器形有鬲、豆、盆、罐等，時代為西周晚期至春秋早期（襄樊市文物考古研究所，2008）。本工作採集了該遺址的紋飾範（編號為 H44，如圖 6.10）和箭鏃範（編號為 H42，如圖 6.11）作為樣品進行研究。

圖 6.9　黃家村遺址、墓地全景（西南—東北）

圖 6.10　　　　　　　　圖 6.11　　　　　　　　圖 6.12
襄樊黃家村紋飾範　　　襄樊黃家村箭鏃範　　　襄樊菜越青銅馬

　　湖北襄樊樊城菜越三國墓，位於襄樊市（現為襄陽市）樊城區建設路與長虹路交叉口的東南部，2008 年，襄樊市文物考古研究所對該墓進行了搶救性的發掘。該墓為土坑豎穴多室磚墓，由墓道、墓坑和磚室等部分組成，隨葬物品種類豐富，有金器、銀器、銅器、鐵器、玉器、石器、陶器、漆器等，且多數保存完整。根據墓葬形制、出土人骨和器物，推測該墓葬屬於漢末將軍夫婦合葬墓（襄樊市文物考古研究所，2010）。本工作採集了該墓葬中出土的陶井（編號為 6）、硬陶井（編號為 7）、陶片（編號為 CY10）、青銅馬泥芯（編號為 M1，樣品來源如圖 6.12）樣品進行研究。

6.1.2 樣品描述

　　湖北地區所採集的陶、泥芯、土樣的簡介見表 6.2。

表 6.2　湖北地區樣品簡介

分析號	類　別	時　代	樣品來源	採樣部位
XFT1	陶片	戰國	襄樊余崗	M177 豆
XFT2	陶片	春秋	襄樊余崗	M180 盂
XFT3	陶片	春秋	襄樊余崗	M214 豆
XFT4	陶片	春秋	襄樊余崗	M194 罐
XFT5	陶片	春秋	襄樊余崗	M279 盂
XFT6	陶片	春秋	襄樊余崗	M215 豆
XFT7	陶片	春秋	襄樊余崗	M241 豆
XFT8	陶片	戰國	襄樊余崗	M112 豆
XFT9	陶片	春秋	襄樊余崗	M199 盂
XFY1	泥芯	春秋	襄樊余崗	M279 青銅盞足內
XFY2	泥芯	春秋	襄樊余崗	M194 青銅鼎足部
XFY3	泥芯	春秋	襄樊余崗	M180 青銅簠耳部
XFY4	泥芯	春秋	襄樊余崗	M199 青銅鼎足部
XFY5	泥芯	春秋	襄樊余崗	M214 青銅簠耳部
XFY6	泥芯	戰國	襄樊余崗	M177 青銅鼎足部
XFY7	泥芯	春秋	襄樊余崗	M215 青銅簠耳部
M714-1	模	西漢初年	襄樊余崗	（鼎）腿芯盒
M714-2	模	西漢初年	襄樊余崗	（鼎）耳芯盒
M714-3	瓦當	西漢初年	襄樊余崗	瓦當模背部
M112	墓土	－	襄樊余崗	－

M308	墓土	–	襄樊余崗	–
M241	墓土	–	襄樊余崗	–
M4	墓土	–	襄樊余崗	–
M4:4	墓土	–	襄樊余崗	–
M279	墓土	–	襄樊余崗	–
Cp1	陶片	戰國	襄樊陳坡	M10:50 豆
Cp2	陶片	戰國	襄樊陳坡	M10:74 罐
SG1	陶片	春秋	襄樊沈崗	M65 陶罐殘片
SG2	泥芯	春秋	襄樊沈崗	M4 青銅盞足內
SG3	泥芯	戰國	襄樊沈崗	M308 青銅鼎足內
TS1	泥芯	戰國	襄樊團山	M107 青銅鼎足內
TS2	泥芯	戰國	襄樊團山	M49 青銅鼎足內
TS3	泥芯	戰國	襄樊團山	M107 青銅鼎足內
H44	紋飾範	兩周之際	襄樊黃家村	灰坑
H42	箭鏃範	春秋	襄樊黃家村	灰坑
6	陶井	三國	襄樊菜越	–
7	硬陶井	三國	襄樊菜越	–
CY10	陶片	三國	襄樊菜越	四系罐殘片
M1	泥芯	三國	襄樊菜越	青銅馬
SM1	泥芯	戰國	隨州擂鼓墩	升鼎足內
SM2	泥芯	戰國	隨州擂鼓墩	編鐘內部
d11	泥芯	戰國	湖北丹江口	DB-JM48:77 銅壺底部
d17	外範	戰國	湖北丹江口	DB-JM48:79 銅簠外範
d21	泥芯	戰國	湖北丹江口	DB-JM48:74 銅鼎腿部
d26	泥芯	戰國	湖北丹江口	DB-JM48:73 銅鼎腿部
d57	泥芯	戰國	湖北丹江口	DB-JM10:1 銅盉內
d59	泥芯	戰國	湖北丹江口	DB-J (I) M10:01 銅鼎足內
d41	土樣	–	湖北丹江口	DB-JM48:23 銅車義內

6.2 實驗結果與分析

6.2.1 XRF 測試結果

湖北地區所採集樣品的檢測結果見表6.3。山西侯馬、河南安陽等北方地區樣品成分前文已列出，此處略。

表 6.3　湖北地區樣品的主量元素 XRF 分析結果（%）

分析號	SiO$_2$	Al$_2$O$_3$	K$_2$O	Na$_2$O	CaO	P$_2$O5	Fe$_2$O$_3$	MgO	TiO$_2$	MnO
XFT1	66.26	19.67	3.88	0.21	0.77	1.70	5.05	1.09	1.05	0.04
XFT2	67.34	19.18	3.84	0.22	0.78	0.21	5.11	1.54	1.13	0.05
XFT3	61.51	19.17	3.56	0.20	1.29	5.59	5.38	1.20	1.25	0.10
XFT4	64.47	18.01	3.63	0.23	0.95	1.82	7.29	1.48	1.22	0.11
XFT5	65.08	19.14	3.83	0.22	1.03	1.74	4.83	1.05	1.17	0.04
XFT6	62.10	20.41	3.79	0.24	1.08	3.99	5.47	1.14	1.25	0.07
XFT7	68.91	17.84	3.60	0.24	1.08	0.49	4.54	1.44	1.09	0.04
XFT8	64.18	19.95	4.07	0.23	0.69	0.69	5.41	2.36	1.76	0.08
XFT9	69.61	18.62	4.55	0.24	0.78	0.75	2.58	1.02	1.45	0.03
XFY1	75.64	11.13	3.17	0.20	0.95	2.59	1.87	0.75	0.57	–
XFY2	71.65	10.62	1.74	0.20	0.76	2.47	2.99	1.04	0.74	–
XFY3	76.38	12.15	2.66	0.21	0.48	3.55	1.12	0.44	0.68	–
XFY4	58.94	15.69	3.27	0.41	1.32	2.52	3.04	1.16	0.82	–
XFY5	74.87	12.14	1.85	0.17	0.72	3.74	2.63	0.74	0.63	–
XFY6	65.45	13.16	3.12	0.40	2.69	3.48	2.55	1.60	0.93	–
XFY7	72.41	12.78	2.99	0.18	0.88	3.56	2.73	0.90	0.79	0.06
M714-1	64.48	21.53	2.53	0.51	0.47	0.15	6.04	1.98	1.35	–
M714-2	68.83	18.06	1.86	0.57	0.43	0.16	6.11	1.74	1.27	0.04
M714-3	64.53	19.23	2.84	0.65	0.49	0.21	5.80	1.86	1.35	0.03
M112	63.41	17.53	4.52	0.43	1.60	3.61	3.02	1.32	1.07	0.06
M308	63.77	13.66	2.32	0.22	0.72	3.60	13.24	0.86	0.62	0.12
M241	70.94	15.47	2.43	0.19	0.65	4.99	2.01	0.68	0.91	0.04
M4	69.00	15.92	3.83	0.42	1.40	0.87	4.67	1.63	0.92	0.05
M4:4	69.99	16.67	3.78	0.25	0.67	0.28	4.28	1.17	1.04	0.03
M279	69.34	15.17	3.91	0.34	1.28	1.00	3.95	1.36	0.87	0.06
CP1	68.96	16.40	2.60	0.22	0.76	1.91	4.74	0.74	1.38	–
CP2	66.63	19.49	3.87	0.22	0.83	0.67	5.06	0.92	1.37	–
SG1	62.02	20.93	3.80	0.18	0.92	2.28	6.10	1.84	1.60	0.05
SG2	67.89	16.42	3.69	0.40	1.32	1.19	4.62	1.53	0.91	0.05
SG3	66.89	19.31	4.50	0.23	0.97	0.35	4.47	1.52	1.21	–
TS1	56.71	12.85	3.81	0.32	2.71	3.61	4.18	1.90	0.89	0.08

TS2	62.96	13.33	2.90	0.34	3.57	3.15	6.00	2.48	0.96	0.07
TS3	50.33	16.33	1.58	0.19	2.31	6.26	14.55	2.24	1.14	0.17
H44	65.43	14.22	2.56	1.49	1.51	0.79	5.70	1.93	0.80	0.09
H42	66.89	13.83	2.40	1.61	1.64	1.47	5.20	1.87	0.87	0.09
6	66.29	16.30	2.76	1.32	0.88	0.18	6.36	2.03	0.85	0.10
7	67.18	20.12	1.98	0.01	0.57	0.06	5.89	1.06	0.99	0.09
CY10	63.64	21.49	3.31	0.06	0.12	0.03	1.28	0.33	0.76	0.02
M1	62.51	11.69	1.57	0.83	2.54	0.11	3.76	0.78	0.57	0.05
SM1	56.07	19.17	1.37	2.00	1.72	0.13	2.95	0.03	0.62	0.07
SM2	62.52	11.03	2.05	2.12	0.95	0.21	3.14	0.67	0.76	0.08
d11	72.90	12.64	3.00	0.48	3.55	0.52	3.35	1.35	0.75	0.06
d17	63.27	13.98	2.89	0.41	2.32	0.34	5.29	1.74	0.82	0.09
d21	63.10	13.01	3.06	0.44	4.19	0.53	5.03	1.95	0.90	0.12
d26	52.90	11.65	3.60	0.34	7.61	2.07	5.14	2.13	0.84	0.16
d57	67.23	15.61	3.40	0.38	1.70	0.40	5.94	1.56	0.97	0.10
d59	67.53	10.89	3.84	0.35	6.83	0.58	3.17	2.25	0.74	0.07
d41	65.91	17.72	3.42	0.24	1.01	0.27	6.82	1.39	0.99	0.05

6.2.2 利用泥芯示蹤襄樊出土部分青銅器的鑄造地

　　襄樊地處中國中部，地理位置十分重要，素有「七省通衢」、「南船北馬」之稱，自然條件非常優越。自古以來，襄樊既是兵家必爭之地，又是經濟文化樞紐，人文底蘊濃厚（趙叢蒼等，2006）。自 1996 年以來，夏商周三代考古成果較多，尤其是以今襄樊城區西北側鄧城城址為中心的東周墓葬，發掘數量大，器物精美，尤以青銅器引人矚目。其中近年來出土青銅器數量較多的余崗、沈崗、團山、陳坡墓地均位於鄧城城址東側不遠處，除陳坡墓地西隔漢水與鄧城城址相望外，其餘三個墓地均離鄧城城址不到 2 公里，這四處墓地先後出土的大量青銅器為研究兩周時期漢江流域的政治、經濟、文化提供了大量原始資料。

　　從表 6.3 可以看出，不同樣品常量元素差別主要體現在鈣、鎂、鉀、鈉、鈦等元素上。山西侯馬泥芯樣品具有較高的鈣、鎂、鈉及較低的鈦含量，與北方黃河流域黃土的化學成分特點吻合（劉東升，1965）；湖北盤龍城土樣的鈣、鎂、鈉均較低而鈦含量較高，這也與南方紅土的化學成分特徵一致（張俊民等，1995；朱照宇等，1995）。襄樊地區余崗墓地、沈崗墓地、團山墓地、陳

坡 M10 墓、菜越墓、黃家村所分析的樣品，除 P_2O_5 變化較大，CaO、Na_2O、K_2O、MnO、MgO、Fe_2O_3、TiO_2 等含量很穩定，變化很小。由於同處江漢沖積平原，距離又不遠，故黏土在成分上無多大變化。和陳坡 M10 墓開口層位土壤成分相比，SiO_2、Al_2O_3 差別明顯，其他成分都相近。

從上述分析可以看出，除個別樣品外，襄樊地區青銅器泥芯主成分變化不大。為了進一步研究該地出土青銅器鑄造地，現將襄樊樣品與湖北黃陂盤龍城（南普恒等，2008a）、山西侯馬鑄銅遺址的樣品進行對比，利用特徵元素做散點圖、聚類圖（見圖 6.13～圖 6.16）。

從圖 6.13 可以看出，除了黃家村樣品，襄樊其他五個墓地的青銅器泥芯 Na_2O 在 0%～1%之間，比較密集，與地理位置接近相吻合，並且襄樊陳坡、余崗的當地原生土也落在這個區域內。盤龍城樣品與襄樊樣品較為接近，侯馬樣品則明顯與襄樊樣品分開，位於圖右側，界限分明，說明襄樊樣品具有獨立性。

從圖 6.14 中可以看出，襄樊六個墓地青銅器泥芯大多數樣品 CaO 在 0%～5%之間，且多數在 1%附近。相對於襄樊樣品，盤龍城的原生土和陶片 CaO 含量更低，而侯馬樣品由於 CaO 含量高，且離散性較大，落在圖的上方。和其他四個墓地相比，團山泥芯樣品和黃家村範的 CaO、MgO 含量較高。

圖 6.13　樣品 Na_2O-K_2O 散點圖 [註 3]

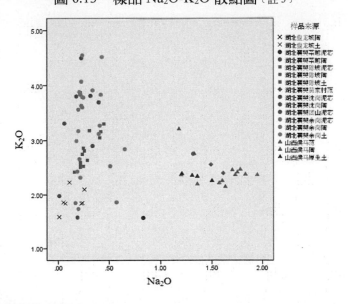

─────────────────────

〔註 3〕為簡化圖注，湖北襄樊余崗瓦當歸於陶。下文的墓土等土樣統一簡稱土。

圖 6.14　樣品 CaO-MgO 散點圖

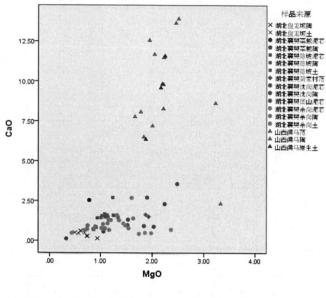

從圖 6.13 和圖 6.14 綜合來看，可以初步判斷襄樊出土的這批青銅器屬於當地鑄造，也印證了 K、Na、Ca、Mg 可以作為分辨青銅器不同鑄造地的特徵元素。但是襄樊黃家村樣品在 2 張圖中無法判別鑄造地，同時也說明單純 4 個元素有時不足以綜合考察樣品的鑄造地。為此，綜合考慮多種元素，採用 SPSS 軟件做三維圖、聚類圖和主成分分析，見圖 6.15～圖 6.17。

圖 6.15　樣品三維散點圖

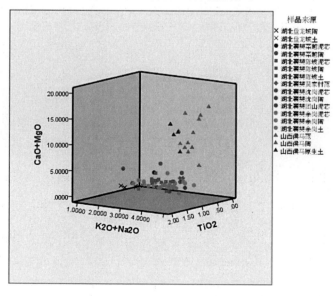

　　從三維圖 6.15 可以看出，綜合考慮 K、Na、Ca、Mg、Ti 後，侯馬樣品都落在圖上方，盤龍城原生土、陶片落在最下方，與襄樊樣品稍有間距，而襄樊多聚在中下方。圖 6.16 是聚類分析結果，基本上是山西侯馬樣品聚為一類，襄樊的余崗、沈崗、團山、陳坡、菜越、黃家村六地的樣品聚為一類，盤龍城樣品與襄樊樣品接近。

圖 6.16　樣品 CaO／MgO-Al$_2$O$_3$／（K$_2$O＋Na$_2$O）聚類圖

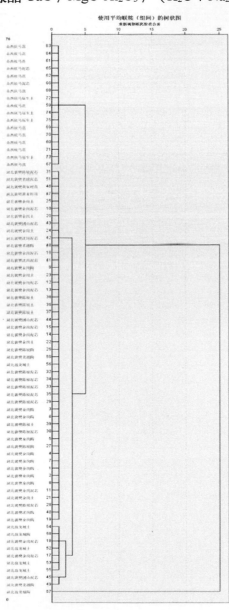

　　由於山西侯馬陶片沒有 P 元素數據，部分其他樣品 Mn 元素不全，在綜合考慮樣品代表性和成分分析完整性的基礎上，排除山西侯馬 2 個陶片和 Mn 元素做主成分分析。分析結果（見附錄一圖五十一～圖五十五）可以看出：第一，KMO 樣本適宜度是 0.619，超過 0.5，同時，Bartlett 的球形度檢驗顯示了「相關係數矩陣是單位矩陣」的原假設被否定，說明整套數據是較為適合採用主成分分析的。第二，反映像相關係數矩陣顯示，除了 K、P、Fe，其他元素的反映像相關係數均大於 0.506，說明所選大部分元素的採樣適宜度是可以接受的。第三，從公因子方差可以看出，除了 K、P、Fe，剩下元素在主成分為 2 時的共同度均大於 0.569，說明這 3 個元素在該分析中作用不大。第四，從解釋的總方差來看，選取 2 個主成分時，能解釋 57.163% 的總方差，說明 2 因子的主成分分析還是比較有效的。第五，從 2 因子負載矩陣可知，Na、Ca、Ti、Al、Mg 對主成分分析因子 1 的貢獻很大，與此相對的，Si、Fe、Mg 對主成分分析因子 2 具有較大貢獻度。主成分分析得到的各樣品 2 個綜合因子的數值見表 6.4。

表 6.4　襄樊及其他地區樣品的主成分分析 2 因子數值

分析號	Factor 1	Factor 2	分析號	Factor 1	Factor 2
XFT1	1.04626	0.29876	–	–	–
XFT2	0.84437	0.50308	SG1	1.27031	1.75599
XFT3	1.20302	0.87031	SG2	0.41833	-0.03344
XFT4	0.87004	0.97393	SG3	1.01625	0.61074
XFT5	1.06522	0.37026	TS1	-0.023	0.61904
XFT6	1.25755	0.92399	TS2	-0.26175	0.83274
XFT7	0.72121	0.0759	TS3	0.1298	3.08493
XFT8	1.1291	1.87415	H44	-0.68626	0.04789
XFT9	1.37512	-0.02419	H42	-0.67141	-0.15326
XFY1	0.25235	-2.25796	6	-0.40682	0.38545
XFY2	-0.05035	-1.79268	7	0.72773	0.00905
XFY3	0.50015	-2.52004	CY10	1.02731	-0.81812
XFY4	0.26625	-0.12112	M1	-0.71611	-1.29383
XFY5	0.22561	-2.16104	plct1②	0.36892	0.20672
XFY6	0.08199	-0.44529	plct2②	0.35307	-0.70402

XFY7	0.47767	-1.51314	plct2-1②	0.77788	-0.27298
M714-1	0.64695	1.25293	plct2-2②	0.7298	-1.32573
M714-2	0.3539	0.36113	plct3-1②	0.7046	-0.80147
M714-3	0.52339	0.98885	plcp1②	1.04072	0.98022
M112	0.85846	0.2801	plcp2②	0.66495	0.02341
M308	0.25868	0.5434	plcq1②	-0.80039	-2.19895
M241	0.78784	-1.41359	plcq2②	-0.64109	-2.2121
M4	0.36943	-0.05148	H1	-1.84824	0.61039
M4:4	0.74593	-0.32886	H2	-1.65727	-0.34574
M279	0.43101	-0.44532	2003H15	-2.13199	-0.3114
Cp1	1.00323	-0.35239	T663H87	-2.17621	-0.22533
Cp2	1.26235	0.40917	92H4-1	-1.96161	1.08844
cp4①	-0.01717	-0.29401	92H4-2	-2.50039	0.50742
cp5①	0.19339	0.00857	hmx1	-1.21884	1.0137
cp7①	0.21029	-0.12366	hmx2	-0.95114	1.24835
cp25①	0.08341	0.31301	63H4T661	-1.4625	0.48099
cp37①	0.31552	0.36667	hmt	-1.30449	1.14504
cp70①	0.31292	-0.06644	y18	-1.30861	-0.39215
M10：東80①	0.63629	0.42736	y19	-1.56539	-0.28528
M10：東①	0.63039	-0.04231	y20	-1.46199	-0.43391
cpt1①	0.31651	-0.49337	hmT	-1.29488	1.16247
cpt2①	0.30875	-1.07898	Q3	-1.38908	-0.44905
cpt3（320目）①	0.34354	-0.66452	2-Q3	-1.53827	0.73718
cpt4（600目）①	0.58988	0.41692	22-Q3	-1.6824	0.63853

注：①cp4、cp5、cp7、cp25、cp37、cp70、M10：東80、M10：東80是陳坡泥芯；
　　cpt1、cpt2、cpt3、cpt4是陳坡墓土（南普恒等，2008b、2010、2008c）；②為plct1、
　　plct2、plct2-1、plct2-2、plct3-1是盤龍城原生土，plcp1、plcp2是盤龍城陶片，
　　plcq1、plcq2是盤龍城泥芯（南普恒等，2008a、2008b、2010）。

　　從主成分分析散點圖6.17可知，襄樊的陳坡、沈崗、余崗、團山、菜越、
黃家村的青銅器殘留泥芯樣品與當地原生土及同墓葬出土陶片在常量元素上
有很高的相似性，都聚在圖的上部，與湖北盤龍城遺址樣品較為接近，但與
北方黃土區的山西侯馬出土陶片和原生土有較大差別。團山泥芯樣品 TS1 和

TS3 離散性較大〔註4〕，但仍與襄樊其他墓葬的泥芯都聚在圖的上方。綜上可以得出結論：襄樊出土的這批青銅器當屬本地鑄造。

圖 6.17　襄樊及其他地區樣品的主成分分析散點圖

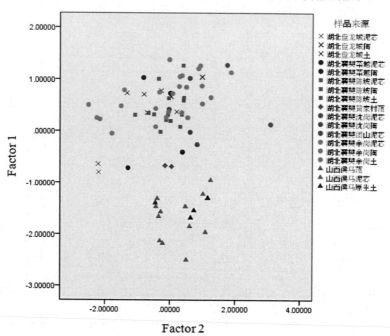

襄樊陶片樣品、泥芯的常量元素都落在襄樊特徵區域內，在進一步說明利用同墓葬或者同一地區出土的陶片與泥芯比較來示蹤青銅器鑄造地有效性時，也說明了陶器示蹤青銅器鑄造地的可行性。

6.2.3　利用泥芯示蹤丹江口出土部分青銅器的鑄造地

丹江口位於湖北省西北部，漢江中上游，擁有亞洲最大的人工淡水湖——丹江口水庫，本工作採集樣品的吉家院墓地，就在丹江口水庫附近。首先，將丹江口泥芯樣品與當地陶片及原生土進行比較，再與中原地區河南安陽殷墟樣品進行對比分析。

從圖 6.18 可以看出，丹江口泥芯、陶片與當地原生土聚在一處，有別於安陽殷墟樣品，丹江口出土這批青銅器很可能屬於當地鑄造，也說明了 K、Na 元素是示蹤丹江口青銅器鑄造地的特徵元素。

〔註 4〕可能是製芯工藝不同或者樣本量小導致單位標尺擴大所致，不影響青銅器鑄造地研究結論。

圖 6.18　湖北丹江口與河南安陽殷墟樣品的 K2O-Na2O 散點圖

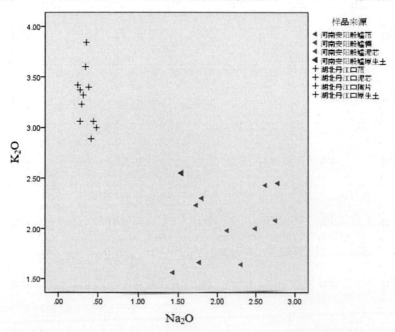

其次，將丹江口樣品與長江流域的襄樊、隨州、盤龍城樣品，以及中原地區樣品進行對比分析。由於 P、Mn 元素對主成分分析的貢獻不大，排除這 2個元素。從主成分分析結果（見附錄一圖五十六～圖六十）可以看出：第一，KMO 樣本適宜度是 0.660，超過 0.5，同時，Bartlett 的球形度檢驗顯示了「相關係數矩陣是單位矩陣」的原假設被否定，說明整套數據是較為適合採用主成分分析的。第二，反映像相關係數矩陣顯示，除了 K、Fe，其他元素的反映像相關係數均大於 0.510，說明所選大部分元素的採樣適宜度是可以接受的。第三，從公因子方差可以看出，除了 K、Fe，剩下元素在主成分為 2 時的共同度均大於 0.557，說明 K、Fe 在此時的主成分分析中作用不大。第四，從解釋的總方差來看，選取 2 個主成分時，能解釋 60.481%的總方差，說明 2 因子的主成分分析還是比較有效的。第五，從 2 因子負載矩陣可知，除了 Si、Mg、Fe，其他元素對主成分分析因子 1 的貢獻很大，與此相對的，只有 Si、Mg、Fe 對主成分分析因子 2 的貢獻度較大。

樣品 2 因子分析的結果見表 6.5，並據此作散點圖。從圖 6.19 可以看出：丹江口的泥芯、陶片、原生土樣品與襄樊、盤龍城、隨州的樣品聚在一起，與中原地區的河南安陽殷墟、山西橫水和侯馬、山西扶風樣品有區別。總體上來看，中原地區的樣品聚在圖的下方，與湖北地區樣品有明顯的分界。

表6.5　丹江口及其他地區樣品的主成分分析2因子數值

分析號	Factor 1	Factor 2	分析號	Factor 1	Factor 2
XFT1	1.4525	0.31987	d21	-0.08103	0.5738
XFT2	1.3673	0.55761	d26	-0.51093	1.61262
XFT3	1.38742	0.80423	d57	0.68884	0.3395
XFT4	1.31984	1.02653	d59	-0.42786	0.26359
XFT5	1.47012	0.36458	d9④	0.78927	0.01109
XFT6	1.58758	0.85961	d47④	0.96866	0.91412
XFT7	1.15363	0.13581	d54④	0.83512	0.1225
XFT8	1.8325	1.79923	d78④	1.02768	0.81667
XFT9	1.8953	-0.10437	d41	1.04574	0.6018
XFY1	0.17973	-2.08511	plct1	0.68494	0.28548
XFY2	-0.17729	-1.6967	plct2	0.57824	-0.67369
XFY3	0.33702	-2.48712	plct2-1	1.07145	-0.28772
XFY4	0.41861	-0.01826	plct2-2	0.91351	-1.38374
XFY5	0.01562	-2.10376	plct3-1	0.94532	-0.8033
XFY6	0.13891	-0.30771	plcp1	1.41313	0.83148
XFY7	0.43394	-1.42788	plcp2	0.65437	-0.0523
M714-1	1.22634	1.15073	plcq1	-0.6316	-2.13931
M714-2	0.78263	0.27558	plcq2	-0.53029	-2.18883
M714-3	1.08204	0.92058	H1	-1.60781	1.08199
M112	1.1514	0.33578	H2	-1.37059	-0.01137
M308	0.387	0.79606	2003H15	-1.96042	0.29032
M241	0.66204	-1.49203	T663H87	-2.00566	0.39913
M4	0.75757	0.10851	92H4-1	-1.59176	1.57487
M4:4	1.15525	-0.25741	92H4-2	-2.25416	1.21197
M279	0.75423	-0.28223	hmx1	-0.94673	1.63092
Cp1	1.25728	-0.48043	hmx2	-0.6112	1.8737
Cp2	1.78046	0.34205	63H4T661	-1.02858	0.74999
cp4	0.09327	-0.14409	hmt	-0.92069	1.55109
cp5	0.24008	0.10857	y18	-1.00555	-0.12095
cp7	0.41558	0.01411	y19	-1.32185	0.04098
cp25	0.09792	0.45028	y20	-1.18368	-0.1417
cp37	0.22147	0.44017	T27	-0.69529	1.50148

cp70	0.25268	0.00332	T28	-1.353	1.81555
M10：東 80	0.60701	0.4537	hmT	-0.90206	1.56731
M10：東	0.56456	-0.02425	Q3	-1.13874	-0.15239
cpt1	0.67276	-0.35732	2-Q3	-1.21913	1.12184
cpt2	0.59189	-0.95793	22-Q3	-1.40367	1.08859
cpt3（320目）	0.6692	-0.55236	Y1	-1.25749	-0.99859
cpt4（600目）	1.04995	0.49993	Y2	-1.19503	-1.28681
SG1	1.82721	1.6629	Y3	-0.59041	-1.09493
SG2	0.77517	0.10272	Y4	-0.64025	-0.58325
SG3	1.59149	0.66755	Y6	-1.26283	-0.24292
TS1	0.11686	0.88136	Y7	-1.99412	0.18357
TS2	-0.07854	1.09789	Y8	-1.65012	-0.67902
TS3	0.28306	3.2471	Y9	-0.39916	-1.05754
H44	-0.30933	0.16914	y10	-0.82357	-1.57477
H42	-0.34583	-0.08546	y11	-0.88865	-1.52685
6	0.08127	0.48684	T11	-0.62514	-0.43146
7	1.06022	-0.02081	M2047:18	-0.90206	-0.01483
CY10	1.32316	-0.8591	M2165:118	-0.91415	-0.19211
M1	-0.66134	-1.12766	M2158:150	-0.77593	-0.27329
110③	1.05691	-0.51691	M1008:4	0.03033	0.25193
121③	0.43132	-0.74217	M2165:61	-1.26342	0.02279
123③	0.72797	-0.86163	M1013:38	-1.08907	0.79653
128③	0.77046	-0.55073	M1011:119	-1.30051	1.4559
130③	0.35711	-1.12193	M1013:31	-1.17019	0.39501
146③	0.2897	-1.29343	M1011:71	-0.21808	0.19202
147③	0.37069	-1.12905	M1013:20	-1.11305	0.40612
153③	0.27443	-1.38015	HST	-1.15147	1.27453
SM1	-0.26159	-1.01075	H66-05	-0.86745	-0.86568
SM2	-0.72672	-1.38255	H66-05-2	-1.00947	-0.79535
d11	0.01859	-0.94036	H75-11	-0.66716	-0.87941
d17	0.08468	0.34047	H75-11-2	-0.79763	-0.80951
－	－	－	H138-10	-0.72017	-0.21032

注：③110 是湖北隨州擂鼓墩 M2 墓地陶片，121、123、128、130、146、147、153 是該墓地泥芯（南普恒等，2010）；④d9、d47、d54、d78 是湖北丹江口陶片（南普恒等，2008b）。

圖 6.19　丹江口及其他地區樣品的主成分分析散點圖

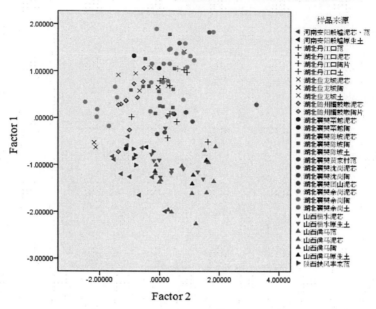

為了從另一個角度觀察丹江口樣品與其他地區樣品的關係，利用 SPSS 軟件做單因子分析。從單因子分析顯示整套數據較為適合主成分分析，詳見附錄一圖六十一～圖六十五。

單因子分析結果見表 6.6，利用該結果作箱式圖，見圖 6.20。可以看到，丹江口樣品的均值線與湖北其他三個地點隨州、襄樊、盤龍城較為接近，與此同時，中原地區的河南殷墟、山西橫水、山西侯馬和陝西扶風四個地點的樣品均值線基本相近，並與湖北樣品均值在不同的水平。也就是說，單因子分析結果與主成分分析散點圖結論一致。所以，丹江口吉家院墓地出土青銅器的鑄造地，不在中原地區，很可能是本地鑄造。

表 6.6　丹江口及其他地區樣品的主成分分析單因子數值

分析號	Factor	分析號	Factor	分析號	Factor
XFT1	1.4525	d21	-0.08103	TS1	0.11686
XFT2	1.3673	d26	-0.51093	TS2	-0.07854
XFT3	1.38742	d57	0.68884	TS3	0.28306
XFT4	1.31984	d59	-0.42786	H44	-0.30933
XFT5	1.47012	d9	0.78927	H42	-0.34583
XFT6	1.58758	d47	0.96866	6	0.08127
XFT7	1.15363	d54	0.83512	7	1.06022

XFT8	1.8325	d78	1.02768	CY10	1.32316
XFT9	1.8953	d41	1.04574	M1	-0.66134
XFY1	0.17973	plct1	0.68494	l10	1.05691
XFY2	-0.17729	plct2	0.57824	l21	0.43132
XFY3	0.33702	plct2-1	1.07145	l23	0.72797
XFY4	0.41861	plct2-2	0.91351	l28	0.77046
XFY5	0.01562	plct3-1	0.94532	l30	0.35711
XFY6	0.13891	plcp1	1.41313	l46	0.2897
XFY7	0.43394	plcp2	0.65437	l47	0.37069
M714-1	1.22634	plcq1	-0.6316	l53	0.27443
M714-2	0.78263	plcq2	-0.53029	SM1	-0.26159
M714-3	1.08204	H1	-1.60781	SM2	-0.72672
M112	1.1514	H2	-1.37059	d11	0.01859
M308	0.387	2003H15	-1.96042	d17	0.08468
M241	0.66204	T663H87	-2.00566	Y7	-1.99412
M4	0.75757	92H4-1	-1.59176	Y8	-1.65012
M4:4	1.15525	92H4-2	-2.25416	Y9	-0.39916
M279	0.75423	hmx1	-0.94673	y10	-0.82357
Cp1	1.25728	hmx2	-0.6112	y11	-0.88865
Cp2	1.78046	63H4T661	-1.02858	T11	-0.62514
cp4	0.09327	hmt	-0.92069	M2047:18	-0.90206
cp5	0.24008	y18	-1.00555	M2165:118	-0.91415
cp7	0.41558	y19	-1.32185	M2158:150	-0.77593
cp25	0.09792	y20	-1.18368	M1008:4	0.03033
cp37	0.22147	T27	-0.69529	M2165:61	-1.26342
cp70	0.25268	T28	-1.353	M1013:38	-1.08907
M10：東 80	0.60701	hmT	-0.90206	M1011:119	-1.30051
M10：東	0.56456	Q3	-1.13874	M1013:31	-1.17019
cpt1	0.67276	2-Q3	-1.21913	M1011:71	-0.21808
cpt2	0.59189	22-Q3	-1.40367	M1013:20	-1.11305
cpt3（320 目）	0.6692	Y1	-1.25749	HST	-1.15147
cpt4（600 目）	1.04995	Y2	-1.19503	H66-05	-0.86745
SG1	1.82721	Y3	-0.59041	H66-05-2	-1.00947
SG2	0.77517	Y4	-0.64025	H75-11	-0.66716
SG3	1.59149	Y6	-1.26283	H75-11-2	-0.79763
—	—	—	—	H138-10	-0.72017

圖 6.20　丹江口及其他地區樣品的單因子分析箱式圖

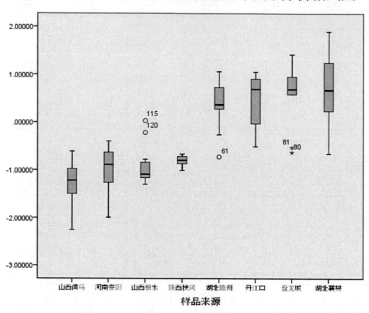

6.2.4 利用泥芯示蹤棗陽和鄖縣出土部分青銅器的鑄造地

　　鄖縣、棗陽分別地處豫陝交界、鄂豫交界，曾是中原與南方交通往來的要道，魏國鋒（2011）、羅武干（2008）等人曾對棗陽、鄖縣近年出土青銅器泥芯分別進行過初步研究，本節擬將棗陽、鄖縣泥芯與湖北其他地區，及中原地區出土泥芯等樣品進行綜合研究，探索這兩地出土青銅器的鑄造地。

　　首先，採用單因子分析研究棗陽、鄖縣樣品與湖北其他地區樣品之間的關係。從單因子分析結果（見附錄一圖六十六～圖七十）可以看出：第一，KMO樣本適宜度是 0.579，超過 0.5，同時，Bartlett 的球形度檢驗顯示了「相關係數矩陣是單位矩陣」的原假設被否定，說明整套數據是較為適合採用主成分分析的。第二，反映像相關係數矩陣顯示，除了 Si、P，其他元素的反映像相關係數均大於 0.506，說明所選元素的採樣適宜度是可以接受的。第三，從公因子方差可以看出，Ti、Al、K、Na 在主成分為 1 時的共同度均大於 0.541，說明該 4 種元素在分析中作用較大。第四，從解釋的總方差來看，選取 1 個主成分時，能解釋 39.367%的總方差，說明單因子分析結果還需參考其他分析。第五，從 1 因子成份矩陣可知，除了 Si、P、Ca，其他元素對主成分分析因子 1 的貢獻較大。

　　單因子分析結果數據見表 6.7，並據此作箱式圖（如圖 6.21）。可以看出，

棗陽與鄖縣泥芯樣品的均值線較為接近，可能兩地青銅器有共同的鑄造地。並且棗陽、鄖縣大部分青銅器的鑄造地與丹江口、襄樊、隨州和盤龍城這四地有區別。

表 6.7 棗陽、鄖縣及湖北其他地區樣品的主成分分析單因子數值

分析號	Factor	分析號	Factor	分析號	Factor
XFT1	1.02436	cpt1	0.23687	d78	0.92247
XFT2	1.0627	cpt2	-0.07408	d41	0.86452
XFT3	1.49792	cpt3（320目）	0.1437	plct1	0.46456
XFT4	1.33793	cpt4（600目）	0.8126	plct2	0.02949
XFT5	1.06253	SG1	2.00633	plct2-1	0.43814
XFT6	1.50049	SG2	0.59914	plct2-2	-0.08257
XFT7	0.77283	SG3	1.23465	plct3-1	0.20246
XFT8	2.08315	TS1	0.79546	plcp1	1.1558
XFT9	1.07697	TS2	0.79085	plcp2	0.604
XFY1	-0.63034	TS3	2.07446	plcq1	-1.2158
XFY2	-0.5673	H44	0.09346	plcq2	-1.15051
XFY3	-0.66121	H42	0.015	M1-29⑤	-1.46332
XFY4	0.4227	6	0.41546	M1-92⑤	-1.49873
XFY5	-0.62871	7	0.5628	M1-106⑤	-1.46408
XFY6	0.25864	CY10	0.24223	M1-108⑤	-1.4969
XFY7	-0.10942	M1	-0.89609	M1-123⑤	-1.49527
M714-1	1.33964	l10	0.37362	M1-130⑤	-1.59889
M714-2	0.71878	l21	-0.0818	M1-131⑤	-1.3863
M714-3	1.16982	l23	-0.00945	M1-132⑤	-1.54149
M112	1.04314	l28	0.16622	M1-134⑤	-1.39805
M308	0.6949	l30	-0.34231	M1-156⑤	-1.58945
M241	0.0659	l46	-0.43916	M1-259⑤	-1.59439
M4	0.5845	l47	-0.31861	M2-14⑤	-1.51656
M4:4	0.57119	l53	-0.48338	M2-48⑤	-0.87326
M279	0.39426	SM1	-0.75771	M2-56⑤	-0.75531
Cp1	0.62849	SM2	-0.94113	M2-108⑤	-1.30575

Cp2	1.14964	d11	-0.39908	M2-120⑤	-1.53921
cp4	0.07376	d17	0.28301	M2-333⑤	-1.42178
cp5	0.4208	d21	0.27311	M5:5⑥	-1.68394
cp7	0.35903	d26	0.47352	M6:7⑥	-1.7001
cp25	0.52045	d57	0.5923	M6:4⑥	-1.53793
cp37	0.71144	d59	-0.11485	M5:8⑥	-1.32008
cp70	0.46835	d9	0.48047	M4:10⑥	-1.83814
M10：東80	0.9547	d47	0.94126	M4:9⑥	-1.56688
M10：東	0.71105	d54	0.52129	－	－

注：⑤魏國鋒等（2011），⑥羅武干（2008）

圖6.21　棗陽、鄖縣及湖北其他地區樣品的單因子分析箱式圖

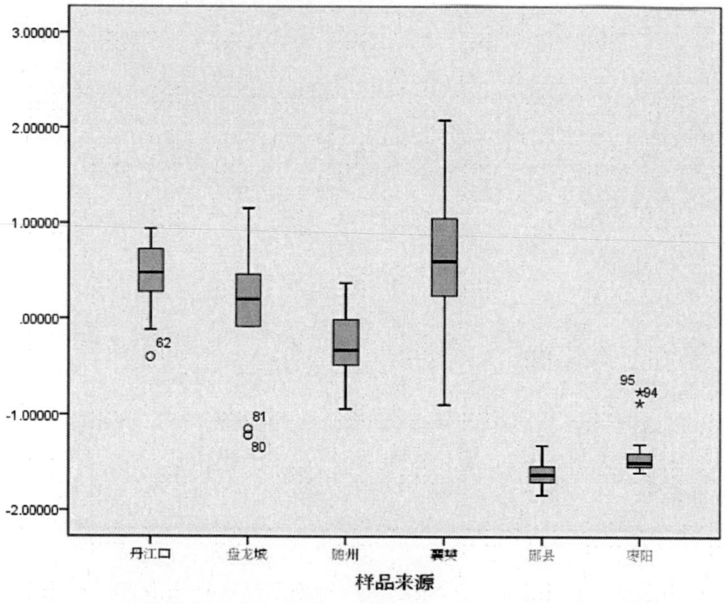

由於單因子分析結論對樣本闡釋度較低，再利用 SPPS 軟件對樣品進行 2因子分析，由於部分樣品 Mn 元素缺失，且這 2 個元素對主成分分析的影響不大，排除這 2 個元素。從主成分分析（見附錄一圖七十一～圖七十五）可以得出以下結果：第一，KMO 樣本適宜度是 0.579，超過 0.5，同時，Bartlett 的球形度檢驗顯示了「相關係數矩陣是單位矩陣」的原假設被否定，說明整套數據是較為適合採用主成分分析的。第二，反映像相關係數矩陣顯示，除了 Si、P，所有元素的反映像相關係數均大於 0.506，說明所選元素的採樣適宜度是可以

接受的。第三，從公因子方差可以看出，除 P、Fe，剩下元素在主成分為 2 時的共同度均大於 0.577，說明 P、Fe 在該分析中作用不大。第四，從解釋的總方差來看，選取 2 個主成分時，能解釋 58.356%的總方差，說明 2 因子的主成分分析還是比較有效的。第五，從 2 因子負載矩陣可知，除了 Si、Ca、P 其他元素對主成分分析因子 1 的貢獻很大，與此相對的，Si、Ca、Mg 對主成分分析因子 2 的貢獻度較大。

　　2 因子分析所得樣品綜合因子數值見表 6.8，並作散點圖。從圖 6.22 可以看出：棗陽、鄖縣泥芯樣品位於圖的下方，與湖北其他地區樣品（丹江口、盤龍城、隨州、襄樊）沒有聚在一起，具有一定區分度，與箱式圖結論一致。

表 6.8　棗陽、鄖縣及湖北其他地區樣品的主成分分析 2 因子數值

分析號	Factor 1	Factor 2	分析號	Factor 1	Factor 2
XFT1	1.02436	-0.63349	l21	-0.0818	-0.23836
XFT2	1.0627	-0.50953	l23	-0.00945	-0.61492
XFT3	1.49792	0.16491	l28	0.16622	-0.56417
XFT4	1.33793	-0.14354	l30	-0.34231	-0.33617
XFT5	1.06253	-0.54317	l46	-0.43916	-0.43927
XFT6	1.50049	-0.1634	l47	-0.31861	-0.39912
XFT7	0.77283	-0.48863	l53	-0.48338	-0.51584
XFT8	2.08315	-0.03107	SM1	-0.75771	-0.20343
XFT9	1.07697	-1.15466	SM2	-0.94113	-0.09801
XFY1	-0.63034	-0.79716	d11	-0.39908	0.38498
XFY2	-0.5673	-0.44459	d17	0.28301	0.76719
XFY3	-0.66121	-1.23279	d21	0.27311	1.54814
XFY4	0.4227	0.3524	d26	0.47352	3.58095
XFY5	-0.62871	-0.77555	d57	0.5923	0.07744
XFY6	0.25864	0.85378	d59	-0.11485	2.46512
XFY7	-0.10942	-0.58704	d9	0.48047	-0.28507
M714-1	1.33964	-0.25016	d47	0.94126	0.13433
M714-2	0.71878	-0.50556	d54	0.52129	-0.31946
M714-3	1.16982	-0.23071	d78	0.92247	-0.05614
M112	1.04314	0.19104	d41	0.86452	-0.29529

M308	0.6949	0.09398	plct1	0.46456	-0.72353
M241	0.0659	-0.77693	plct2	0.02949	-1.03353
M4	0.5845	-0.04408	plct2-1	0.43814	-1.30438
M4:4	0.57119	-0.83687	plct2-2	-0.08257	-1.65031
M279	0.39426	-0.26044	plct3-1	0.20246	-1.31249
Cp1	0.62849	-1.04906	plcp1	1.1558	-0.80666
Cp2	1.14964	-0.98867	plcp2	0.604	-0.07932
cp4	0.07376	0.14824	plcq1	-1.2158	-0.57323
cp5	0.4208	0.58062	plcq2	-1.15051	-0.62521
cp7	0.35903	0.18472	M1-29	-1.46332	-0.01895
cp25	0.52045	1.25293	M1-92	-1.49873	0.14742
cp37	0.71144	0.96691	M1-106	-1.46408	-0.06023
cp70	0.46835	0.57944	M1-108	-1.4969	0.14758
M10：東80	0.9547	0.70262	M1-123	-1.49527	0.02975
M10：東	0.71105	0.42182	M1-130	-1.59889	-0.0354
cpt1	0.23687	-0.386	M1-131	-1.3863	0.04888
cpt2	-0.07408	-0.6789	M1-132	-1.54149	0.04296
cpt3（320目）	0.1437	-0.562	M1-134	-1.39805	-0.00432
cpt4（600目）	0.8126	-0.30579	M1-156	-1.58945	0.04472
SG1	2.00633	-0.02584	M1-259	-1.59439	0.29529
SG2	0.59914	-0.06638	M2-14	-1.51656	-0.06666
SG3	1.23465	-0.48445	M2-48	-0.87326	2.4283
TS1	0.79546	1.64703	M2-56	-0.75531	4.11448
TS2	0.79085	1.93568	M2-108	-1.30575	0.46833
TS3	2.07446	2.31901	M2-120	-1.53921	1.28239
H44	0.09346	0.70143	M2-333	-1.42178	2.81869
H42	0.015	0.66262	M5:5	-1.68394	-1.16124
6	0.41546	0.35269	M6:7	-1.7001	-0.69604
7	0.5628	-0.89257	M6:4	-1.53793	0.05232
CY10	0.24223	-1.40444	M5:8	-1.32008	-0.32809
M1	-0.89609	0.40696	M4:10	-1.83814	-1.23794
110	0.37362	-1.12634	M4:9	-1.56688	-0.93548

圖 6.22　棗陽、鄖縣及湖北其他地區樣品的主成分分析散點圖

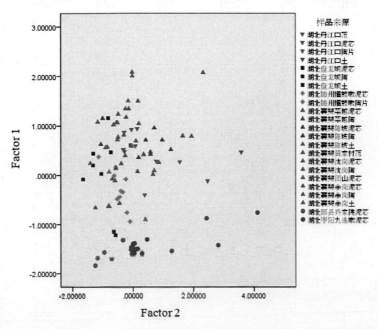

　　為研究棗陽、鄖縣出土青銅器與中原地區青銅鑄造遺址之間的關係，現利用 SPSS 軟件將兩地樣品與河南安陽殷墟、山西侯馬和橫水、陝西扶風的泥芯等樣品進行主成分分析。樣品單因子分析（詳見附錄一圖七十六～圖八十）和 2 因子分析〔註5〕（詳見附錄一圖八十一～圖八十五）結果均顯示：第一，整套數據是較為適合採用主成分分析的。第二，所選元素的採樣適宜度是可以接受的。單因子分析能解釋 50.878% 的總方差，闡釋度不高。相應的，2 因子分析能解釋 70.865% 的總方差，更為有效的。樣品主成分分析所得綜合因子數值分別見表 6.9、表 6.10。

表 6.9　棗陽、鄖縣及中原地區樣品的主成分分析單因子數值

分析號	Factor	分析號	Factor	分析號	Factor
M1-29	-1.29375	H1	0.99739	Y6	-0.08123
M1-92	-1.29795	H2	0.40731	Y7	0.26516
M1-106	-1.29353	2003H15	0.95229	Y8	-0.44073
M1-108	-1.28731	T663H87	1.02115	Y9	-0.62437
M1-123	-1.26621	92H4-1	1.34923	y10	-0.34559

〔註 5〕P、Mn 元素對 2 因子分析的貢獻度不大，排除這 2 個元素。

M1-130	-1.40779	92H4-2	1.48886	y11	-0.34677
M1-131	-1.24422	hmx1	1.71086	T11	0.41518
M1-132	-1.33619	hmx2	2.0068	M2047:18	0.31314
M1-134	-1.24274	63H4T661	0.90609	M2165:118	0.28562
M1-156	-1.38737	hmt	1.48147	M2158:150	0.03938
M1-259	-1.32421	y18	0.33746	M1008:4	0.74291
M2-14	-1.2933	y19	0.36159	M2165:61	0.23589
M2-48	0.13415	y20	0.32843	M1013:38	0.84389
M2-56	0.70748	T27	1.69073	M1011:119	1.22653
M2-108	-1.07922	T28	1.78505	M1013:31	0.59983
M2-120	-0.9821	hmT	1.50137	M1011:71	0.56107
M2-333	-0.59802	Q3	0.29802	M1013:20	0.58203
M5:5	-1.3793	2-Q3	0.98856	HST	1.23907
M6:7	-1.27232	22-Q3	1.0329	H66-05	-0.1088
M6:4	-0.98242	Y1	-0.46487	H66-05-2	-0.16128
M5:8	-0.85944	Y2	-0.41469	H75-11	-0.09743
M4:10	-1.54404	Y3	-0.24564	H75-11-2	-0.13976
M4:9	-1.32929	Y4	0.0801	H138-10	0.25488

表 6.10　棗陽、鄖縣及中原地區樣品的主成分分析 2 因子數值

分析號	Factor 1	Factor 2	分析號	Factor 1	Factor 2
M1-29	-1.29375	1.10638	y19	0.36159	-0.38213
M1-92	-1.29795	1.03898	y20	0.32843	-0.43306
M1-106	-1.29353	0.8832	T27	1.69073	-0.3797
M1-108	-1.28731	0.721	T28	1.78505	-0.37174
M1-123	-1.26621	1.06451	hmT	1.50137	0.80174
M1-130	-1.40779	0.99741	Q3	0.29802	-0.54996
M1-131	-1.24422	0.93903	2-Q3	0.98856	0.08338
M1-132	-1.33619	0.94596	22-Q3	1.0329	-0.37275
M1-134	-1.24274	1.01221	Y1	-0.46487	0.20363
M1-156	-1.38737	0.93465	Y2	-0.41469	-0.40582
M1-259	-1.32421	0.55559	Y3	-0.24564	0.791
M2-14	-1.2933	1.04652	Y4	0.0801	1.13693
M2-48	0.13415	-0.35671	Y6	-0.08123	-0.73783
M2-56	0.70748	-0.53211	Y7	0.26516	-0.94294
M2-108	-1.07922	0.42606	Y8	-0.44073	-0.7066

M2-120	-0.9821	0.36164	Y9	-0.62437	1.83472
M2-333	-0.59802	-0.69814	y10	-0.34559	-0.88327
M5:5	-1.3793	-2.24321	y11	-0.34677	-0.95969
M6:7	-1.27232	-2.3059	T11	0.41518	-0.51474
M6:4	-0.98242	-2.29443	M2047:18	0.31314	0.78456
M5:8	-0.85944	-1.6177	M2165:118	0.28562	0.38165
M4:10	-1.54404	-2.43025	M2158:150	0.03938	0.23523
M4:9	-1.32929	-1.78848	M1008:4	0.74291	1.03979
H1	0.99739	-0.58969	M2165:61	0.23589	0.68556
H2	0.40731	-0.53279	M1013:38	0.84389	0.70684
2003H15	0.95229	-1.4674	M1011:119	1.22653	0.87069
T663H87	1.02115	-1.4125	M1013:31	0.59983	0.62712
92H4-1	1.34923	0.39728	M1011:71	0.56107	2.04942
92H4-2	1.48886	-1.22376	M1013:20	0.58203	0.73636
hmx1	1.71086	-0.53595	HST	1.23907	0.71483
hmx2	2.0068	-0.3256	H66-05	-0.1088	0.00181
63H4T661	0.90609	0.76522	H66-05-2	-0.16128	-0.2884
hmt	1.48147	0.75399	H75-11	-0.09743	0.32292
y18	0.33746	-0.05806	H75-11-2	-0.13976	0.07201
—	—	—	H138-10	0.25488	0.31147

圖 6.23　棗陽、鄖縣及中原地區樣品的單因子分析箱式圖

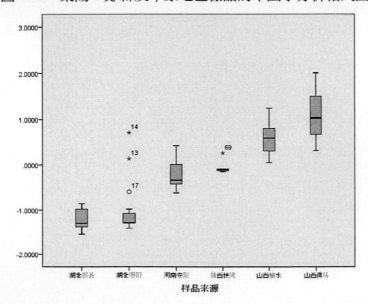

圖 6.24　棗陽、鄖縣及中原地區樣品的主成分分析散點圖

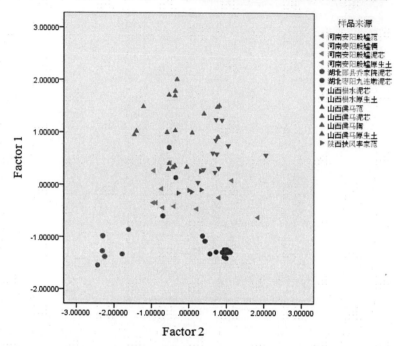

依據主成分分析結果分別作箱式圖（如圖 6.23）和散點圖（圖 6.24）。箱式圖顯示，鄖縣樣品的均值線與中原地區差異很明顯，但棗陽樣品離散性較大，部分樣品與中原地區均值線很接近，很難判斷棗陽青銅器的鑄造地。但從散點圖中可以看到，棗陽的部分樣品混入中原地區數據特徵區域中，魏國鋒（2011）等人對棗陽出土青銅器類型學的研究也曾顯示部分青銅器具有中原風格，因而可以確定，混入中原特徵區域的棗陽泥芯樣品所指示的青銅器應該是屬於中原地區鑄造。

上文的討論顯示，湖北棗陽、鄖縣的青銅器鑄造地與湖北其他地方（襄樊、丹江口、隨州等）樣品鑄造地有別，鄖縣和棗陽大部分青銅器鑄造地與中原地區也有差別。這可能是樣品不足，導致單位標尺放大所造成的。

為了能夠從整體上分析棗陽、鄖縣的青銅器鑄造地問題，現將棗陽、鄖縣樣品與湖北其他地區以及中原地區樣品放在一起討論，觀察縮小單位標尺後的統計結果。利用 SPSS 軟件做 2 因子分析（見附錄一圖八十六～圖九十），結果顯示：第一，KMO 樣本適宜度是 0.634，超過 0.5，同時，Bartlett 的球形度檢驗顯示了「相關係數矩陣是單位矩陣」的原假設被否定，說明整套數據是較為適合採用主成分分析的。第二，反映像相關係數矩陣顯示，所有元素的

反映像相關係數均大於 0.520，說明所選大部分元素的採樣適宜度是可以接受的。第三，從公因子方差可以看出，除了 Fe，剩下元素的共同度均大於 0.579，說明 Fe 在該分析中作用不大。第四，從解釋的總方差來看，選取 2 個主成分時，能解釋 64.652%的總方差，說明該分析還是比較有效的。第五，從 2 因子負載矩陣可知，除了 Si、Ca、Mg，其他元素對主成分分析因子 1 的貢獻很大，與此相對的，只有 Si、Ca、Mg 對主成分分析因子 2 的貢獻度較大。分析所得 2 個綜合因子的數值見表 6.11。

表 6.11　棗陽、鄖縣與湖北其他地區及中原地區樣品的主成分分析
　　　　 2 因子數值

分析號	Factor 1	Factor 2	分析號	Factor 1	Factor 2
XFT1	1.53047	-0.4619	plct3-1	0.69903	-1.16989
XFT2	1.56543	-0.2485	plcp1	1.62453	-0.35324
XFT3	1.64877	-0.16753	plcp2	0.69942	-0.41113
XFT4	1.6998	-0.01622	plcq1	-1.01963	-1.0388
XFT5	1.5583	-0.46789	plcq2	-0.9716	-1.11918
XFT6	1.8307	-0.23352	H1	-0.64162	1.92927
XFT7	1.23595	-0.4101	H2	-0.82395	0.97928
XFT8	2.41984	0.23989	2003H15	-1.21488	1.74876
XFT9	1.74287	-0.97195	T663H87	-1.21639	1.85578
XFY1	-0.36861	-1.26048	92H4-1	-0.43658	2.289
XFY2	-0.52832	-0.97779	92H4-2	-1.10107	2.59715
XFY3	-0.40997	-1.69326	hmx1	0.08225	2.13786
XFY4	0.56716	-0.0675	hmx2	0.43797	2.11634
XFY5	-0.53227	-1.32387	63H4T661	-0.27019	1.25453
XFY6	0.25735	-0.06563	Hmt	0.07853	1.83527
XFY7	0.07153	-1.03885	y18	-0.58235	0.65931
M714-1	1.6597	0.05195	y19	-0.78523	0.96547
M714-2	0.98137	-0.35644	y20	-0.7269	0.75396
M714-3	1.47086	-0.01828	y21	-0.60199	0.63581
M112	1.3122	-0.16892	H7	0.1757	2.85244
M308	0.85232	0.14921	T27	0.32236	1.66548
M241	0.20405	-1.27443	T28	-0.12679	2.38289
M4	0.9263	-0.15225	hmT	0.10068	1.83713

M4:4	1.09387	-0.67538	Q3	-0.70001	0.72764
M279	0.77298	-0.39232	2-Q3	-0.31047	1.67835
Cp1	1.06175	-1.09756	22-Q3	-0.47204	1.81074
Cp2	1.79894	-0.71848	Y1	-1.09281	0.04045
cp4	0.23737	-0.08396	Y2	-1.16741	-0.11809
cp5	0.45948	-0.00593	Y3	-0.57128	-0.44684
cp7	0.58248	-0.13599	Y4	-0.42774	-0.0795
cp25	0.47026	0.35621	Y6	-0.85311	0.56286
cp37	0.55573	0.2288	Y7	-1.28511	1.47613
cp70	0.42373	-0.08111	Y8	-1.30868	0.44647
M10：東80	0.88344	0.03067	Y9	-0.4047	-0.67187
M10：東	0.67489	-0.26625	y10	-0.95466	-0.47741
cpt1	0.67424	-0.49639	y11	-0.99465	-0.40219
cpt2	0.38462	-0.8434	T11	-0.37	0.20505
cpt3（320目）	0.5941	-0.66329	M2047:18	-0.45408	0.55223
cpt4（600目）	1.28316	-0.22405	M2165:118	-0.54137	0.5084
SG1	2.33912	0.12311	M2158:150	-0.46753	0.25449
SG2	0.92959	-0.17998	M1008:4	0.3702	0.17969
SG3	1.79383	-0.24486	M2165:61	-0.74688	0.83849
TS1	0.68903	0.78006	M1013:38	-0.3251	1.34358
TS2	0.62214	0.9629	M1011:119	-0.25787	1.83522
TS3	1.67001	1.77062	M1013:31	-0.53199	1.09943
H44	0.10479	0.31263	M1011:71	0.17045	-0.06624
H42	-0.01831	0.13703	M1013:20	-0.48101	1.0527
6	0.53631	0.30576	HST	-0.20692	1.78039
7	1.05468	-0.62228	H66-05	-0.71755	-0.02578
CY10	0.9403	-1.10334	H66-05-2	-0.81846	0.09515
M1	-0.72451	-0.34582	H75-11	-0.56634	-0.19335
110	0.8895	-1.01502	H75-11-2	-0.65555	-0.07667
121	0.31515	-0.67603	H138-10	-0.36051	0.29942
123	0.49435	-0.97837	M1-29	-1.37369	-0.99787
128	0.64905	-0.74109	M1-92	-1.45207	-0.85875
130	0.11773	-0.88513	M1-106	-1.36009	-1.00002
146	0.00322	-0.94928	M1-108	-1.45702	-0.84557

l47	0.12593	-0.89823	M1-123	-1.42993	-0.89784
l53	-0.04387	-1.01525	M1-130	-1.51444	-1.02504
SM1	-0.39172	-0.63533	M1-131	-1.32796	-0.93516
SM2	-0.83095	-0.62077	M1-132	-1.47567	-0.93718
d11	-0.06927	-0.40872	M1-134	-1.31503	-0.95708
d17	0.45485	0.32902	M1-156	-1.52048	-0.94929
d21	0.41346	0.63771	M1-259	-1.58885	-0.72856
d26	0.442	1.72357	M2-14	-1.40824	-0.99979
d57	0.94677	-0.03851	M2-48	-0.89583	0.70265
d59	0.03966	0.87002	M2-56	-0.84441	1.69248
d9	0.89193	-0.32773	M2-108	-1.33808	-0.6
d47	1.37345	0.12193	M2-120	-1.52543	-0.23575
d54	0.97784	-0.31177	M2-333	-1.65898	0.77063
d78	1.38375	0.04218	M5:5	-1.47075	-1.60551
d41	1.31826	-0.10223	M6:7	-1.50866	-1.36867
plct1	0.88164	-0.39519	M6:4	-1.43297	-0.87237
plct2	0.44285	-0.88263	M5:8	-1.14662	-0.96895
plct2-1	0.97885	-1.0086	M4:10	-1.62879	-1.69508
plct2-2	0.45098	-1.57381	M4:9	-1.36335	-1.47356

圖6.25　棗陽、鄖縣與湖北其他地區及中原地區樣品的主成分分析散點圖

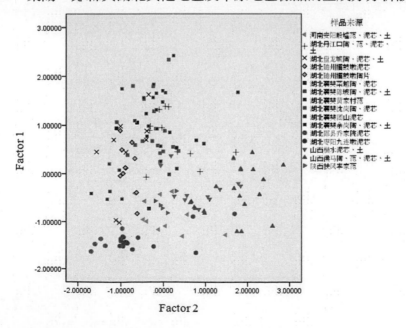

　　利用 2 因子分析結果數據作散點圖，由圖 6.25 可知：除了棗陽的 M2-48、M2-56、M2-120、M2-333 四個泥芯樣品混在中原特徵區域內，而這四個泥芯所對應的青銅器形制上具有中原風格（魏國鋒等，2011），說明泥芯的統計分析結果與類型學分析結論一致。棗陽其他樣品與鄖縣樣品聚集在散點圖的左下角，與中原地區和湖北其他地區樣品相異，說明棗陽的部分青銅器不是中原地區鑄造，但無法判斷是否為本地鑄造〔註6〕。

　　利用 SPSS 軟件做單因子分析，由於 P、Mn 元素不全，所以排除這 2 個元素。從單因子分析（見附錄一圖九十一～圖九十五）可以得出以下結果：第一，KMO 樣本適宜度是 0.634，超過 0.5，同時，Bartlett 的球形度檢驗顯示了「相關係數矩陣是單位矩陣」的原假設被否定，說明整套數據是適合採用主成分分析的。第二，反映像相關係數矩陣顯示，所有元素的反映像相關係數均大於 0.520，說明所選元素的採樣適宜度是可以接受的。第三，從公因子方差可以看出，Al、K、Na、Ti 在主成分為 1 時的共同度均大於 0.527，說明這幾個元素在該分析中較為有效。第四，從解釋的總方差來看，選取 1 個主成分時，能解釋 37.092%的總方差，說明 1 個綜合因子的主成分分析結果闡釋度不高，僅供參考。第五，從 1 因子成份矩陣可知，除了 Ca、Si、Mg，其他元素對該分析因子的貢獻很大。

　　單因子分析結果數值見表 6.12，並作箱式圖（如圖 6.26）。從上圖可以看出，湖北丹江口、盤龍城、隨州、襄樊樣品的均值線更為接近；棗陽、鄖縣泥芯樣品與中原地區的樣品均值線雖然接近，但有區別。所以，除了 4 個在中原地區鑄造的棗陽青銅器（泥芯編號 M2-48、M2-56、M2-120、M2-333），棗陽出土的其他青銅器和鄖縣出土的青銅器既不是在上述列出的中原鑄造作坊鑄造，也不是在湖北襄樊等地鑄造。

表 6.12　棗陽、鄖縣泥芯與湖北其他地區及中原地區樣品的主成分分析單因子數值

分析號	Factor	分析號	Factor	分析號	Factor
XFT1	1.53047	110	0.8895	Y1	-1.09281

〔註6〕 這個問題的解決，一方面有待擴大中原地區樣本量，觀察中原地區樣品區域是否擴大到覆蓋棗陽、鄖縣樣品區域，另一方面可以通過將當地原生土樣品數據與泥芯進行比較來判斷。由於並未採集到棗陽的原生土樣品，所以無法定論。

XFT2	1.56543	l21	0.31515	Y2	-1.16741
XFT3	1.64877	l23	0.49435	Y3	-0.57128
XFT4	1.6998	l28	0.64905	Y4	-0.42774
XFT5	1.5583	l30	0.11773	Y6	-0.85311
XFT6	1.8307	l46	0.00322	Y7	-1.28511
XFT7	1.23595	l47	0.12593	Y8	-1.30868
XFT8	2.41984	l53	-0.04387	Y9	-0.4047
XFT9	1.74287	SM1	-0.39172	y10	-0.95466
XFY1	-0.36861	SM2	-0.83095	y11	-0.99465
XFY2	-0.52832	d11	-0.06927	T11	-0.37
XFY3	-0.40997	d17	0.45485	M2047:18	-0.45408
XFY4	0.56716	d21	0.41346	M2165:118	-0.54137
XFY5	-0.53227	d26	0.442	M2158:150	-0.46753
XFY6	0.25735	d57	0.94677	M1008:4	0.3702
XFY7	0.07153	d59	0.03966	M2165:61	-0.74688
M714-1	1.6597	d9	0.89193	M1013:38	-0.3251
M714-2	0.98137	d47	1.37345	M1011:119	-0.25787
M714-3	1.47086	d54	0.97784	M1013:31	-0.53199
M112	1.3122	d78	1.38375	M1011:71	0.17045
M308	0.85232	d41	1.31826	M1013:20	-0.48101
M241	0.20405	plct1	0.88164	HST	-0.20692
M4	0.9263	plct2	0.44285	H66-05	-0.71755
M4:4	1.09387	plct2-1	0.97885	H66-05-2	-0.81846
M279	0.77298	plct2-2	0.45098	H75-11	-0.56634
Cp1	1.06175	plct3-1	0.69903	H75-11-2	-0.65555
Cp2	1.79894	plcp1	1.62453	H138-10	-0.36051
cp4	0.23737	plcp2	0.69942	M1-29	-1.37369
cp5	0.45948	plcq1	-1.01963	M1-92	-1.45207
cp7	0.58248	plcq2	-0.9716	M1-106	-1.36009
cp25	0.47026	H1	-0.64162	M1-108	-1.45702
cp37	0.55573	H2	-0.82395	M1-123	-1.42993
cp70	0.42373	2003H15	-1.21488	M1-130	-1.51444
M10：東80	0.88344	T663H87	-1.21639	M1-131	-1.32796
M10：東	0.67489	92H4-1	-0.43658	M1-132	-1.47567

cpt1	0.67424	92H4-2	-1.10107	M1-134	-1.31503
cpt2	0.38462	hmx1	0.08225	M1-156	-1.52048
cpt3（320目）	0.5941	hmx2	0.43797	M1-259	-1.58885
cpt4（600目）	1.28316	63H4T661	-0.27019	M2-14	-1.40824
SG1	2.33912	hmt	0.07853	M2-48	-0.89583
SG2	0.92959	y18	-0.58235	M2-56	-0.84441
SG3	1.79383	y19	-0.78523	M2-108	-1.33808
TS1	0.68903	y20	-0.7269	M2-120	-1.52543
TS2	0.62214	y21	-0.60199	M2-333	-1.65898
TS3	1.67001	H7	0.1757	M5:5	-1.47075
H44	0.10479	T27	0.32236	M6:7	-1.50866
H42	-0.01831	T28	-0.12679	M6:4	-1.43297
6	0.53631	hmT	0.10068	M5:8	-1.14662
7	1.05468	Q3	-0.70001	M4:10	-1.62879
CY10	0.9403	2-Q3	-0.31047	M4:9	-1.36335
M1	-0.72451	22-Q3	-0.47204	—	—

圖 6.26　棗陽、鄖縣與湖北其他地區及中原地區樣品的單因子分析箱式圖

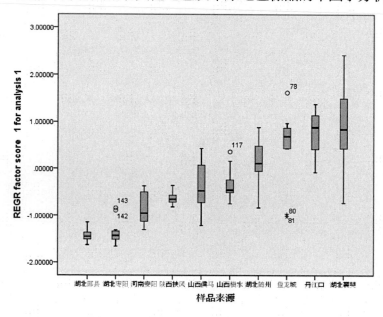

從本文研究樣品來看，上述實驗結果與分析顯示：湖北襄樊、丹江口出土青銅器的鑄造地不在中原地區，由於泥芯樣品和當地原生土比較接近，應該是

在當地鑄造的。此外，湖北棗陽、鄖縣出土的大部分青銅器的鑄造地不在本文列出的中原鑄造作坊，也不在湖北襄樊等地。

6.3　湖北出土青銅器的銹蝕狀況研究

各地區土壤環境的差異，不僅導致不同產地青銅器的泥芯等鑄範的成分不同，也使得青銅器埋藏過程中產生的銹蝕有顯著區別。對湖北出土青銅器鑄造地的研究過程中，發現該地區出土部分青銅器銹蝕狀況特殊，表面銹蝕嚴重，呈現「棗皮紅」，且暗淡無光，沒有中原地區出土青銅器典型的「紅斑綠鏽」。所以，本節土壤背景原理的框架下，對湖北這類青銅器的土壤埋藏環境進行分析，以研究銹蝕狀況產生的原因。

6.3.1　樣品來源

鄂州市位於湖北省東部，長江中游南岸，西鄰武漢。鄂州屬亞熱帶季風氣候過渡區，雨量充沛，冬寒夏熱，四季分明，平均氣溫 17℃，年平均降水量在 1270mm 左右。本文青銅器樣品出土於該市五里墩村一組郭家堖高墩上 M21 墓，該墓在 2008 年 5 月中下旬的鄂鋼技改擴建工程施工中發現並清理，為磚室墓，由墓道、封門、甬道、前堂、南、北耳室及後室等部分組成，墓葬通長 784cm、通寬 630cm、殘高 112cm，墓頂在施工及郭家堖村民早年農田基本建設中破壞，墓底距地表約 300cm，多雨季節在潛水面以下，枯水季節在潛水面以上。墓室內淤塞有黃褐略泛灰色土，在甬道及出土青銅器的南耳室內填塞有青膏泥。此墓雖然已遭盜擾，但仍出土青瓷器、陶器、銅器、漆木器、鉛器、鐵器和錢幣等五十餘件，大多為實用器。從墓葬形制及出土器物形制特徵分析，墓葬時代為孫吳中期。

出土青銅器銹蝕較嚴重，外觀呈紅褐到土黃色，銹蝕成分單調，無層次感，多暗淡無光。本文選擇幾件銹蝕較重的「水坑器」，以探討其與埋葬環境之間的關係。為了分析青銅器腐蝕狀況與埋葬地土壤條件的關係，採集了墓葬旁邊的生土（EZGT1 紅黃壤）及銅器旁邊的黃褐略泛灰色的淤土（EZGT2）。

6.3.2　實驗結果與分析

利用土壤成分測定、金相分析、X 射線熒光光譜（XRF）和 X 射線衍射光譜（XRD）等研究手段，探討青銅器銹蝕狀況與埋藏環境、合金配比等因素的相互關係。

　　首先，分析土壤的理化性質〔註7〕。用721型酸度計測定樣品的 pH 值；用外加熱重鉻酸鉀容量法測定有機質含量；用1：5土水比，使用烘乾重量法測量鹽溶總量，並用雙指示劑中和滴定法測定上述樣品的 HCO_3^-、CO_3^{2-}含量；用 $BaSO_4$ 比濁分光亮度法測定 SO_4^{2-}含量；用 $AgNO_3$ 沉澱滴定法測定 Cl^-含量。結果見表6.13。

表6.13　土壤樣品的理化分析結果

樣品號	pH 值	有機物 / g・kg⁻¹	鹽度總量 / g・kg⁻¹	CO_3^{2-}	HCO_3^- / g・kg⁻¹	Cl^- / mg・kg⁻¹	SO_4^{2-} / mg・kg⁻¹
EZT1	7.04	13.1	0.09	No	0.170	31	42
EZGT2	6.52	15.2	0.206	No	0.085	39	53

　　其次，分析青銅基體。出土的青銅器多數銹蝕嚴重，但表現特徵有所差異。本文選擇了三件有一定代表性的器物 X1、X4 和 X5，青銅基體狀況見表6.14，銹蝕產物的取樣位置見圖6.27、圖6.28、圖6.29。

表6.14　青銅基體、銹蝕產物及特徵

樣品號	樣品來源	特　徵
X1-1	龜形硯腿部	灰綠色銹蝕層很薄，與青銅基體結合緊密
X1-2	龜形硯腿部	紅褐色銹蝕層，很薄
X4	銅釜內部	青銅基體銹蝕嚴重，灰褐色銹蝕層鬆散
X5-1	銅洗腹部	內部灰綠色銹蝕層與青銅基體結合緊密
X5-2	銅洗腹部	外部黃褐色銹蝕層很薄，與中間銹蝕層有明顯分界
X5-3	銅洗腹部	中間紅褐色銹蝕層很薄，與內外部銹蝕層明顯分層

圖6.27　龜形硯（X1）　　圖6.28　銅釜（X4）　　圖6.29　銅洗（X5）

〔註7〕土壤樣品製備時，首先，要將其迅速陰乾，以避免微生物的滋長；其次，將樣品中的碎石、有機物殘片和文物碎片去掉；最後，用木棒在橡皮板或紙上壓碎，使其全部通過50目左右的篩子，混合均勻後，裝入密封袋中備檢。

　　青銅基體的金相分析以 X4、X5 為例，因為 X1 樣品幾乎全部銹蝕，無法打磨。基體樣以縱截面為金相檢測面，樣品經鑲樣機鑲好後，用不同粒度的砂紙逐級磨光，最後在拋光機上拋光得到所要觀察的鏡面。為了最好地顯示真實的金相組織，採用拋光與侵蝕（用 5%的三氯化鐵 $FeCl_3$ 溶液作侵蝕液）交替進行等操作方法。金相組織觀察採用南京江南光學儀器廠製造的 XJL-3 型立式金相顯微鏡。樣品金相組織特徵如圖 6.30、圖 6.31。

圖 6.30　X4 樣品金相分析圖　　　　　圖 6.31　X5 樣品金相分析

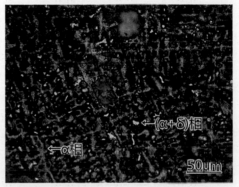

　　原器物基體都比較薄（1.3mm 左右），由於腐蝕嚴重，X4 銅釜基體呈島狀殘留。X5 銅洗腐蝕程度相對輕些，但也很嚴重。兩器物均為鑄態組織，樹枝狀結晶的 α 相固溶體，枝晶間多角斑紋狀為（α＋δ）相共析體，基體上分布著黑色鑄造孔洞和顆粒大小不一、形近球狀或不規則的含鉛夾雜物（孫淑雲等，2005；張曉梅等，1999）。（α＋δ）相明顯優先腐蝕，X4 銅洗腐蝕更嚴重，除（α＋δ）相基本腐蝕完外，α 相也已腐蝕。

　　最後，分析青銅器銹蝕產物。由於樣品量的限制，XRF 檢測時，X1-1 和 X1-2，X5-1、X5-2 和 X5-3 各合為一個鏞樣。銹蝕物清洗研磨後過 200 目篩，銹蝕產物分析在中國科學技術大學 WD-1800 波長色散型 X 熒光光譜儀〔註8〕和中國科學院結構分析重點實驗室的 D/max-rA 型轉靶 X 射線衍射儀上進行〔註9〕。實驗結果見表 6.15、圖 6.32～圖 6.37。

〔註 8〕　工作條件詳見第二章。對於青銅合金，其檢出限可達 0.11～1μg/g，誤差小於 1%。

〔註 9〕　工作條件：衍射角掃描範圍為 10°～70°，工作電壓和電流分別為 40kV、100mA，量程為 2000cps。

表 6.15　青銅銹蝕產物的 XRF 分析結果（%）

樣品號	青銅器	Cu	Sn	Pb	Fe	Si	Al	Ca	P	K	S
X1	硯	55.22	8.01	25.45	1.81	4.29	1.97	–	–	–	0.42
X4	釜	57.76	14.70	11.09	5.51	5.72	2.47	0.08	0.49	0.10	–
X5	洗	52.84	13.16	8.68	10.8	10.15	4.81	0.12	0.28	0.24	–

圖 6.32　X1-1 的 XRD 圖譜

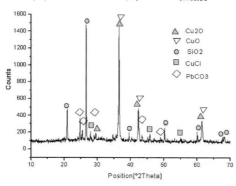

圖 6.33　X1-2 的 XRD 圖譜

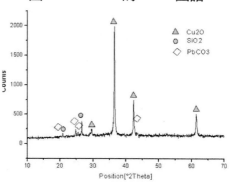

圖 6.34　X4 的 XRD 圖譜

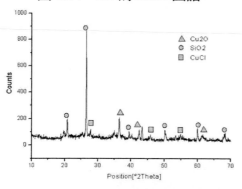

圖 6.35　X5-1 的 XRD 圖譜

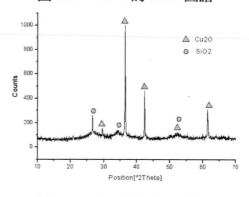

圖 6.36　X5-3 的 XRD 圖譜

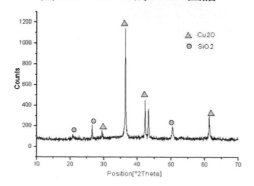

圖 6.37　X5-2 的 XRD 圖譜

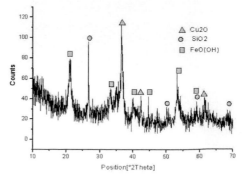

6.3.3　討論

從青銅器的埋藏環境來看，表 6.13 表明，墓土中 HCO_3^- 的含量為：85mg／kg，它起到緩蝕劑的作用，影響土壤的 pH 值。一般說來，酸性土壤中，受 H 的去極化反應影響，金屬文物的腐蝕速率會加快（黃薇，2006），相對而言，中性和鹼性土壤中，金屬文物的腐蝕速率較慢（金普軍等，2009）。當地屬中性 HCO_3^-—SO_4^{2-}—Cl^- 型土壤，且年降雨量比較大，青銅器出土時埋葬不深，在年平均潛水位以上，故經常是處於乾濕交替環境，這也意味著它們經常處於不飽和的電解質溶液中。相對而言，銅器周圍土壤有酸化趨勢，有機質含量、鹽溶總量、SO_4^{2-}、Cl^- 含量增高，HCO_3^- 降低。銹蝕產物中有銅鹽（CuCl），說明埋葬環境裏 Cl^- 含量比較高。有研究表明，Cl^- 和 SO_4^{2-} 是影響銅器腐蝕的主要離子（鐵付德，1995；傅麗英等，2000；祝鴻範等，1999；呂慶等，1997）。

從銹蝕產物來看，表 6.15 顯示 3 件青銅水坑器的主要成分均為銅、錫、鉛，且含銅量大體一致。從圖 6.32、圖 6.33 可以看到，覆蓋在龜形硯外表的紅褐色鏽層只有氧化亞銅（Cu_2O）和白鉛礦（$PbCO_3$），而靠近基體的灰綠色鏽層則多了氯化亞銅（CuCl）、氧化亞銅（Cu_2O）變成了氧化銅（CuO）。說明出土前器物處在封閉缺氧，受 Cu_2O 銹蝕層保護的動態平衡之中（鍾家讓，2004）。

CuCl 通常存在於青銅表面較緻密的皮殼層之下，如果沒有電解質溶液的存在，它相對也是較穩定的（周浩，2005）。如果表面某一區域被破壞或有缺陷時，只要環境濕度較高時，水（H_2O）和氧氣（O_2）很容易進入皮殼層內部，與氯化亞銅（CuCl）發生化學反應，生成 $CuCl_2$，進而形成城式氯化銅，俗稱「有害鏽」（王志武等，2004）。$CuCl_2$ 又會與銅基體反應生成不穩定的氯化亞銅 CuCl，直至器物酥碎瓦解。

圖 6.34 顯示，X4 銅釜腐蝕嚴重，但銹蝕產物僅為氧化亞銅（Cu_2O）和氯化亞銅（CuCl），顯示了即封閉潮濕缺氧，SO_4^{2-}、Cl^- 絡陰離子含量又比較高的局部埋藏環境特點。$CuSO_4$、$SnSO_4$ 可溶，同時當有足夠量的氯離子存在時，氯化銅先形成銅氯絡離子，銹蝕機理如下：

$CuCl_2 + 2Cl^- \rightarrow [CuCl_4]^{2-}$ 即 $Cu_2 + 4Cl^- \rightarrow [CuCl_4]^{2-}$ （1）

$[CuCl_4]^{2-}$ 具有很強的氧化性，能使銅氧化溶解：$Cu + CuCl_4^{2-} \rightarrow 2CuCl + 2Cl^-$ （2）

或 CuCl 直接被具有絡合能力的 Cl⁻絡合而溶解：CuCl＋2Cl⁻→
[CuCl₃]²⁻（3）

圖 6.35～圖 6.37 顯示，銅洗各鏽色層主要都是氧化亞銅（Cu₂O），成分簡
單，未見氯化亞銅，這可能也是其沒有殘破的主要原因。和上述銅釜相比，兩
者合金組成、金相特點相近，腐蝕特徵上的差異可能還是與局部埋藏環境有
關。最外層檢測到的褐鐵礦（FeO(OH)），可能是銅器本身含鐵氧化的產物，
是造成該銅器表面呈現黃褐色的原因。

和基體成分相比，銹蝕物中錫含量有所增加。可能由於結晶程度比較差，
所有銹蝕物樣品中含錫礦物，而 X4 和 X5 含錫礦物峰未出現。

由於缺乏孔雀石、晶質 SnO₂ 等組成的穩定礦化層的保護，內部的金屬在
地下埋藏環境中將被繼續腐蝕。這些可能是造成該青銅器溶蝕殘破嚴重，又沒
有複雜的銹蝕產物保留的原因。

6.3.4 小結

南方的所謂「水坑器」應分兩種情況：長期在水中（該地潛水面以下）的
青銅器和過渡帶（飽氣帶）中的青銅器。前者情況下青銅器腐蝕較輕，腐蝕產
物往往只有簡單的赤銅礦（Cu₂O），少許黑銅礦（CuO），外觀像鐵銹色（如湖
北棗陽九連墩楚墓出土的青銅器）；後者又分兩種情況：一種是雖未見「紅斑
綠鏽」，但已銹蝕嚴重，腐蝕產物較疏鬆，且暗淡無光；另一種情況是處在乾
濕交替，透氣透水性較好的相對開放的埋葬環境中，青銅器銹蝕嚴重，腐蝕
產物多了表生條件下穩定的孔雀石等礦物，且層次分明，器物外觀呈「紅斑綠
鏽」狀。本文研究的水坑器特點應屬後者的前一種情況。

透氣性差的局域缺氧還原環境，厭氧菌及 SO₄²⁻、Cl⁻等絡陰離子含量較高
等是造成所分析「水坑器」腐蝕殘破嚴重，又缺乏孔雀石、晶質 SnO₂ 等穩定
礦化產物的原因；同時，密閉缺氧的埋藏環境也造成銹蝕產物中只出現低價的
氯化亞銅（CuCl），而沒有「有害鏽」鹼式氯化銅（Cu₂(OH)₃Cl），這也說明在
這樣的埋藏環境中青銅器主要發生溶蝕作用。青銅器腐蝕特徵是其原本自身
特點和埋葬環境綜合作用的結果；在埋藏環境分析中除區域大環境因素外，更
要注重青銅器局部埋藏環境的分析。除了埋藏環境的因素外，合金組成及鑄製
工藝對青銅器腐蝕狀況的影響尚需進一步探討。

6.4 結論

　　南北方氣候環境的不同，導致各地區土壤成分存在差異。這不僅為利用泥芯示蹤青銅器鑄造地研究提供了原理依據，也解釋了南北方出土青銅器銹蝕狀況不同〔註10〕的埋藏環境原因。

　　現綜合所有樣品，探討近年來安徽、湖北地區近年來出土青銅器的鑄造地問題。由於南北方土壤組成具有差異，主要體現在 K、Na、Ca、Mg 上（劉東生，1965；張俊民等，1995），利用這 4 種元素作散點圖，如圖 6.38、圖 6.39 所示。

　　從圖 6.38 和圖 6.39 可以看出，南北方的泥芯、陶片、原生土等樣品成分在 K、Na、Ca、Mg 上確實有明顯差異，北方的山西、山西、河南等地數據聚在一起，湖北各地的數據較為接近，說明這 4 種元素是泥芯示蹤青銅器鑄造地的特徵性元素。此外，從全樣品的特徵元素散點圖來看，湖北襄樊、丹江口、鄖縣、棗陽四地出土青銅器鑄造地結論與上文一致。

圖 6.38　所有樣品的 K_2O-Na_2O 散點圖

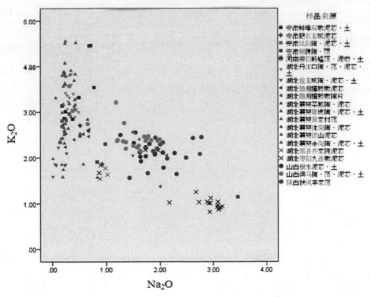

注：「範」指廣義上的陶範、外範；「土」指墓土、原生土；「陶」指各類陶片。為了
　　簡化圖注，將同一地區來源的陶片、範、泥芯、土樣放在一起，簡稱「陶、範、
　　泥芯、土」。

〔註10〕北方中原地區出土青銅器表面銹蝕一般呈現「紅斑綠鏽」，湖北地區出土水坑
　　　　器呈現「棗皮紅」。

圖 6.39　所有樣品的 CaO-MgO 散點圖

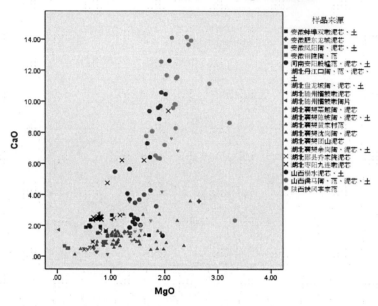

　　為綜合考慮全元素在鑄造地研究中的權重，提高結論可信度，現利用 SPSS 軟件對安徽、湖北、中原地區所有樣品進行主成分分析。首先，做單因子分析，由於部分樣品 P、Mn 元素數據不全，排除這兩個元素，結果（見附錄一圖九十六～圖一〇〇）顯示：第一，KMO 樣本適宜度是 0.605，超過 0.5，同時，Bartlett 的球形度檢驗顯示了「相關係數矩陣是單位矩陣」的原假設被否定，說明整套數據是較為適合採用主成分分析的。第二，反映像相關係數矩陣顯示，除了 K，其他元素的反映像相關係數均大於 0.522，說明所選大部分元素的採樣適宜度是可以接受的。第三，從公因子方差可以看出，Al、K、Na 在主成分為 1 時的共同度均大於 0.515，說明這三個元素在此時的主成分分析中較為有效。第四，從解釋的總方差來看，選取 1 個主成分時，能解釋 34.107% 的總方差，說明單因子分析結果僅能作為參考。第五，從 1 因子成份矩陣可知，除了 Ca、Si、Mg，其他元素對主成分分析因子的貢獻很大。單因子分析得到的綜合因子數值見表 6.16。

表 6.16　安徽、湖北及中原地區樣品的主成分分析單因子數值

分析號	Factor	分析號	Factor	分析號	Factor
XFT1	1.53357	l46	-0.03163	y11	-0.97731
XFT2	1.52709	l47	0.07733	T11	-0.32682

XFT3	1.59681	l53	-0.08418	M2047:18	-0.56595
XFT4	1.64495	SM1	-0.29726	M2165:118	-0.63714
XFT5	1.52519	SM2	-0.85852	M2158:150	-0.5386
XFT6	1.78946	d11	-0.08856	M1008:4	0.32713
XFT7	1.19343	d17	0.45009	M2165:61	-0.88858
XFT8	2.19718	d21	0.3613	M1013:38	-0.45935
XFT9	1.61392	d26	0.3953	M1011:119	-0.3252
XFY1	-0.31932	d57	0.91997	M1013:31	-0.65333
XFY2	-0.52886	d59	-0.02066	M1011:71	0.18201
XFY3	-0.3786	d9	0.89124	M1013:20	-0.61484
XFY4	0.59604	d47	1.34156	HST	-0.33069
XFY5	-0.48919	d54	0.97011	H66-05	-0.80985
XFY6	0.20205	d78	1.38254	H66-05-2	-0.88642
XFY7	0.07802	d41	1.32081	H75-11	-0.65294
M714-1	1.56293	plct1	0.91764	H75-11-2	-0.72344
M714-2	0.87848	plct2	0.44848	H138-10	-0.43706
M714-3	1.35763	plct2-1	0.94421	M1-29	-1.50157
M112	1.27405	plct2-2	0.37354	M1-92	-1.57209
M308	0.97967	plct3-1	0.65403	M1-106	-1.48231
M241	0.20131	plcp1	1.67657	M1-108	-1.55988
M4	0.90557	plcp2	0.75641	M1-123	-1.53525
M4:4	1.06476	plcq1	-1.00575	M1-130	-1.63329
M279	0.76807	plcq2	-0.97047	M1-131	-1.44318
Cp1	0.95143	H1	-0.67607	M1-132	-1.59465
Cp2	1.71709	H2	-0.87562	M1-134	-1.43144
cp4	0.29614	2003H15	-1.12887	M1-156	-1.64579
cp5	0.46128	T663H87	-1.13025	M1-259	-1.66894
cp7	0.58203	92H4-1	-0.56664	M2-14	-1.51874
cp25	0.47451	92H4-2	-1.03739	M2-48	-0.93871
cp37	0.59053	hmx1	-0.02781	M2-56	-0.8886
cp70	0.44484	hmx2	0.34764	M2-108	-1.45733
M10：東80	0.88951	63H4T661	-0.37072	M2-120	-1.6178
M10：東	0.67206	Hmt	-0.02001	M2-333	-1.70219
cpt1	0.65697	y18	-0.68092	M5:5	-1.43875

cpt2	0.36491	y19	-0.85197	M6:7	-1.48367
cpt3（320目）	0.56918	y20	-0.77955	M6:4	-1.41733
cpt4（600目）	1.24396	y21	-0.69103	M5:8	-1.12827
SG1	2.18985	H7	0.15296	M4:10	-1.58562
SG2	0.92051	T27	0.34547	M4:9	-1.36737
SG3	1.73355	T28	-0.13456	TL1	-1.54772
TS1	0.66224	hmT	-0.00164	TL2	1.26806
TS2	0.55037	Q3	-0.75754	TL3	2.46902
TS3	1.65105	2-Q3	-0.41297	B1	1.27033
H44	0.07286	22-Q3	-0.53263	B2	0.2729
H42	-0.08017	Y1	-1.21938	294	0.12975
6	0.51287	Y2	-1.20098	400	0.01547
7	1.08103	Y3	-0.65912	356	0.12728
CY10	1.05081	Y4	-0.48855	113	0.20231
M1	-0.67074	Y6	-0.83892	398	-0.13351
l10	0.82258	Y7	-1.31006	377	-0.12184
l21	0.27397	Y8	-1.29268	F1	-0.41226
l23	0.43614	Y9	-0.6564	F2	0.74629
l28	0.65556	y10	-0.93684	F2-1	0.70603
l30	0.07428	F3	0.81067	FLM7-4-4	0.11372
FLM7-3-4	-0.84608	F4	1.14428	—	—

其次，由於單因子分析闡釋度較低，再做 2 因子分析，結果（見附錄一一〇一～圖一〇五）顯示：第一，KMO 樣本適宜度是 0.605，超過 0.5，同時，Bartlett 的球形度檢驗顯示了「相關係數矩陣是單位矩陣」的原假設被否定，說明整套數據是較為適合採用主成分分析的。第二，反映像相關係數矩陣顯示，除了 K，其他元素的反映像相關係數均大於 0.522，說明所選大部分元素的採樣適宜度是可以接受的。第三，從公因子方差可以看出，除了 Fe、Ti，剩下元素在主成分為 2 時的共同度均大於 0.530，說明 Fe、Ti 在該分析中作用不大。第四，從解釋的總方差來看，選取 2 個主成分時，能解釋 62.170% 的總方差，說明 2 因子的主成分分析還是比較有效的。第五，從 2 因子負載矩陣可知，除了 Si、Ca、Mg，其他元素對主成分分析因子 1 的貢獻很大，與此相對的，只有 Si、Ca、Mg 對主成分分析因子 2 的貢獻度較大。2 因子分析得到 2個綜合因子數值見表 6.17。

表 6.17　安徽、湖北及中原地區樣品的主成分分析 2 因子數值

分析號	Factor 1	Factor 2	分析號	Factor 1	Factor 2
XFT1	1.53357	-0.35161	92H4-1	-0.56664	2.34195
XFT2	1.52709	-0.14646	92H4-2	-1.03739	2.62563
XFT3	1.59681	-0.04254	hmx1	-0.02781	2.19565
XFT4	1.64495	0.12577	hmx2	0.34764	2.18909
XFT5	1.52519	-0.3562	63H4T661	-0.37072	1.31431
XFT6	1.78946	-0.10708	hmt	-0.02001	1.92139
XFT7	1.19343	-0.31673	y18	-0.68092	0.70974
XFT8	2.19718	0.34804	y19	-0.85197	1.01459
XFT9	1.61392	-0.8984	y20	-0.77955	0.79566
XFY1	-0.31932	-1.2197	y21	-0.69103	0.6783
XFY2	-0.52886	-0.90068	H7	0.15296	2.88844
XFY3	-0.3786	-1.64466	T27	0.34547	1.71269
XFY4	0.59604	0.00362	T28	-0.13456	2.41791
XFY5	-0.48919	-1.24872	hmT	-0.00164	1.92339
XFY6	0.20205	-0.01656	Q3	-0.75754	0.77053
XFY7	0.07802	-0.97333	2-Q3	-0.41297	1.73874
M714-1	1.56293	0.18473	22-Q3	-0.53263	1.86448
M714-2	0.87848	-0.22075	Y1	-1.21938	0.08268
M714-3	1.35763	0.10301	Y2	-1.20098	-0.07193
M112	1.27405	-0.10967	Y3	-0.65912	-0.40121
M308	0.97967	0.3879	Y4	-0.48855	-0.02467
M241	0.20131	-1.19747	Y6	-0.83892	0.62526
M4	0.90557	-0.07657	Y7	-1.31006	1.50899
M4:4	1.06476	-0.58635	Y8	-1.29268	0.48507
M279	0.76807	-0.32451	Y9	-0.6564	-0.61788
Cp1	0.95143	-0.96422	y10	-0.93684	-0.44677
Cp2	1.71709	-0.5942	y11	-0.97731	-0.36924
cp4	0.29614	0.02058	T11	-0.32682	0.24771
cp5	0.46128	0.10507	M2047:18	-0.56595	0.61902
cp7	0.58203	-0.02824	M2165:118	-0.63714	0.57073
cp25	0.47451	0.45953	M2158:150	-0.5386	0.3301
cp37	0.59053	0.3449	M1008:4	0.32713	0.2857

cp70	0.44484	0.02884	M2165:61	-0.88858	0.89767
M10：東80	0.88951	0.15101	M1013:38	-0.45935	1.41346
M10：東	0.67206	-0.15351	M1011:119	-0.3252	1.94982
cpt1	0.65697	-0.40058	M1013:31	-0.65333	1.15804
cpt2	0.36491	-0.76126	M1011:71	0.18201	0.12763
cpt3（320目）	0.56918	-0.55975	M1013:20	-0.61484	1.11617
cpt4（600目）	1.24396	-0.08507	HST	-0.33069	1.8548
SG1	2.18985	0.25618	H66-05	-0.80985	0.01898
SG2	0.92051	-0.09924	H66-05-2	-0.88642	0.14223
SG3	1.73355	-0.15814	H75-11	-0.65294	-0.13662
TS1	0.66224	0.84243	H75-11-2	-0.72344	-0.01866
TS2	0.55037	1.05039	H138-10	-0.43706	0.35888
TS3	1.65105	2.03572	M1-29	-1.50157	-0.93126
H44	0.07286	0.39323	M1-92	-1.57209	-0.7942
H42	-0.08017	0.21226	M1-106	-1.48231	-0.93957
6	0.51287	0.39976	M1-108	-1.55988	-0.78977
7	1.08103	-0.47182	M1-123	-1.53525	-0.83485
CY10	1.05081	-1.02774	M1-130	-1.63329	-0.96046
M1	-0.67074	-0.25728	M1-131	-1.44318	-0.87234
l10	0.82258	-0.87067	M1-132	-1.59465	-0.87451
l21	0.27397	-0.57936	M1-134	-1.43144	-0.89053
l23	0.43614	-0.86136	M1-156	-1.64579	-0.89337
l28	0.65556	-0.61737	M1-259	-1.66894	-0.66637
l30	0.07428	-0.7934	M2-14	-1.51874	-0.94255
l46	-0.03163	-0.86508	M2-48	-0.93871	0.73963
l47	0.07733	-0.8105	M2-56	-0.8886	1.72508
l53	-0.08418	-0.93071	M2-108	-1.45733	-0.55593
SM1	-0.29726	-0.53534	M2-120	-1.6178	-0.18011
SM2	-0.85852	-0.55785	M2-333	-1.70219	0.81733
d11	-0.08856	-0.35282	M5:5	-1.43875	-1.55573
d17	0.45009	0.41967	M6:7	-1.48367	-1.3226
d21	0.3613	0.71593	M6:4	-1.41733	-0.83306
d26	0.3953	1.79185	M5:8	-1.12827	-0.91017
d57	0.91997	0.06651	M4:10	-1.58562	-1.64486

d59	-0.02066	0.88924	M4:9	-1.36737	-1.4202
d9	0.89124	-0.21575	TL1	-1.54772	-2.15039
d47	1.34156	0.26577	TL2	1.26806	-2.06112
d54	0.97011	-0.18543	TL3	2.46902	-1.46912
d78	1.38254	0.18392	B1	1.27033	0.14057
d41	1.32081	0.02827	B2	0.2729	-0.56549
plct1	0.91764	-0.18355	294	0.12975	-1.03368
plct2	0.44848	-0.72717	400	0.01547	-0.52415
plct2-1	0.94421	-0.80183	356	0.12728	-0.88645
plct2-2	0.37354	-1.42257	113	0.20231	-0.8667
plct3-1	0.65403	-1.01286	398	-0.13351	-0.7709
plcp1	1.67657	-0.15722	377	-0.12184	-0.96768
plcp2	0.75641	-0.27912	F1	-0.41226	-0.81479
plcq1	-1.00575	-1.00129	F2	0.74629	-0.27452
plcq2	-0.97047	-1.08597	F2-1	0.70603	-0.47752
H1	-0.67607	1.97925	F3	0.81067	-0.20388
H2	-0.87562	1.0133	F4	1.14428	-0.22326
2003H15	-1.12887	1.78094	FLM7-3-4	-0.84608	-0.73936
T663H87	-1.13025	1.89284	FLM7-4-4	0.11372	1.27614

圖 6.40　安徽、湖北及中原地區樣品的單因子分析箱式圖

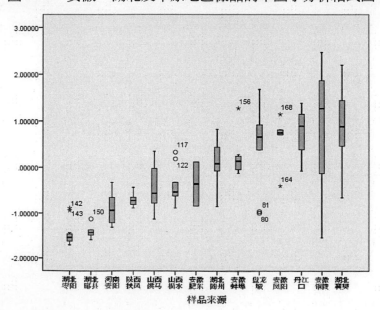

圖 6.41　安徽、湖北及中原地區樣品的主成分分析散點圖

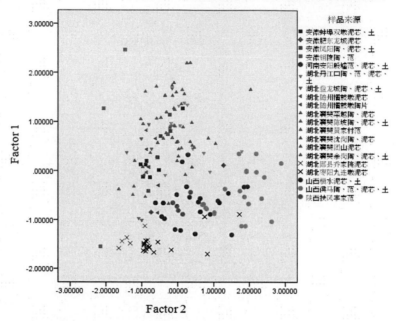

　　根據主成分分析結果作箱式圖 6.40、散點圖 6.41，由圖可知：首先，南方與北方樣品有明顯的差異，南方的安徽、湖北各地樣品大部分集中在圖的左上部分，北方中原地區的樣品集中在圖的右下方。箱式圖顯示南方樣品（除了棗陽、郎縣、肥東）與北方樣品的均值差異很大，根據泥芯示蹤青銅器鑄造地原理，安徽、湖北出土這批青銅器的鑄造地應該不在中原地區，青銅時代的南方存在青銅器鑄造作坊。其次，從安徽地區來看，長江流域銅陵師姑墩出土青銅器應該屬於當地鑄造，淮河流域的肥東龍城出土青銅器是在中原地區鑄造，而淮河流域蚌埠、鳳陽出土青銅器在當地鑄造。最後，從湖北地區來看，襄樊、丹陽口、隨州出土的青銅器應該屬於當地鑄造，棗陽、郎縣出土的大部分青銅器既不在中原地區鑄造，也不在湖北襄樊等地製做，可能存在其他鑄造地。

　　從上述討論結果來看，青銅時代的中國南方應該存在青銅器鑄造地。本文研究的安徽、湖北地區不僅有陶範、泥芯等鑄造遺物出土，通過科學分析，發現兩地的部分青銅器屬於當地鑄造。也就是說，鑄造技術並非限於學界通常認為的中原地區，打破了傳統的認識。另一方面，利用泥芯等鑄範的成分分析輔助闡釋安徽、湖北的近年來出土青銅器鑄造地這一考古學問題，為這一方法今後在其他地區的擴展運用提供了思路。

結語與展望

　　青銅器鑄造地是中國考古學研究中的一個重要課題，尤其是對於中原地區以外出土的青銅器，在沒有發現鑄造作坊的情況下，如何確定它們的鑄造地，曾有學者從器物類型學的角度對青銅器進行了嚴謹細緻的比較，取得了初步的成果。近年來，在安徽、湖北地區出土了大量陶範、泥芯等鑄造遺物，這些新發現讓我們覺得有必要重新審視南方出土青銅器的產地問題，將注意力從中原地區轉移到江淮流域地區。

　　本工作在綜合前人研究的基礎上，從科技考古的角度，闡釋安徽、湖北出土青銅器的產地。本文根據土壤原理，以與青銅器一同出土的泥芯、陶範等鑄造遺物為研究對象，利用實驗手段，結合統計分析法，對兩地採集的大量樣品進行了綜合研究。首先，通過對安徽、湖北多個地點出土青銅器鑄造地的討論，揭示了青銅時代的中國南方存在青銅器鑄造地這一重要結論，更正了一般認為中原以外沒有青銅器鑄造地的說法。其次，文中還對當時安徽江淮地區的人類族群背景進行了簡要討論，說明該地區青銅器的鑄造風格差異應該是族群遷播和文化不同所致。再次，在對湖北青銅器鑄造地的研究過程中發現，這一地區出土的部分青銅器呈現特殊「棗皮紅」外觀，對這類青銅器埋藏條件的研究表明，缺氧還原的環境是導致這種銹蝕產物的主要原因。

　　整體上來看，論文在樣品來源、古文獻搜集、分析方法、結論闡釋方面都具有一定的創新之處。特別是，從研究方法上來看，在將原生土作為泥芯示蹤青銅器鑄造地的參照樣品之基礎上，首次將陶片也作為參照樣品，這一成功應用對今後工作的展開意義較大。未來這方面的工作，可以將湖北、安徽以外地區的泥芯、陶片等納入討論範圍，建立一個完善的泥芯、陶片背景數據庫，這

部分工作有待新的考古發掘材料來進一步擴充。

　　對安徽、湖北近年來出土青銅器鑄造地的研究中，發現某些地方還有待完善。首先，樣本量不夠。限於泥芯樣品的難獲取，目前還沒有完備的青銅器泥芯理化性質數據庫。其次，實驗誤差。一方面來自泥芯樣品本身，雖然盡可能選擇樣品內部進行檢測，但不排除有污染的情況；另一方面是儀器誤差造成，有時不可避免。再次，方法局限性。本文採用了一種檢測手段，即利用波長色散 X 射線熒光分析來測試樣品的主量元素，今後工作還可以嘗試結合植矽石等方法來輔助研究。最後，專業知識方面，本工作要求具有考古學、地球化學、統計分析的基礎知識，以及相關歷史知識的整體把握，本文盡力做到靈活分析和整體考慮，所述繁雜，難免掛一漏萬，請方家指正。

參考文獻

1. Araventinos A, et al. 1993. Study of ancient Greek copper coins from Nikopolis (Epirus) and Theasaloniki (Mace-donia) [J]. Archaeometry, 35 (2): 265~278.

2. Baxter M J. 1994.Exploratory multivariate analysis in archaeology [M]. Edinburgh: Edinburgh University Press.

3. Baxter M J. 2001. Statistical modelling of artefact compositional data [J]. Archaeometry, 43 (1): 131~147.

4. Baxter M J. 2009. Archaeological data analysis and fuzzy clustering [J]. Archaeometry, 51 (6): 1035~1054.

5. Bezdek J C. 1974. Numerical Taxonomy with Fuzzy Sets [J]. Journal of Mathematical Biology, 1: 57~71.

6. Bieber A M, Brooks D W, 1976. Application of multivariate techniques to analytical data on Aegean ceramics [J]. Archaeometry, 18 (1): 59~74.

7. Buck C E, Cavanagh W G and Litton C D. 1996. Bayesian approach to interpreting archaeological data [M]. Chichester: John Wiley & Sons Ltd.

8. Clarke D L. 1968. Analytical archaeology [M]. London: Methuen.

9. Döring Christian, Lesot Marie-Jeanne, Kruse Rudolf. 2006. Data analysis with fuzzy clustering methods [J]. Computational Statistics & Data Analysis, 51: 192~214.

10. Everitt B S. 1988. A finite mixture model for the clustering of mixed-mode data [J]. Statistics & Probability Letters, 6: 305~309.

11. Formigli E, Schneider G. Antiche terre di fusione. Indagini archeometriche sulle terre di fusione bronzi greci, romanie rinascimentali [A]. In Atti del seminario di studied esperimenti, Murlo, 26~31 Iuglio 1991, Siena:Nuova imagine editrice, 1993: 69~102.

12. Fraley C, Raftery A E. 1998. How many clusters? Which clustering method? Answers via model-based cluster analysis [J]. Computer Journal, 41 (8): 586~588.

13. Hein A, Day P M, Quinn P S and Kilikoglou V. 2004. The geochemical diversity of neogene clay deposits in Grete and its implications for provenance studies of minoan pottery [J]. Archaeometry, 46 (3): 357~384.

14. Holmes L L, Harbottle G. 1991. Provenance study of core from Chinese bronze vessels [J]. Archeomaterials, 5: 165~184.

15. Lombardi G. 1998. From the shell to its content: the casting cores of the two bronze statues from Riace (Calabria,Italy) [J]. Journal ofArchaeological Science, 25 (11): 1055~1066.

16. Lombardi G. 2002. A petrographic study of the casting core of the Lupa Capitolina bronze sculpture (Rome, Italy) and Identification of its provenance [J]. Archaeometry, 44 (4): 601~612.

17. Murphy A M C. 2002. Articular surfaces of the pectoral girdle: Sex assessment of prehistoric New Zealand Polynesian skeletal remains [J].Forensic Science International, 125 (2-3): 134~136.

18. Pollard A M, Batt C M, Stern B and Young S M M. 2007. Analytical chemistry in archaeology [M]. Cambridge: Cambridge University Press.

19. Reedy C L. 1991. Petrographic analysis ofcasting core materials for provenance studies of copperalloy sculpture [J]. Archeomaterials, 5: 121~163.

20. Shennan S. 1988. Quantifying archaeology [M]. Edinburgh: Edinburgh University Press.

21. Shi X Z, Yu D S, Pan X Z, et al. 2004. Soil database of 1:1000000 digital soil survey and reference system of the Chinese Genetic Soil Classification System [J]. Soil Servey Horizons, 4: 111~148.

22. Spaulding A C. 1953. Statistical techniques for the discovery of artefact types

[J]. American Antiquity, 18: 305.

23. Sutton M Q. 1998. Cluster analysis of paleofecal data sets: a test of late prehistory settlement and subsistence patterns in the northern coachella valley, California [J]. American Antiquity, 86~107.

24. 安徽博物院等編,《江淮群舒青銅器》〔M〕,合肥:安徽美術出版社,2013年。

25. 安徽大學歷史系、樅陽縣文物管理所編,《樅陽商周青銅器》〔M〕,合肥:安徽大學出版社,2018年。

26. 安徽省博物館、六安縣文物管理所,〈安徽六安縣發現一座春秋時期墓葬〉〔J〕,《考古》,1993年第7期,第656~670頁。

27. 安徽省博物館,〈安徽含山縣孫家崗商代遺址調查與試掘〉〔J〕,《考古》,1977年第3期,第166~168頁。

28. 安徽省博物館,〈遵循毛主席的指示,做好文物博物館工作〉〔J〕,《文物》,1978年第8期,第4~5頁。

29. 安徽省地方志編纂委員會,《安徽省志·文物志》〔M〕,北京:方志出版社,1998年。

30. 安徽省皖西博物館,〈安徽六安出土一件大型商代銅尊〉〔J〕,《文物》,2000年第12期,第65~68頁。

31. 安徽省文化局文物工作隊,〈安徽屯溪西周墓葬發掘報告〉〔J〕,《考古學報》,1959年第4期,第59~90頁。

32. 安徽省文化局文物工作隊,〈安徽舒城出土的銅器〉〔J〕,《考古》,1964年第10期,第498~503頁。

33. 安徽省文物工作隊,〈安徽舒城九里墩春秋墓〉〔J〕,《考古學報》,1982年第2期,第229~242頁。

34. 安徽省文物工作隊,〈安徽肥西縣金牛春秋墓〉〔J〕,《考古》,1984年第9期,第852頁。

35. 安徽省文物管理委員會、安徽省博物館,《壽縣蔡侯墓出土遺物》〔M〕,北京:科學出版社,1956年。

36. 安徽省文物考古研究所、蚌埠市博物館,〈安徽蚌埠雙墩一號春秋墓發掘簡報〉〔J〕,《文物》,2010年第3期,第4~18頁。

37. 安徽省文物考古研究所、鳳陽縣文物管理所,〈安徽鳳陽卞莊一號春秋墓

發掘簡報〉〔J〕,《文物》,2009 年第 8 期,第 21～29 頁。

38. 安徽省文物考古研究所、鳳陽縣文物管理所,《鳳陽大東關與卞莊》〔M〕,北京:科學出版社,2010 年,第 16～51、52～119 頁。

39. 安徽省文物考古研究所、含山縣文物管理所,〈安徽含山大城墩遺址第四次發掘報告〉〔J〕,《考古》,1989 年第 2 期,第 103～116 頁。

40. 安徽省文物考古研究所、六安市文物管理局,〈安徽六安市白鷺洲戰國墓 M566 的發掘〉〔J〕,《考古》,2012 年第 5 期,第 34 頁。

41. 安徽省文物考古研究所、六安市文物管理所,〈安徽六安市堰墩西周遺址發掘簡報〉〔J〕,《考古》,2002 年第 2 期,第 30～44 頁。

42. 安徽省文物考古研究所、壽縣文物局,〈壽縣西圈發現的墓葬〉〔J〕,《東南文化》,2005 年第 6 期,第 6～11 頁。

43. 安徽省文物考古研究所、舒城縣文物管理所,〈安徽舒城縣河口春秋墓〉〔J〕,《文物》,1990 年第 6 期,第 58～66 頁。

44. 安徽省文物考古研究所,〈安徽樅陽縣湯家墩遺址發掘簡報〉〔J〕,《中原文物》,2004 年第 4 期,第 4～14 頁。

45. 安徽省文物考古研究所,《文物考古 2006 年年報》(內部資料)〔R〕,2006 年,第 9～10 頁。

46. 安徽省文物考古研究所,《霍邱堰臺——淮河流域周代聚落發掘報告》〔M〕,北京:科學出版社,2010 年。

47. 北京大學考古系等,《安徽省霍邱、六安、壽縣考古調查試掘報告,考古學研究》(三)〔M〕,北京:科學出版社,1997 年,第 243～250、266～280 頁。

48. 北京科技大學,《中國冶金史論文集(二)》〔M〕,北京:人民教育出版社,1994 年。

49. 曹斌,《商周青銅觚的研究》〔D〕〔碩士〕,西安:陝西師範大學,2007 年。

50. 曹鑒芳,《山東出土商代青銅器研究》〔D〕〔博士〕,濟南:山東大學,2006 年。

51. 陳建立、劉煜,《商周青銅器的陶範鑄造技術研究》〔M〕,北京:文物出版社,2011 年。

52. 陳建立,〈數學分析方法在考古學中的應用〉〔J〕,《中原文物》,2000 年

第 1 期，第 48～52 頁。

53. 陳鐵梅、王建平，〈古陶瓷的成分測定，數據處理和考古解釋〉〔J〕，《文物保護與考古科學》，2003 年第 15 卷第 4 期，第 50～56 頁。

54. 陳鐵梅，〈我國古代居民顱骨的聚類分析和主成份分析〉〔J〕，《江漢考古》，1991 年第 4 期，第 46～51 頁。

55. 陳鐵梅年，《定量考古學》〔M〕，北京：北京大學出版社，2005 年。

56. 陳振裕，〈1978 年雲夢秦漢墓發掘報告〉〔J〕，《考古學報》，1986 年第 4 期，第 479～525、535～546 頁。

57. 重慶市博物館、復旦大學文博系，《萬州麻柳沱遺址考古發掘報告》〔A〕//重慶市文物局、重慶市移民局編著，《重慶庫區考古報告集》1999 卷，北京：科學出版社，2006 年，第 521 頁。

58. 楚文化研究會編，《楚文化考古大事記》〔M〕，北京：文物出版社，1984 年。

59. 崔劍峰、吳小紅，《鉛同位素考古研究》〔M〕，北京：文物出版社，2008 年。

60. 戴修政，〈湖北石首出土商代青銅器〉〔J〕，《文物》，2000 年第 11 期，第 57～59 頁。

61. 董楚平，《吳越徐舒金文集釋》〔M〕，杭州：浙江古籍出版社，1992 年，第 325 頁。

62. 董亞巍，《範鑄青銅》〔M〕，北京：北京藝術與科學電子出版社，2006 年。

63. 董亞巍，〈西周早期圓形尊的範鑄模擬實驗研究〉〔J〕，《中原文物》，2010 年第 1 期，第 80～87 頁。

64. 豆海鋒，《長江中游地區商代文化研究》〔D〕〔博士〕，長春：吉林大學，2011 年。

65. 豆海鋒，〈試論安徽沿江平原商代遺存及與周邊地區的文化聯繫〉〔J〕，《江漢考古》，2012 年第 3 期，第 69～80 頁。

66. 方濤、吳雋、吳軍明等，〈幾種現代元素組成分析技術在古陶瓷研究中的應用〉〔J〕，《陶瓷學報》，2011 年第 32 卷第 1 期，第 41～46 頁。

67. 房縣文化館，〈房縣桃園發掘出一批東周兩漢墓〉〔J〕，《江漢考古》，1988 年第 1 期，第 97 頁。

68. 馮富根、王振江、白榮金等,〈商代青銅器試鑄簡報〉〔J〕,《考古》,1980 年第 1 期,第 91～94 頁。

69. 馮富根、王振江、華覺明等,〈殷墟出土商代青銅觚鑄造工藝的復原研究〉〔J〕,《考古》,1982 年第 5 期,第 532～539 頁。

70. 伏修鋒、干福熹,〈基於多元統計方法對一批中國南方和西南地區的古玻璃成分的研究〉〔J〕,《文物保護與考古科學》,2006 年第 18 卷第 4 期,第 6～13 頁。

71. 阜陽地區博物館,〈安徽潁上王崗、趙集發現商代文物〉〔J〕,《文物》,1985 年第 10 期,第 36～41 頁。

72. 傅麗英、陳中興、蔡蘭坤等,〈溶液 pH 值與氯離子對青銅腐蝕的影響〉〔J〕,《腐蝕與防護》,2000 年第 21 卷第 7 期,第 294～296 頁。

73. 高力明、游恩溥、羅宏傑,〈系統聚類分析方法在景德鎮古瓷研究中的應用〉〔J〕,《中國陶瓷》,1990 年第 1 期,第 43～49 頁。

74. 葛介屏,〈安徽阜南發現殷商時代的青銅器〉〔J〕,《文物》,1959 年第 1 期,第 2 頁。

75. 葛治功,〈安徽嘉山縣泊崗引河出土的四件商代銅器〉〔J〕,《文物》,1965 年第 7 期,第 23 頁。

76. 宮希成,《皖南商周青銅器發現與研究》〔A〕 // 安徽大學、安徽省文物考古研究所,《皖南商周青銅器》,北京:文物出版社,2006 年,第 1～20、48～57 頁。

77. 龔子同等,《中國土壤系統分類:理論·方法·實踐》〔M〕,北京:科學出版社,1999 年,第 39～860、874～884 頁。

78. 顧孟武,〈有關淮夷的幾個問題〉〔J〕,《中國史研究》,1986 年第 3 期,第 85～98 頁。

79. 廣東省文物考古研究所、珠海市平沙文化科,〈珠海平沙棠下環遺址發掘簡報〉〔J〕,《文物》,1998 年第 7 期,第 4～16 頁。

80. 郭寶鈞,《商周銅器群綜合研究》〔M〕,北京:文物出版社,1981 年,第 124～128 頁。

81. 郭德維,〈隨州市擂鼓墩二號墓出土一批重要文物〉〔J〕,《江漢考古》,1981 年第 S1 期。

82. 國家環境保護局主持、中國環境監測總站主編,《中國土壤元素背景值》

〔M〕，北京：中國環境科學出版社，1990 年，第 9～10 頁。

83. 韓汝玢、柯俊等，《中國科學技術史‧礦冶卷》〔M〕，北京：科學出版社，2007 年。

84. 韓賢雲，〈淺談青銅器分鑄法及其起源〉〔J〕，《漢江考古》，1999 年第 3 期，第 79～81 頁。

85. 韓用祥，〈盤龍城遺址首次發現鑄造遺物及遺跡〉〔J〕，《江漢考古》，2016 年第 2 期，第 36～39 頁。

86. 何海洲、楊志強，〈找礦信息量法在廣西大廠礦田新一輪成礦預測中的應用〉〔J〕，《礦產與地質》，2007 年第 21 卷第 5 期，第 560～562 頁。

87. 何堂坤年，《關於分鑄法的問題》〔N〕，《中國文物報》，1996 年 1 月 21 日。

88. 何薇、董亞巍、周衛榮等，〈商前期青銅斝鑄造工藝分析與模擬實驗研究〉〔J〕，《南方文物》，2008 年第 4 期，第 115～123 頁。

89. 河南省文物研究所，〈信陽孫砦遺址發掘報告〉〔J〕，《華夏考古》，1989 年第 2 期，第 1～68 頁。

90. 侯馬市考古發掘委員會，〈侯馬牛村古城南東周遺址發掘簡報〉〔J〕，《考古》，1962 年第 2 期，第 55～62 頁。

91. 胡飛、秦潁、闞緒杭，《蚌埠雙墩 1 號春秋墓出土部分青銅器產地分析》〔A〕// 安徽省文物考古研究所、安徽省考古學會編，《文物研究》第 17 輯，北京：科學出版社，2010 年，第 253～260 頁。

92. 胡仁宜，《六安市九里溝出土的銅簠》〔A〕// 《文物研究》第 2 輯，合肥：黃山書社，1986 年。

93. 胡悅謙，〈安徽省宿縣出土兩件銅樂器〉〔J〕，《文物》，1964 年第 7 期，第 30～32 頁。

94. 湖北省博物館，丹江口市博物館，〈丹江口蕭山戰國兩漢墓葬〉〔J〕，《江漢考古》，1988 年第 1 期，第 43～68 頁。

95. 湖北省博物館，〈一九六三年湖北黃陂盤龍城商代遺址的發掘〉〔J〕，《文物》，1976 年第 1 期，第 50 頁。

96. 湖北省博物館，〈當陽季家湖楚城遺址〉〔J〕，《文物》，1980 年第 10 期，第 31～39 頁。

97. 湖北省博物館，〈楚都紀南城的勘查與發掘（上）〉〔J〕，《考古學報》，1982 年第 3 期，第 325～350、399～402 頁。

98. 湖北省博物館,〈楚都紀南城的勘查與發掘（下）〉〔J〕,《考古學報》,1982年第 4 期,第 477～504 頁。

99. 湖北省博物館編,《曾侯乙墓》〔M〕,北京：文物出版社,1989 年。

100. 湖北省博物館等,〈湖北隨州擂鼓墩二號墓發掘簡報〉〔J〕,《文物》,1985年第 1 期,第 16～27 頁。

101. 湖北省博物館發掘小組等,〈湖北江陵拍馬山楚墓發掘簡報〉〔J〕,《考古》,1973 年,第 3 頁。

102. 湖北省荊沙鐵路考古隊編,《包山楚墓》〔M〕,北京：文物出版社,1991年。

103. 湖北省荊州地區博物館,〈江陵天星觀 1 號楚墓〉〔J〕,《考古學報》,1982年第 1 期,第 71～115 頁。

104. 湖北省荊州地區博物館編,《江陵雨臺山楚墓》〔M〕,北京：文物出版社,1984 年,第 71 頁。

105. 湖北省考古研究所,〈湖北省重要考古發現大事記〉〔J〕,《江漢考古》,1995 年第 2 期,第 94 頁。

106. 湖北省文物考古研究所、隨州市博物館,〈湖北隨州市葉家山西周墓地〉〔J〕,《考古》,2012 年第 7 期,第 31～52 頁。

107. 湖北省文物考古研究所,〈湖北麻城市李家灣春秋楚墓〔J〕,《考古》,2000年第 5 期,第 21～33 頁。

108. 湖北省文物考古研究所,〈湖北棗陽市九連墩楚墓〉〔J〕,《考古》,2003 年第 7 期,第 10～14 頁。

109. 湖北省文物考古研究所等,〈湖北丹江口市吉家院墓地的清理〉〔J〕,《考古》,2000 年第 8 期,第 55～64 頁。

110. 湖北省宜昌地區博物館,〈當陽曹家港 5 號楚墓〉〔J〕,《考古學報》,1988年第 4 期,第 455～499 頁。

111. 湖北省宜昌地區博物館,〈湖北枝江縣姚家港楚墓發掘報告〉〔J〕,《考古》,1988 年第 2 期,第 157～167 頁。

112. 華覺明、馮富根、王振江等,《婦好墓青銅器群鑄造技術的研究》〔A〕//考古編輯部編,《考古學集刊》(1),北京：中國社會科學出版社,1981年,第 245 頁。

113. 華覺明、郭德維,〈曾侯乙墓青銅器群的鑄焊技術和失蠟法〉〔J〕,《文

物》，1979 年第 7 期。

114. 華覺明、譚德睿、孫淑雲編，《中國傳統工藝全集：金屬工藝》〔M〕，鄭州：大象出版社，2007 年。

115. 華覺明、譚德睿，《中國失蠟法的研究、鑒定和著述紀略》〔N〕，《中國文物報》，2006 年 9 月 15 日，第 7 版。

116. 華覺明，〈中國古代鑄造技術的八大成就〉〔J〕，《鑄造》，1984 年第 4 期，第 1～6 頁。

117. 華覺明，《失蠟法在中國的起源和發展》〔A〕 // 《科技史文集·金屬史專輯》，上海：上海科技出版社，1985 年。

118. 華覺明，《銅陵古礦遺址的考古價值》〔A〕 // 銅陵市政協文史委員會，《銅陵文史資料》第七輯，1992 年，第 1～4 頁。

119. 華覺明，《中國古代金屬技術：銅和鐵造就的文明》〔M〕，鄭州：大象出版社，1999 年。

120. 懷寧縣文物管理所，〈安徽懷寧出土春秋青銅器〉〔J〕，《文物》，1983 年第 2 期，第 68～71 頁。

121. 黃鳳、秦穎、孫陞等，〈利用同墓葬出土泥芯、陶器示蹤青銅器鑄造地初探——以湖北襄樊部分東周墓為例〉〔J〕，《文物保護與考古科學》，2010 年第 3 期，第 30～35 頁。

122. 黃盛璋，《淮夷新考》〔A〕 // 《文物研究》第五輯，合肥：黃山書社，1989 年。

123. 黃樹餘，《周初殷移民去向研究》〔D〕〔碩士〕，鄭州：鄭州大學，2011 年。

124. 黃薇，《陝西不同地區土壤埋藏環境與青銅器銹蝕特徵的研究》〔D〕〔碩士〕，西北大學，2006 年。

125. 江西省博物館等，《新幹商代大墓》〔M〕，北京：文物出版社，1997 年，第 257 頁。

126. 界首市文物管理所，《界首市張大橋土坑墓出土東周青銅器物》〔A〕 // 《文物研究》，2007 年第 15 期，第 180～182 頁。

127. 金普軍、秦穎、龔明等，〈九連墩楚墓青銅器鉛錫焊料的耐腐蝕機理〉〔J〕，《中國腐蝕與防護學報》，2007 年第 27 卷第 3 期，第 165 頁。

128. 金普軍、秦穎、胡雅麗等，〈湖北九連墩楚墓出土青銅器釬焊材料的分析〉〔J〕，《焊接學報》，2007 年第 28 卷第 11 期，第 37～40 頁。

129. 金普軍、秦潁、胡雅麗等，〈九連墩墓地 1、2 號墓出土青銅器上銹蝕產物分析〉〔J〕,《江漢考古》，2009 年第 1 期，第 112～119 頁。

130. 金正耀，《中國鉛同位素考古》〔M〕，合肥：中國科學技術大學出版社，2008 年。

131. 荊門市博物館，〈紀山楚冢調查〉〔J〕,《江漢考古》，1992 年第 1 期，第 19～27 頁。

132. 荊州地區博物館，〈湖北江陵藤店一號墓發掘簡報〉〔J〕,《文物》，1973 年第 9 期，第 8～10 頁。

133. 荊州地區博物館，〈江陵張家山三座漢墓出土大批竹簡〉〔J〕,《文物》，1985 年第 1 期，第 4 頁。

134. 闞緒杭、周群、錢仁發、王元宏，〈安徽蚌埠雙墩一號春秋墓發掘簡報〉〔J〕,《文物》，2010 年第 3 期，第 4～18 頁。

135. 闞緒杭、周群、唐更生，〈安徽鳳陽卞莊一號春秋墓發掘簡報〉〔J〕,《文物》，2009 年第 8 期，第 21～29 頁。

136. 黎海超，《資源與社會：以商周時期銅器流通為中心》〔M〕，北京：中國社會科學出版社，2020 年。

137. 李國梁主編，《屯溪土墩墓發掘報告》〔M〕，合肥：安徽人民出版社，2006 年。

138. 李國梁，《群舒故地出土的青銅器》〔A〕// 《文物研究》編輯部，《文物研究》第六輯，合肥：黃山書社，1990 年，第 162～190 頁。

139. 李國梁，〈安徽宿縣謝蘆村出土周代青銅器〉〔J〕,《文物》，1991 年第 11 期，第 92～93 頁。

140. 李國霞、趙維娟、李融武等，〈古耀州瓷胎起源的模糊聚類分析〉〔J〕,《科學通報》，2002 年第 47 卷第 23 期，第 1781～1783 頁。

141. 李海榮，〈京、津、冀出土商代青銅器的分期及文化因素分析〉〔J〕,《華夏考古》，1996 年第 1 期，第 42～54 頁。

142. 李濟等，《田野考古報告》〔M〕// 石璋如，《殷墟最近之重要發現——附論小屯地層》第二冊，南天書局有限公司，1947 年第 2 期，第 1～81 頁。

143. 李濟等，《古器物研究專刊・殷墟出土鼎形器之研究》〔M〕，第四卷，臺北：中研院歷史語言研究所，1970 年。

144. 李濟著，《殷墟陶器研究》〔M〕，上海：上海人民出版社，2007 年第 3 期，第 24 頁。

145. 李家治主編，《中國科學技術史·陶瓷卷》〔M〕，北京：科學出版社，1998 年。

146. 李家治、張志剛、鄧澤群等，〈古陶瓷科學技術研究在科技考古中的三例應用〉〔J〕，《文物保護與考古科學》，1999 年第 11 卷第 2 期，第 1～5 頁。

147. 李京華，《中原古代冶金技術研究》〔M〕，第 2 集，河南：中州古籍出版社，2000 年。

148. 李京華，〈《偃師二里頭》有關鑄銅技術的探討——兼談報告存在的幾點問題〉〔J〕，《中原文物》，2004 年第 3 期，第 29～36 頁。

149. 李靜，《鄭州商代前期青銅方鼎鑄造工藝研究》〔D〕〔碩士〕，北京：中國科學院自然科學史研究所，2009 年。

150. 李靜生，〈淺析二里崗文化時期青銅禮器陶範技術〉〔J〕，《新鄉學院學報（社會科學版）》，2012 年第 26 卷第 4 期。

151. 李龍海，〈殷商時期東夷文化的變遷〉〔J〕，《華夏考古》，2013 年第 2 期，第 53～58 頁。

152. 李修松，〈淮夷探論〉〔J〕，《東南文化》，1991 年第 2 期，第 14～20、324～363 頁。

153. 李修松，《先秦史探研》〔M〕，合肥：安徽大學出版社，2006 年，第 274～275、163 頁。

154. 李學勤，〈安徽南部存在著頗具特色的青銅文化〉〔J〕，《學術界》，1991 年第 1 期，第 37～40 頁。

155. 李迎華、楊益民、周衛榮等，〈古代陶範原料含有草木灰的化學判斷方法〉〔J〕，《岩礦測試》，2009 年第 28 卷第 2 期，第 134～138 頁。

156. 李迎華，《漢代銅範鑄錢工藝及其模擬實驗》〔D〕〔碩士〕，合肥：中國科學技術大學，2005 年，第 32～41 頁。

157. 廉海萍、譚德睿、鄭光，〈二里頭遺址鑄銅技術研究〉〔J〕，《考古學報》，2011 年第 4 期，第 561～574 頁。

158. 梁書臺，〈「錯金銀」質疑〉〔J〕，《文物春秋》，2000 年第 4 卷，第 71～72 頁。

159. 梁豔平,《基於 GIS 的統計信息分析與輔助決策研究》〔D〕〔博士〕,中南大學,2003 年。

160. 樑柱,〈雲夢龍崗發現秦代墓葬和秦法律文書〉〔J〕,《江漢考古》,1990 年第 1 期,第 101 頁。

161. 林家駿、吳芯芯、鄭樂平,〈長江中下游典型下蜀土剖面成分對比研究〉〔J〕,《地球與環境》,2004 年第 32 卷第 2 期,第 33 頁。

162. 劉東升,《中國的黃土堆積》〔M〕,北京:科學出版社,1965 年,第 202 ～204 頁。

163. 劉海超,〈安徽穎上王崗、趙集發現商代文物〉〔J〕,《文物》,1985 年第 10 期,第 36～41 頁。

164. 劉建國,〈論江南周代青銅文化〉〔J〕,《東南文化》,1994 年第 3 期。

165. 劉慶柱等,《考古學集刊 13》〔C〕// 滕銘予,《多變量分析及其在考古學研究中的應用》,北京:中國大百科全書出版社,2000 年,第 309～319 頁。

166. 劉興,〈丹徒北山頂舒器辨疑〉〔J〕,《東南文化》,1993 年第 4 期,第 73 ～75 頁。

167. 劉業森、楊小喚,〈基於邊界替代的人口數據空間化方法研究〉〔J〕,《地球信息科學》,2005 年第 7 卷第 4 期,第 54～57 頁。

168. 劉煜、岳占偉、何毓靈等,〈殷墟出土青銅禮器鑄型的製做工藝〉〔J〕,《考古》,2008 年第 12 期,第 80～90 頁。

169. 六安縣文物管理所,〈安徽六安縣發現兩件春秋銅鼎〉〔J〕,《文物》,1990 年第 1 期,第 53 頁。

170. 陸勤毅、李修松,《安徽通史·先秦卷》〔M〕,合肥:安徽人民出版社,2011 年,第 273、282～294 頁。

171. 陸勤毅、宮希成主編,《安徽江淮地區商周青銅器》〔M〕,北京:文物出版社,2014 年。

172. 陸勤毅、宮希成主編,《皖南商周青銅器研究》〔M〕,北京:文物出版社,2016 年。

173. 陸勤毅,《皖南古銅礦冶遺址在長江文化研究中的地位和作用》〔A〕// 銅陵市政協文史委員會,《銅陵文史資料》第七輯,1992 年,第 22 頁。

174. 鹿俊個,〈安徽蒙城出土春秋青銅器〉〔J〕,《考古》,1995 年第 1 期,第 102～104 頁。

175. 羅宏傑、高力明、陳顯求等,〈浙江部分古瓷胎稀土元素分布特徵的研究〉〔J〕,《矽酸鹽學報》,1995 年第 23 卷第 3 期,第 347~349 頁。

176. 羅宏傑、李家治、高力明,〈北方出土原始瓷燒造地區的研究〉〔J〕,《矽酸鹽學報》,1996 年第 24 卷第 3 期,第 297~301 頁。

177. 羅武干,《古麋地出土青銅器初步研究》〔D〕〔博士〕,合肥:中國科學技術大學,2008 年,第 43~51 頁。

178. 洛陽博物館,〈洛陽北窰村西周遺址 1974 年度發掘簡報〉〔J〕,《文物》,1981 年第 7 期,第 61 頁。

179. 洛陽市文物工作隊,〈1975~1979 年洛陽北窰西周鑄銅遺址的發掘〉〔J〕,《考古》,1983 年第 5 期,第 430~441 頁。

180. 呂利亞、毛振偉、朔知等,〈薛家崗遺址出土古陶的產地分析〉〔J〕,《中原文物》,2007 年第 5 期,第 104~107 頁。

181. 呂慶、程德潤,〈在 SO_4^{2-} 存在下青銅腐蝕與相對濕度的關係〉〔J〕,《文物保護與考古科學》,1997 年第 9 卷第 2 期,第 20~23 頁。

182. 馬道闊,〈安徽盧江發現吳王光劍〉〔J〕,《文物》,1986 年第 2 期,第 64 頁。

183. 馬道闊,〈安徽省盧江縣出土春秋青銅器——兼論南淮夷文化〉〔J〕,《東南文化》,1990 年第 1~2 期,第 74~78 頁。

184. 馬洪路等,《新編中國遠古暨三代史·下》〔M〕,北京:人民出版社,1995 年,第 79~80 頁。

185. 南普恒、秦穎、黃建勳等,〈隨州擂鼓墩二號墓出土曾國青銅器殘留泥芯的科學分析〉〔J〕,《文物鑒定與鑒賞》,2010 年第 5 期,第 36~41 頁。

186. 南普恒、秦穎、李桃元等,〈湖北盤龍城出土部分商代青銅器鑄造地的分析〉〔J〕,《文物》,2008 年第 8 期,第 77~82 頁。

187. 南普恒、秦穎、羅武干等,〈襄樊陳坡楚墓出土青銅器殘留泥芯的 X 熒光光譜和電感耦合等離子發射光譜分析〉〔J〕,《分析測試學報》,2008 年第 5 期,第 467~471 頁。

188. 南普恒、秦穎、謝堯亭等,〈橫水西周墓地部分青銅器殘留泥芯的礦物組成及成分分析〉〔J〕,《岩礦測試》,2008 年第 27 卷第 4 期,第 259~262 頁。

189. 歐遠方,〈銅陵古採礦遺址和中國文明史〉〔J〕,《江淮論壇》,1997 年第 3 期,第 73~77 頁。

190. 彭邦炯,《商歷史探微》〔M〕,重慶:重慶出版社,1988 年,第 269 頁。

191. 彭明瀚,《吳城文化研究》〔M〕,文物出版社,2005 年第 7 期,第 129 頁。

192. 錢仁發、王吉懷,〈從禹會遺址的考古資料看淮河中游地區文明化進程東南文化〉〔J〕,2012 年第 3 期,第 40~45 頁。

193. 潛山縣文物局,《潛山春嶺春秋墓》〔A〕// 《文物研究》編輯部,《文物研究》第 13 輯,合肥:黃山書社,2001 年。

194. 秦穎、姚政權、魏國鋒等,〈利用植矽石示蹤九連墩戰國楚墓出土青銅器產地〉〔J〕,《中國科學技術大學學報》,2008 年第 38 卷第 3 期,第 326~330 頁。

195. 青陽縣文物管理所,〈安徽青陽縣龍崗春秋墓的發掘〉〔J〕,《考古》,1998 年第 2 期,第 18~24、97~98 頁。

196. 邱平、王昌燧、張居中,〈賈湖遺址出土古陶產地的初步研究〉〔J〕,《東南文化》,2000 年第 11 期,第 41~47 頁。

197. 山西考古研究所,《絳縣橫水西周墓地青銅器科技研究》〔M〕,北京:科學出版社,2012 年,第 131 頁。

198. 佘玲珠,《商晚期圓形簋及西周早期方座簋的範鑄模擬實驗》〔D〕〔碩士〕,合肥:中國科學技術大學,2009 年,第 24~33 頁。

199. 施繼龍、董亞巍、周衛榮等,〈蕭梁錢範燒成溫度的測試分析〉〔J〕,《文物保護與考古科學》,2005 年第 3 期,第 7~11 頁。

200. 施勁松,〈論帶虎食人母題的商周青銅器〉〔J〕,《考古》,1998 年第 3 期,第 57~63 頁。

201. 施勁松,〈論我國南方出土的商代青銅大口尊〉〔J〕,《文物》,1998 年第 10 期,第 47~54 頁。

202. 施勁松,〈金沙遺址祭祀區出土遺物研究〉〔J〕,《考古學報》,2011 年第 2 期,第 183~211 頁。

203. 史樹青,〈我國古代的金錯工藝〉〔J〕,《文物》,1973 年第 6 期,第 66~72 頁。

204. 壽縣博物館,〈壽縣肖嚴湖出土春秋青銅器〉〔J〕,《文物》,1990 年第 2 期,第 65~67 頁。

205. 朔知、王冬冬、羅汝鵬,〈安徽銅陵縣師姑墩遺址發掘簡報〉〔J〕,《考古》,

2013 年第 6 期，第 20～22 頁。

206. 四川省文物管理委員會、四川省文物考古研究所、四川省廣漢縣文化局，〈廣漢三星堆遺址一號祭祀坑發掘簡報〉〔J〕，《文物》，1987 年第 10 期，第 1～15 頁。

207. 宋永祥，〈安徽郎溪縣發現的西周銅鼎〉〔J〕，《文物》，1987 年第 10 期，第 33 頁。

208. 蘇秉琦等，《考古學文化論集 1》〔C〕//《數學方法在考古學研究中應用的探討》，北京：文物出版社，1987 年，第 34 頁。

209. 蘇秉琦，《略談我國東南沿海地區的新石器時代考古——在長江下游新石器時代文化考古學術討論會上的一次發言提綱》〔A〕// 文物編輯委員會，《文物集刊》1，北京：文物出版社，1980 年，第 28～30 頁。

210. 蘇榮譽、華覺明、李克敏等，《中國上古金屬技術》〔M〕，濟南：山東科學技術出版社，1995 年。

211. 蘇榮譽、盧連成、胡智生等，《強國墓地青銅器鑄造工藝考察和金屬器物檢測》〔A〕// 盧連成，胡智生，《寶雞強國墓地》（上）附錄一二，北京：文物出版，1988 年，第 590 頁。

212. 蘇榮譽，《關於早期失蠟鑄造的材料》〔Z〕，《古代科技史學術報告》第 7 講，自然科學史研究所，2013 年 1 月 29 日。

213. 隨縣擂鼓墩一號墓考古發掘隊，〈湖北隨縣曾侯乙墓發掘簡報〉〔J〕，《文物》，1979 年第 7 期，第 1～24、98～105 頁。

214. 孫淑雲、韓汝玢、李秀輝，《中國古代金屬材料顯微組織圖譜·有色金屬卷》〔M〕，北京：科學出版社，2011 年。

215. 孫淑雲、韓汝玢，〈甘肅早期銅器的發現與冶煉、製造技術的研究〉〔J〕，《文物》，1997 年第 7 期，第 83 頁。

216. 孫淑雲、姚智輝、萬輔彬，〈越南銅鼓及相關器物金相分析〉〔J〕，《桂林工學院學報》，2005 年第 25 卷第 4 期，第 498～505 頁。

217. 孫淑雲，《中國古代鍍錫和焊接樣品的界面特徵研究》〔A〕//《第七屆中日機械技術史與機械設計國際學術會議論文集·機械技術史與機械設計》（七），2008 年，第 9～22 頁。

218. 孫振，《群舒青銅器初步研究》〔D〕〔碩士〕，合肥：安徽大學，2012 年。

219. 譚德睿、廉海萍，〈中國傳統鑄造技術掇英〉〔J〕，《鑄造》，2010 年第 59

卷第 12 期，第 1250～1266 頁。

220. 譚德睿、徐惠康、黃龍，〈中國青銅時代陶範鑄造技術研究〉〔J〕，《考古學報》，1999 年第 2 期，第 211～250 頁。

221. 譚德睿，〈關於中國最早的熔模鑄造文獻問題〉〔J〕，《特種鑄造及有色合金》，1985 年第 4 期，第 57 頁。

222. 譚德睿，〈侯馬東周陶範的材料及其處理技術的研究〉〔J〕，《考古》，1986 年第 4 期，第 355～369 頁。

223. 譚德睿，〈商周青銅器陶範處理技術的研究〉〔J〕，《自然科學史研究》，1986 年第 5 卷第 4 期，第 346～360 頁。

224. 譚德睿，《燦爛的中國古代失蠟鑄造》〔M〕，上海：上海科學技術文獻出版社，1989 年。

225. 譚德睿，〈中國古代失蠟鑄造起源問題的思考〉〔J〕，《文物保護與考古學》，1994 年第 6 卷第 2 期，第 43～47 頁。

226. 譚德睿，〈中國青銅時代陶範鑄造技術研究〉〔J〕，《考古學報》，1999 年第 2 期，第 224～246 頁。

227. 譚其驤，《中國歷史地圖集》〔M〕，北京：中國地圖出版社出版，1996 年，第 17～18、29～30 頁。

228. 唐小勇，〈三峽地區夏商時期青銅器研究〉〔J〕，《三峽論壇》，2010 年第 2 期，第 48～55 頁。

229. 唐耀先，〈中國土壤分類發展史上的一個里程碑——評《中國土壤系統分類：理論·方法·實踐》專著出版〉〔J〕，《土壤通報》，1999 年第 S1 期，第 3 頁。

230. 鐵付德，〈青銅器腐蝕特徵與土壤腐蝕性的關係〉〔J〕，《中原文物》，1995 年第 2 期，第 19 頁。

231. 萬全文，〈江南銅礦的早期開發〉〔J〕，《鄂州大學學報》，2005 年第 12 卷第 5 期，第 18～21 頁。

232. 王步毅，〈安徽霍山縣出土吳蔡兵器和車馬器〉〔J〕，《文物》，1986 年第 3 期，第 44～46 頁。

233. 王昌燧編著，《科技考古進展》〔M〕，北京：科學出版社，2013 年。

234. 王峰，《淮河流域周代遺存研究》〔D〕〔博士〕，合肥：安徽大學，2011 年。

235. 王吉懷、趙蘭會，〈禹會村遺址的發掘收穫及學術意義〉〔J〕，《東南文化》，2008 年第 1 期，第 20～25 頁。

236. 王俊，〈介紹皖南當塗出土的幾件青銅器〉〔J〕，《東南文化》，1988 年第 6 期，第 83～84 頁。

237. 王俊，〈試論馬鞍山青銅大鐃的年代及其性質〉〔J〕，《東南文化》，2006 年第 3 期，第 23～27 頁。

238. 王輦，《禹會遺址出土陶器的燒成溫度研究》〔D〕〔碩士〕，合肥：中國科學技術大學，2012 年，第 41 頁。

239. 王慶雲、徐能海主編，〈湖北省土系概要〉〔M〕，武漢：湖北科學技術出版社，1997 年，第 1～8 頁。

240. 王仁湘、程欣人、郭德維等，〈湖北宜城楚皇城戰國秦漢墓〉〔J〕，《考古》，1980 年第 2 期，第 114～122 頁。

241. 王善才、吳曉松，〈湖北黃州國兒沖楚墓發掘簡報〉〔J〕，《江漢考古》，1983 年第 3 期。

242. 王水吉、呂厚遠，《植物矽酸體研究及應用》〔M〕，北京：海洋出版社，1993 年，第 16 頁。

243. 王文傑、葉俊英，〈安徽省古代礦業史略〉〔J〕，《安徽地質》，2000 年第 10 卷第 1 期，第 74～77 頁。

244. 王永剛、崔風光、李延麗，〈陝西甘泉縣出土晚商青銅器〉〔J〕，《考古與文物》，2007 年第 3 期，第 11～22 頁。

245. 王志武、原素芳，〈黃銅腐蝕速度與 Cl^- 濃度的關係〉〔J〕，《材料保護》，2004 年第 37 卷第 10 期，第 50～51 頁。

246. 魏國鋒、秦穎、胡雅麗等，〈利用泥芯中稀土元素示蹤青銅器的產地〉〔J〕，《岩礦測試》，2007 年第 26 卷第 2 期，第 145～149 頁。

247. 魏國鋒、秦穎、姚政權等，〈利用泥芯示蹤九連墩楚墓青銅器的產地〉〔J〕，《岩石礦物學雜誌》，2011 年第 4 期，第 701～715 頁。

248. 魏國鋒，《古代青銅器礦料來源與產地研究的新進展》〔D〕，中國科學技術大學，2007 年。

249. 魏益想、蒲顯均、鮑方鐸等，〈湖北黃陂魯台山兩周遺址與墓葬〉〔J〕，《江漢考古》，1982 年第 2 期，第 37～61 頁。

250. 鄔學德、劉炎等，〈河南古代建築史〉〔M〕，鄭州：中州古籍出版社，2001

年第 1 版，第 58 頁。

251. 吳家智，《安徽地區出土商代青銅器初步研究》〔D〕〔碩士〕，合肥：安徽大學，2009 年。

252. 吳雋、李家治，〈景德鎮歷代青花瓷胎釉化學組成的多元統計分析〉〔J〕，《陶瓷學報》，1997 年第 18 卷第 3 期，第 130～135 頁。

253. 吳雋、羅宏傑、李家治等，〈中國古陶瓷的斷源斷代〉〔J〕，《矽酸鹽學報》，2007 年第 35 卷第 S1 期，第 39～43 頁。

254. 吳十洲，〈兩周墓葬青銅容器隨葬組合定量分析〉〔J〕，《考古》，2001 年第 8 期，第 71～79 頁。

255. 武漢大學歷史學院、湖北省文物考古研究所、盤龍城遺址博物院，〈武漢市盤龍城遺址小嘴 2015～2017 年發掘簡報〉〔J〕，《考古》，2019 年第 6 期，第 15～34 頁。

256. 武漢大學歷史學院考古系、安徽省文物考古研究所，〈安徽阜南縣臺家寺遺址發掘簡報〉〔J〕，《考古》，2018 年第 6 期，第 13 頁。

257. 襄樊市博物館，〈襄樊余崗戰國秦漢墓第二次發掘簡報〉〔J〕，《漢江考古》，2003 年第 2 期，第 3～15 頁。

258. 襄樊市文物考古研究所，〈襄樊鄧城黃家村遺址 2005 年西區周代灰坑發掘簡報〉〔J〕，《中原文物》，2008 年第 3 期，第 4～13 頁。

259. 襄樊市文物考古研究所，〈湖北襄樊樊城菜越三國墓發掘簡報〉〔J〕，《文物》，2010 年第 9 期，第 4～20 頁。

260. 謝國喜、馮松林、馮向前等，〈北京毛家灣出土古瓷產地的 XRF 分析研究〉〔J〕，《核技術》，2007 年第 30 卷第 4 期，第 241～245 頁。

261. 謝建忠、趙維娟、高正耀等，〈古陶瓷研究中的模糊聚類分析算法〉〔J〕，《中國科學技術大學學報》，2001 年第 31 卷第 5 期，第 629～634 頁。

262. 熊武一、周家法、卓名信等，《軍事大辭海（下）》〔M〕，長城出版社，2000 年。

263. 徐峰，《西周時期的淮夷——以安徽江淮地區為中心》〔D〕〔碩士〕，南京：南京師範大學，2007 年。

264. 徐昭峰，〈商王朝東征與商夷關係〉〔J〕，《考古》，2012 年第 2 期，第 61～75 頁。

265. 徐之田，〈安徽宣州市孫埠出土周代青銅〉〔J〕，《文物》，1991 年第 8

期，第 96 頁。

266. 徐中舒，〈蒲姑、徐奄、淮夷、群舒考〉〔J〕，《四川大學學報（哲學社會科學版）》，1998 年第 3 期，第 65～75 頁。

267. 許玲，〈安徽六安縣城西窯廠 2 號楚墓〉〔J〕，《考古》，1995 年第 2 期，第 124～140 頁。

268. 楊德標，〈安徽省含山縣出土的商周青銅器〉〔J〕，《文物》，1992 年第 5 期，第 92～93 頁。

269. 楊定愛，〈麻城楚墓〉〔J〕，《江漢考古》，1986 年第 2 期，第 10～27 頁。

270. 楊定愛，〈湖北宜城羅崗車馬坑〉〔J〕，《文物》，1993 年第 12 期。

271. 楊立新，〈皖南古代銅礦的發現及其歷史價值〉〔J〕，《東南文化》，1991 年第 2 期。

272. 楊立新、葉波、盧本珊，〈安徽銅陵金牛洞銅礦古採礦遺址清理簡報〉〔J〕，《考古》，1989 年第 10 期。

273. 楊玉彬、劉海超，〈安徽渦陽縣出土的東周青銅器〉〔J〕，《考古》，2006 年第 9 期，第 24～30 頁。

274. 楊玉璋、張居中，〈安徽繁昌窯青白瓷微量元素組成的中子活化分析〉〔J〕，《核技術》，2008 年第 31 卷第 7 期，第 534～538 頁。

275. 葉舒然，《安徽江淮地區春秋青銅器發現與研究略論》〔D〕〔碩士〕，合肥：安徽大學，2012 年。

276. 葉萬松，〈我國西周前期青銅鑄造工藝之研究〉〔J〕，《考古》，1984 年第 7 期，第 656～663 頁。

277. 岳洪彬、岳占偉，〈試論殷墟孝民屯大型鑄範的鑄造工藝和器形——兼論商代盥洗禮儀〉〔J〕，《考古》，2009 年第 6 期，第 72～76 頁。

278. 鄖縣博物館，〈湖北鄖縣肖家河出土春秋唐國銅器〉〔J〕，《江漢考古》，2003 年第 1 期，第 3～8 頁。

279. 張愛冰、宮希成，《滁州發掘商代大規模聚落祭祀遺址》〔N〕，《中國文物報》第一版，2002 年 11 月 29 日。

280. 張愛冰、陸勤毅，〈皖南出土商代青銅器的年代與性質〉〔J〕，《考古》，2010 年第 6 期，第 83～92 頁。

281. 張愛冰，〈銅陵謝壟出土青銅器的年代及其相關問題〉〔J〕，《東南文化》，2009 年第 6 期，第 68～74 頁。

282. 張北進，〈安徽東至縣出土牛首耳青銅罍〉〔J〕，《考古》，1990 年第 4 期，第 383 頁。

283. 張昌平，〈關於曾侯乙尊盤是否採用失蠟法鑄造爭論的述評〉〔J〕，《江漢考古》，2007 年第 4 期，第 85～90 頁。

284. 張光直，《中國青銅時代》〔M〕，北京：生活・讀書・新知三聯書店出版，1983 年，第 1～4 頁。

285. 張國茂，〈安徽銅陵謝壠春秋銅器窖藏清理簡報〉〔J〕，《東南文化》，1990 年第 4 期，第 210～212、305 頁。

286. 張國茂，〈安徽銅陵地區先秦青銅文化簡論〉〔J〕，《東南文化》，1991 年第 2 期，第 138～143 頁。

287. 張國茂，〈安徽銅陵市金口嶺春秋墓〉〔J〕，《文物研究》，1991b 年第 7 期，第 286～289、295 頁。

288. 張敬國、賈慶元，《肥東縣古城吳大墩遺址試掘簡報》〔A〕 // 安徽省文物考古研究所等，《文物研究》第一輯，北京：科學出版社，1985 年，第 14～35 頁。

289. 張俊民、蔡鳳岐、何同康，《中國的土壤》〔M〕，北京：商務印書館，1995 年。

290. 張俊民等，《我國的土壤》〔M〕，北京：商務印書館，1984 年，第 17～230 頁。

291. 張敏，《讀《皖南商周青銅器》有感》〔N〕，《中國文物報》，2007 年 4 月 11 日，第 4 版。

292. 張少昀，《西漢星雲鏡鑄造工藝模擬實驗》〔D〕〔碩士〕，合肥：中國科學技術大學，2010 年，第 11～26 頁。

293. 張萬鍾，〈侯馬東周陶範的造型工藝〉〔J〕，《文物》，1962 年，第 4～5 頁。

294. 張曉芬，〈錯金銀銅器〉〔J〕，《金屬世界》，1998 年第 6 卷，第 25 頁。

295. 張曉梅、原思訓等，〈周原遺址及強國墓地出土青銅銹蝕研究〉〔J〕，《文物保護與考古科學》，1999 年第 11 卷第 2 期，第 7～18 頁。

296. 趙叢蒼主編，《科技考古學概論》〔M〕，北京：高等教育出版社，2006 年，第 312～313 頁。

297. 趙全嘏、韓維周、裴明相等，〈鄭州商代遺址的發掘〉〔J〕，《考古學報》，1957 年第 1 期，第 53～73 頁。

298. 趙世綱，〈春秋時期失蠟法鑄造工藝問題探討〉〔J〕，《中原文物》，2006 年第 6 期，第 84～91 頁。

299. 趙賢淑、張俊嶺、陳德嶺，〈多元統計分析在古生物化石分類鑒定中的應用〉〔J〕，《西安科技學院學報》，1996 年第 16 卷第 2 期，第 183～185 頁。

300. 趙振茂，〈金銀銅器的傳統修復技術〉〔J〕，《故宮博物院院刊》，1994 年第 3 期，第 81～83 頁。

301. 浙江省文物考古研究所等，〈浙江甌海楊府山西周土墩墓發掘簡報〉〔J〕，《文物》，2007 年第 11 期，第 25～36 頁。

302. 鄭景雲、尹雲鶴、李炳元，〈中國氣候區劃新方案〉〔J〕，《地理學報》，2010 年第 65 卷第 1 期，第 7 頁。

303. 鄭乃章、吳軍明、吳雋等，〈古陶瓷研究和鑒定中的化學組成儀器分析法〉〔J〕，《中國陶瓷》，2007 年第 43 卷第 5 期，第 52～54 頁。

304. 鄭小爐，〈試論徐和群舒青銅器——兼論徐、舒與吳越的融合〉〔J〕，《文物春秋》，2003 年第 5 期，第 6～14 頁。

305. 鄭小爐，《吳越和百越地區周代青銅器研究》〔D〕〔博士〕，長春：吉林大學，2004 年。

306. 鄭振，〈安徽廣德縣出土東周青銅器〉〔J〕，《考古》，1992 年，第 88 頁。

307. 中國考古學會編，《中國考古學年鑒 1987》〔M〕，北京：文物出版社，1988 年。

308. 中國考古學會編，《中國考古學年鑒 1991》〔M〕，北京：文物出版社，1992 年。

309. 中國科學院《中國自然地理》編輯委員會，《中國自然地理（土壤地理）》〔M〕，北京：科學出版社，1981 年，第 7～117 頁。

310. 中國科學院考古研究所，《新中國的考古收穫》〔M〕，北京：文物出版社，1961 年，第 65 頁。

311. 中國科學院自然科學史研究所，《中國古代重要科技發明創造》〔M〕，北京：中國科學技術出版社，2016 年。

312. 中國社會科學院考古研究所，《殷墟發掘報告（1958～1961）》〔M〕，北京：文物出版社，1987 年。

313. 中國社會科學院考古研究所，《偃師二里頭 1959 年～1978 年考古發掘報告》〔M〕，北京：中國大百科全書出版社，1999 年。

314. 中國文物學會等,《商承祚教授百年誕辰紀念文集》〔C〕// 王震中,《試論商代「虎食人卣」類銅器題材的含義》,北京:文物出版社,2003 年,第 113~123 頁。

315. 鍾家讓,〈出土青銅器的銹蝕因素及其防護研究〉〔J〕,《山西大學學報(自然科學版)》,2004 年第 27 卷第 1 期,第 44~47 頁。

316. 周浩、祝鴻范、蔡蘭坤,〈青銅器銹蝕結構組成及形態的比較研究〉〔J〕,《文物保護與考古科學》,2005 年第 17 卷第 3 期,第 22~27 頁。

317. 朱華東、王建國,〈安徽壽縣蒼陵城出土商代青銅器年代及相關問題〉〔J〕,《東南文化》,2019 年第 1 期,第 96~101 頁。

318. 朱獻雄,〈安徽青陽出土的春秋時期青銅器〉〔J〕,《文物》,1990 年第 8 期,第 93~94 頁。

319. 朱照宇、王俊達、黃寶林等,〈紅土·黃土·全球變化〉〔J〕,《第四紀研究》,1995 年第 3 期,第 268~276 頁。

320. 祝鴻范、周浩,〈青銅器文物腐蝕受損原因的研究〉〔J〕,《電化學》,1999 年第 3 期,第 314~318 頁。

附錄一　主成分分析圖錄

公因子方差

	初始	提取
SiO2	1.000	.707
Al2O3	1.000	.688
K2O	1.000	.437
Na2O	1.000	.824
CaO	1.000	.780
Fe2O3	1.000	.602
MgO	1.000	.951
TiO2	1.000	.558

KMO 和 Bartlett 的檢驗

取樣足夠度的 Kaiser-Meyer-Olkin 度量。		.513
Bartlett 的球形度檢驗	近似卡方	164.896
	df	28
	Sig.	.000

圖一

圖二

反映像矩陣

		SiO2	Al2O3	K2O	Na2O	CaO	Fe2O3	MgO	TiO2
反映像協方差	SiO2	.138	-.057	-.123	-.090	-.009	.039	.059	.016
	Al2O3	-.057	.265	.019	.100	.133	-.165	-.062	.046
	K2O	-.123	.019	.271	.135	.006	.044	-.067	-.025
	Na2O	-.090	.100	.135	.151	.046	-.012	-.059	.069
	CaO	-.009	.133	.006	.046	.164	-.110	-.047	.046
	Fe2O3	.039	-.165	.044	-.012	-.110	.249	.046	-.055
	MgO	.059	-.062	-.067	-.059	-.047	.046	.041	.003
	TiO2	.016	.046	-.025	.069	.046	-.055	.003	.542
反映像相关	SiO2	.474ᵃ	-.297	-.637	-.627	-.058	.213	.785	.058
	Al2O3	-.297	.390ᵃ	.070	.500	.637	-.644	-.591	.122
	K2O	-.637	.070	.278ᵃ	.670	.029	.171	-.629	-.066
	Na2O	-.627	.500	.670	.482ᵃ	.290	-.064	-.741	.243
	CaO	-.058	.637	.029	.290	.619ᵃ	-.545	-.573	.153
	Fe2O3	.213	-.644	.171	-.064	-.545	.584ᵃ	.450	-.150
	MgO	.785	-.591	-.629	-.741	-.573	.450	.496ᵃ	.023
	TiO2	.058	.122	-.066	.243	.153	-.150	.023	.908ᵃ

a. 取样足够度度量 (MSA)

圖三

解释的总方差

成份	初始特征值			提取平方和载入		
	合计	方差的 %	累积 %	合计	方差的 %	累积 %
1	3.864	48.305	48.305	3.864	48.305	48.305
2	1.684	21.045	69.349	1.684	21.045	69.349
3	1.042	13.023	82.372			
4	.648	8.105	90.477			
5	.364	4.549	95.027			
6	.263	3.284	98.310			
7	.109	1.364	99.675			
8	.026	.325	100.000			

成份矩阵

	成份	
	1	2
MgO	.907	.360
CaO	.807	.359
Na2O	.747	-.516
Fe2O3	-.709	.316
TiO2	-.697	.267
SiO2	-.672	-.504
Al2O3	-.543	.627
K2O	.311	.584

圖四

圖五

公因子方差

	初始	提取
SiO2	1.000	.750
Al2O3	1.000	.684
K2O	1.000	.746
Na2O	1.000	.691
CaO	1.000	.801
Fe2O3	1.000	.687
MgO	1.000	.865
TiO2	1.000	.352

KMO 和 Bartlett 的檢驗

取樣足夠度的 Kaiser-Meyer-Olkin 度量。		.657
Bartlett 的球形度檢驗	近似卡方	143.304
	df	28
	Sig.	.000

圖六　　　　　　　　　　　　　圖七

反映像矩陣

		SiO2	Al2O3	K2O	Na2O	CaO	Fe2O3	MgO	TiO2
反映像協方差	SiO2	.285	-.023	-.153	-.138	.014	-.032	.111	.080
	Al2O3	-.023	.314	-.112	-.041	.124	-.151	-.112	.070
	K2O	-.153	-.112	.267	.164	-.051	.031	-.025	-.154
	Na2O	-.138	-.041	.164	.303	.024	-.020	.008	-.078
	CaO	.014	.124	-.051	.024	.171	-.143	-.079	.099
	Fe2O3	-.032	-.151	.031	-.020	-.143	.277	.018	-.111
	MgO	.111	-.112	-.025	.008	-.079	.018	.161	.005
	TiO2	.080	.070	-.154	-.078	.099	-.111	.005	.817
反映像相关	SiO2	.566[a]	-.078	-.553	-.468	.065	-.116	.520	.165
	Al2O3	-.078	.548[a]	-.388	-.134	.538	-.513	-.498	.139
	K2O	-.553	-.388	.610[a]	.576	-.237	.115	-.119	-.330
	Na2O	-.468	-.134	.576	.747[a]	.105	-.068	.035	-.157
	CaO	.065	.538	-.237	.105	.670[a]	-.659	-.476	.266
	Fe2O3	-.116	-.513	.115	-.068	-.659	.692[a]	.083	-.232
	MgO	.520	-.498	-.119	.035	-.476	.083	.763[a]	.014
	TiO2	.165	.139	-.330	-.157	.266	-.232	.014	.243[a]

a. 取樣足夠度度量 (MSA)

圖八

解釋的总方差

成份	初始特征值			提取平方和载入		
	合計	方差的 %	累积 %	合計	方差的 %	累积 %
1	4.047	50.594	50.594	4.047	50.594	50.594
2	1.530	19.128	69.722	1.530	19.128	69.722
3	.871	10.889	80.610			
4	.628	7.853	88.464			
5	.512	6.398	94.862			
6	.208	2.597	97.459			
7	.118	1.478	98.937			
8	.085	1.063	100.000			

成份矩陣

	成份	
	1	2
MgO	.917	-.159
CaO	.870	-.212
Na2O	-.793	.247
Fe2O3	.786	.263
K2O	.707	.496
Al2O3	.623	.545
SiO2	-.562	.659
TiO2	.000	.594

圖九　　　　　　　　　　　　　圖十

KMO 和 Bartlett 的檢驗

取樣足够度的 Kaiser-Meyer-Olkin 度量。		.440
Bartlett 的球形度檢驗	近似卡方	50.748
	df	10
	Sig.	.000

圖十一

公因子方差

	初始	提取
SiO2	1.000	.683
Al2O3	1.000	.746
CaO	1.000	.877
Fe2O3	1.000	.524
MgO	1.000	.829

圖十二

反映像矩陣

		SiO2	Al2O3	CaO	Fe2O3	MgO
反映像協方差	SiO2	.338	.189	.217	-.181	-.146
	Al2O3	.189	.485	.117	-.200	-.307
	CaO	.217	.117	.240	-.223	-.143
	Fe2O3	-.181	-.200	-.223	.447	.132
	MgO	-.146	-.307	-.143	.132	.602
反映像相关	SiO2	.412[a]	.467	.764	-.465	-.325
	Al2O3	.467	.471[a]	.345	-.429	-.568
	CaO	.764	.345	.463[a]	-.680	-.376
	Fe2O3	-.465	-.429	-.680	.414[a]	.255
	MgO	-.325	-.568	-.376	.255	.430[a]

a. 取樣足够度度量 (MSA)

圖十三

解释的总方差

成份	初始特征值			提取平方和载入		
	合计	方差的 %	累积 %	合计	方差的 %	累积 %
1	2.639	52.773	52.773	2.639	52.773	52.773
2	1.021	20.424	73.196	1.021	20.424	73.196
3	.738	14.764	87.960			
4	.482	9.630	97.591			
5	.120	2.409	100.000			

圖十四

成份矩陣

	成份	
	1	2
CaO	.858	-.377
SiO2	-.736	.377
Al2O3	.734	.455
Fe2O3	.695	-.204
MgO	.584	.699

圖十五

公因子方差

	初始	提取
SiO2	1.000	.680
Al2O3	1.000	.735
K2O	1.000	.705
Na2O	1.000	.587
CaO	1.000	.676
Fe2O3	1.000	.735
MgO	1.000	.771
TiO2	1.000	.386

KMO 和 Bartlett 的檢驗

取樣足夠度的 Kaiser-Meyer-Olkin 度量。		.590
Bartlett 的球形度檢驗	近似卡方	121.984
	df	28
	Sig.	.000

圖十六　　　　　　　　　圖十七

反映像矩陣

		SiO2	Al2O3	K2O	Na2O	CaO	Fe2O3	MgO	TiO2
反映像協方差	SiO2	.332	.020	-.184	-.181	.130	-.081	.175	.059
	Al2O3	.020	.407	-.082	.090	.197	-.187	.037	-.008
	K2O	-.184	-.082	.290	.150	-.115	.023	-.152	-.142
	Na2O	-.181	.090	.150	.477	.067	.025	-.067	-.046
	CaO	.130	.197	-.115	.067	.487	-.048	.013	.131
	Fe2O3	-.081	-.187	.023	.025	-.048	.351	-.145	-.048
	MgO	.175	.037	-.152	-.067	.013	-.145	.239	.117
	TiO2	.059	-.008	-.142	-.046	.131	-.048	.117	.777
反映像相关	SiO2	.423[a]	.055	-.594	-.454	.325	-.239	.623	.117
	Al2O3	.055	.640[a]	-.238	.205	.441	-.494	.120	-.014
	K2O	-.594	-.238	.539[a]	.403	-.306	.071	-.579	-.299
	Na2O	-.454	.205	.403	.695[a]	.140	.062	-.199	-.076
	CaO	.325	.441	-.306	.140	.633[a]	-.116	.039	.213
	Fe2O3	-.239	-.494	.071	.062	-.116	.693[a]	-.502	-.091
	MgO	.623	.120	-.579	-.199	.039	-.502	.582[a]	.271
	TiO2	.117	-.014	-.299	-.076	.213	-.091	.271	.543[a]

a. 取樣足夠度度量 (MSA)

圖十八

解释的总方差

成份	初始特征值			提取平方和載入		
	合計	方差的 %	累积 %	合計	方差的 %	累积 %
1	3.201	40.012	40.012	3.201	40.012	40.012
2	2.074	25.926	65.938	2.074	25.926	65.938
3	.808	10.099	76.037			
4	.665	8.309	84.345			
5	.557	6.957	91.303			
6	.336	4.201	95.504			
7	.250	3.120	98.624			
8	.110	1.376	100.000			

成份矩陣

	成份	
	1	2
MgO	.862	-.166
Fe2O3	.772	.373
K2O	.766	.344
Na2O	-.752	.144
SiO2	-.444	.694
CaO	.460	-.682
Al2O3	.543	.663
TiO2	-.062	.618

圖十九　　　　　　　　　圖二十

公因子方差

	初始	提取
SiO2	1.000	.575
Al2O3	1.000	.041
K2O	1.000	.047
Na2O	1.000	.041
CaO	1.000	.710
Fe2O3	1.000	.175
MgO	1.000	.794
TiO2	1.000	.274

KMO 和 Bartlett 的檢驗

取样足够度的 Kaiser-Meyer-Olkin 度量。		.543
Bartlett的球形度检验	近似卡方	226.966
	df	28
	Sig.	.000

圖二十一

圖二十二

反映像矩阵

		SiO2	Al2O3	K2O	Na2O	CaO	Fe2O3	MgO	TiO2
反映像协方差	SiO2	.427	.018	-.175	-.160	.114	.055	.134	.012
	Al2O3	.018	.357	-.036	.144	.138	-.244	-.073	-.223
	K2O	-.175	-.036	.470	.261	-.018	.060	-.081	.064
	Na2O	-.160	.144	.261	.380	.026	-.073	-.114	-.075
	CaO	.114	.138	-.018	.026	.405	-.069	-.175	-.099
	Fe2O3	.055	-.244	.060	-.073	-.069	.562	-.028	.083
	MgO	.134	-.073	-.081	-.114	-.175	-.028	.311	.184
	TiO2	.012	-.223	.064	-.075	-.099	.083	.184	.530
反映像相关	SiO2	.634[a]	.047	-.390	-.397	.274	.112	.369	.026
	Al2O3	.047	.457[a]	-.087	.391	.362	-.544	-.220	-.513
	K2O	-.390	-.087	.453[a]	.618	-.042	.116	-.213	.128
	Na2O	-.397	.391	.618	.442[a]	.066	-.150	-.332	-.167
	CaO	.274	.362	-.042	.066	.663[a]	-.145	-.493	-.213
	Fe2O3	.112	-.544	.116	-.158	-.145	.576[a]	-.066	.151
	MgO	.369	-.220	-.213	-.332	-.493	-.066	.604[a]	.453
	TiO2	.026	-.513	.128	-.167	-.213	.151	.453	.479[a]

a. 取样足够度度量 (MSA)

圖二十三

解释的总方差

成份	初始特征值			提取平方和载入		
	合计	方差的 %	累积 %	合计	方差的 %	累积 %
1	2.656	33.197	33.197	2.656	33.197	33.197
2	2.051	25.638	58.835			
3	1.434	17.928	76.763			
4	.682	8.524	85.287			
5	.478	5.980	91.267			
6	.323	4.040	95.307			
7	.222	2.781	98.087			
8	.153	1.913	100.000			

成份矩阵

	成份
	1
MgO	.891
CaO	.842
SiO2	-.758
TiO2	-.523
Fe2O3	.418
K2O	-.217
Al2O3	-.203
Na2O	.201

圖二十四

圖二十五

公因子方差

	初始	提取
SiO2	1.000	.689
Al2O3	1.000	.741
K2O	1.000	.354
Na2O	1.000	.650
CaO	1.000	.710
Fe2O3	1.000	.433
MgO	1.000	.804
TiO2	1.000	.326

KMO 和 Bartlett 的檢驗

取樣足夠度的 Kaiser-Meyer-Olkin 度量。		.543
Bartlett 的球形度檢驗	近似卡方	226.966
	df	28
	Sig.	.000

圖二十六　　　　　　　　　圖二十七

反映像矩陣

		SiO2	Al2O3	K2O	Na2O	CaO	Fe2O3	MgO	TiO2
反映像協方差	SiO2	.427	.018	-.175	-.160	.114	.055	.134	.012
	Al2O3	.018	.357	-.036	.144	.138	-.244	-.073	-.223
	K2O	-.175	-.036	.470	.261	-.018	.060	-.081	.064
	Na2O	-.160	.144	.261	.380	.026	-.073	-.114	-.075
	CaO	.114	.138	-.018	.026	.405	-.069	-.175	-.099
	Fe2O3	.055	-.244	.060	-.073	-.069	.562	-.028	.083
	MgO	.134	-.073	-.081	-.114	-.175	-.028	.311	.184
	TiO2	.012	-.223	.064	-.075	-.099	.083	.184	.530
反映像相關	SiO2	.634[a]	.047	-.390	-.397	.274	.112	.369	.026
	Al2O3	.047	.457[a]	-.087	.391	.362	-.544	-.220	-.513
	K2O	-.390	-.087	.453[a]	.618	-.042	.116	-.213	.128
	Na2O	-.397	.391	.618	.442[a]	.066	-.158	-.332	-.167
	CaO	.274	.362	-.042	.066	.663[a]	-.145	-.493	-.213
	Fe2O3	.112	-.544	.116	-.158	-.145	.576[a]	-.066	.151
	MgO	.369	-.220	-.213	-.332	-.493	-.066	.604[a]	.453
	TiO2	.026	-.513	.128	-.167	-.213	.151	.453	.479[a]

a. 取樣足夠度度量 (MSA)

圖二十八

解釋的总方差

成份	初始特征值			提取平方和載入		
	合计	方差的 %	累积 %	合计	方差的 %	累积 %
1	2.656	33.197	33.197	2.656	33.197	33.197
2	2.051	25.638	58.835	2.051	25.638	58.835
3	1.434	17.928	76.763			
4	.682	8.524	85.287			
5	.478	5.980	91.267			
6	.323	4.040	95.307			
7	.222	2.781	98.087			
8	.153	1.913	100.000			

成份矩陣

	成份	
	1	2
MgO	.891	.104
CaO	.842	.008
SiO2	-.758	-.338
TiO2	-.523	.229
Al2O3	-.203	.837
Na2O	.201	-.781
K2O	-.217	.554
Fe2O3	.418	.508

圖二十九　　　　　　　　　圖三十

公因子方差

	初始	提取
SiO2	1.000	.708
Al2O3	1.000	.759
K2O	1.000	.340
Na2O	1.000	.644
CaO	1.000	.703
Fe2O3	1.000	.473
MgO	1.000	.792
TiO2	1.000	.265

KMO 和 Bartlett 的檢驗

取樣足够度的 Kaiser-Meyer-Olkin 度量。		.564
Bartlett 的球形度檢驗	近似卡方	232.302
	df	28
	Sig.	.000

圖三十一

圖三十二

反映像矩陣

		SiO2	Al2O3	K2O	Na2O	CaO	Fe2O3	MgO	TiO2
反映像協方差	SiO2	.452	.023	-.144	-.148	.118	.043	.126	.007
	Al2O3	.023	.358	-.053	.151	.136	-.237	-.073	-.223
	K2O	-.144	-.053	.476	.249	-.018	.111	-.045	.094
	Na2O	-.148	.151	.249	.398	.029	-.061	-.103	-.074
	CaO	.118	.136	-.018	.029	.396	-.068	-.179	-.098
	Fe2O3	.043	-.237	.111	-.061	-.068	.531	-.037	.078
	MgO	.126	-.073	-.045	-.103	-.179	-.037	.315	.185
	TiO2	.007	-.223	.094	-.074	-.098	.078	.185	.529
反映像相关	SiO2	.694[a]	.056	-.310	-.349	.279	.087	.334	.015
	Al2O3	.056	.438[a]	-.128	.400	.362	-.544	-.218	-.513
	K2O	-.310	-.128	.516[a]	.673	-.041	.220	-.117	.188
	Na2O	-.349	.400	.573	.477[a]	.073	-.133	-.290	-.161
	CaO	.279	.362	-.041	.073	.665[a]	-.148	-.508	-.214
	Fe2O3	.087	-.544	.220	-.133	-.148	.588[a]	-.092	.148
	MgO	.334	-.218	-.117	-.290	-.508	-.092	.631[a]	.454
	TiO2	.015	-.513	.188	-.161	-.214	.148	.454	.460[a]

a. 取樣足够度度量 (MSA)

圖三十三

解释的总方差

成份	初始特征值			提取平方和載入		
	合计	方差的 %	累积 %	合计	方差的 %	累积 %
1	2.735	34.193	34.193	2.735	34.193	34.193
2	1.948	24.344	58.537	1.948	24.344	58.537
3	1.506	18.819	77.356			
4	.662	8.278	85.634			
5	.446	5.570	91.204			
6	.313	3.919	95.123			
7	.231	2.888	98.011			
8	.159	1.989	100.000			

成份矩陣

	成份	
	1	2
MgO	.880	.131
CaO	.837	.042
SiO2	-.743	-.395
TiO2	-.463	.226
Al2O3	-.218	.843
Na2O	.301	-.743
Fe2O3	.466	.506
K2O	-.373	.449

圖三十四

圖三十五

公因子方差

	初始	提取
SiO2	1.000	.552
Al2O3	1.000	.047
K2O	1.000	.139
Na2O	1.000	.091
CaO	1.000	.701
Fe2O3	1.000	.217
MgO	1.000	.774
TiO2	1.000	.214

KMO 和 Bartlett 的檢驗

取樣足夠度的 Kaiser-Meyer-Olkin 度量。		.564
Bartlett 的球形度檢驗	近似卡方	232.302
	df	28
	Sig.	.000

圖三十六

圖三十七

反映像矩陣

		SiO2	Al2O3	K2O	Na2O	CaO	Fe2O3	MgO	TiO2
反映像协方差	SiO2	.452	.023	-.144	-.148	.118	.043	.126	.007
	Al2O3	.023	.358	-.053	.151	.136	-.237	-.073	-.223
	K2O	-.144	-.053	.476	.249	-.018	.111	-.045	.094
	Na2O	-.148	.151	.249	.398	.029	-.061	-.103	-.074
	CaO	.118	.136	-.018	.029	.396	-.068	-.179	-.098
	Fe2O3	.043	-.237	.111	-.061	-.068	.531	-.037	.078
	MgO	.126	-.073	-.045	-.103	-.179	-.037	.315	.185
	TiO2	.007	-.223	.094	-.074	-.098	.078	.185	.529
反映像相关	SiO2	.694[a]	.056	-.310	-.349	.279	.087	.334	.015
	Al2O3	.056	.438[a]	-.128	.400	.362	-.544	-.218	-.513
	K2O	-.310	-.128	.516[a]	.573	-.041	.220	-.117	.188
	Na2O	-.349	.400	.573	.477[a]	.073	-.133	-.290	-.161
	CaO	.279	.362	-.041	.073	.665[a]	-.148	-.508	-.214
	Fe2O3	.087	-.544	.220	-.133	-.148	.588[a]	-.092	.148
	MgO	.334	-.218	-.117	-.290	-.508	-.092	.631[a]	.454
	TiO2	.015	-.513	.188	-.161	-.214	.148	.454	.460[a]

a. 取樣足夠度度量 (MSA)

圖三十八

解释的总方差

成份	初始特征值			提取平方和载入		
	合计	方差的 %	累积 %	合计	方差的 %	累积 %
1	2.735	34.193	34.193	2.735	34.193	34.193
2	1.948	24.344	58.537			
3	1.506	18.819	77.356			
4	.662	8.278	85.634			
5	.446	5.570	91.204			
6	.313	3.919	95.123			
7	.231	2.888	98.011			
8	.159	1.989	100.000			

成份矩阵

	成份
	1
MgO	.880
CaO	.837
SiO2	-.743
Fe2O3	.466
TiO2	-.463
K2O	-.373
Na2O	.301
Al2O3	-.218

圖三十九

圖四十

公因子方差

	初始	提取
SiO2	1.000	.556
Al2O3	1.000	.053
K2O	1.000	.158
Na2O	1.000	.094
CaO	1.000	.709
Fe2O3	1.000	.217
MgO	1.000	.753
TiO2	1.000	.200

KMO 和 Bartlett 的檢驗

取樣足够度的 Kaiser-Meyer-Olkin 度量。		.604
Bartlett 的球形度檢驗	近似卡方	209.315
	df	28
	Sig.	.000

圖四十一

圖四十二

反映像矩陣

		SiO2	Al2O3	K2O	Na2O	CaO	Fe2O3	MgO	TiO2
反映像協方差	SiO2	.458	.026	-.141	-.161	.163	.028	.120	.011
	Al2O3	.026	.427	-.101	.129	.065	-.250	-.025	-.243
	K2O	-.141	-.101	.476	.261	-.030	.141	-.039	.113
	Na2O	-.161	.129	.261	.456	-.040	-.027	-.072	-.054
	CaO	.163	.065	-.030	-.040	.425	-.033	-.174	-.046
	Fe2O3	.028	-.250	.141	-.027	-.033	.572	-.085	.062
	MgO	.120	-.025	-.039	-.072	-.174	-.085	.359	.172
	TiO2	.011	-.243	.113	-.054	-.046	.062	.172	.544
反映像相关	SiO2	.679[a]	.058	-.301	-.352	.369	.055	.295	.022
	Al2O3	.058	.494[a]	-.225	.292	.153	-.505	-.063	-.504
	K2O	-.301	-.225	.500[a]	.660	-.066	.270	-.094	.221
	Na2O	-.352	.292	.560	.520[a]	-.090	-.052	-.178	-.108
	CaO	.369	.153	-.066	-.090	.740[a]	-.066	-.446	-.096
	Fe2O3	.055	-.505	.270	-.052	-.066	.591[a]	-.188	.111
	MgO	.295	-.063	-.094	-.178	-.446	-.188	.700[a]	.390
	TiO2	.022	-.504	.221	-.108	-.096	.111	.390	.513[a]

a. 取样足够度度量 (MSA)

圖四十三

解释的总方差

成份	初始特征值			提取平方和载入		
	合计	方差的 %	累积 %	合计	方差的 %	累积 %
1	2.740	34.247	34.247	2.740	34.247	34.247
2	1.897	23.711	57.958			
3	1.500	18.752	76.710			
4	.665	8.313	85.022			
5	.453	5.666	90.688			
6	.294	3.670	94.358			
7	.231	2.889	97.247			
8	.220	2.753	100.000			

成份矩陣

	成份
	1
MgO	.868
CaO	.842
SiO2	-.746
Fe2O3	.466
TiO2	-.447
K2O	-.397
Na2O	.306
Al2O3	-.231

圖四十四

圖四十五

公因子方差

	初始	提取
SiO2	1.000	.696
Al2O3	1.000	.739
K2O	1.000	.373
Na2O	1.000	.621
CaO	1.000	.721
Fe2O3	1.000	.451
MgO	1.000	.770
TiO2	1.000	.264

KMO 和 Bartlett 的檢驗

取樣足夠度的 Kaiser-Meyer-Olkin 度量。		.604
Bartlett 的球形度檢驗	近似卡方	209.315
	df	28
	Sig.	.000

圖四十六   圖四十七

反映像矩陣

		SiO2	Al2O3	K2O	Na2O	CaO	Fe2O3	MgO	TiO2
反映像協方差	SiO2	.458	.026	-.141	-.161	.163	.028	.120	.011
	Al2O3	.026	.427	-.101	.129	.065	-.250	-.025	-.243
	K2O	-.141	-.101	.476	.261	-.030	.141	-.039	.113
	Na2O	-.161	.129	.261	.456	-.040	-.027	-.072	-.054
	CaO	.163	.065	-.030	-.040	.425	-.033	-.174	-.046
	Fe2O3	.028	-.250	.141	-.027	-.033	.572	-.085	.062
	MgO	.120	-.025	-.039	-.072	-.174	-.085	.359	.172
	TiO2	.011	-.243	.113	-.054	-.046	.062	.172	.544
反映像相关	SiO2	.679[a]	.058	-.301	-.352	.369	.055	.295	.022
	Al2O3	.058	.494[a]	-.225	.292	.153	-.505	-.063	-.504
	K2O	-.301	-.225	.500[a]	.560	-.066	.270	-.094	.221
	Na2O	-.352	.292	.560	.520[a]	-.090	-.052	-.178	-.108
	CaO	.369	.153	-.066	-.090	.740[a]	-.066	-.446	-.096
	Fe2O3	.055	-.505	.270	-.052	-.066	.591[a]	-.188	.111
	MgO	.295	-.063	-.094	-.178	-.446	-.188	.700[a]	.390
	TiO2	.022	-.504	.221	-.108	-.096	.111	.390	.513[a]

a. 取樣足夠度度量 (MSA)

圖四十八

解釋的总方差

成份	初始特征值			提取平方和載入		
	合计	方差的 %	累积 %	合计	方差的 %	累积 %
1	2.740	34.247	34.247	2.740	34.247	34.247
2	1.897	23.711	57.958	1.897	23.711	57.958
3	1.500	18.752	76.710			
4	.665	8.313	85.022			
5	.453	5.666	90.688			
6	.294	3.670	94.358			
7	.231	2.889	97.247			
8	.220	2.753	100.000			

成份矩陣

	成份	
	1	2
MgO	.868	.131
CaO	.842	.110
SiO2	-.746	-.374
TiO2	-.447	.253
Al2O3	-.231	.828
Na2O	.306	-.726
Fe2O3	.466	.484
K2O	-.397	.464

圖四十九   圖五十

公因子方差

	初始	提取
SiO2	1.000	.569
Al2O3	1.000	.716
K2O	1.000	.255
Na2O	1.000	.754
CaO	1.000	.808
P2O5	1.000	.132
Fe2O3	1.000	.393
MgO	1.000	.781
TiO2	1.000	.738

KMO 和 Bartlett 的检验

取样足够度的 Kaiser-Meyer-Olkin 度量。		.619
Bartlett 的球形度检验	近似卡方	329.660
	df	36
	Sig.	.000

圖五十一　　　　　　　　　　　　圖五十二

反映像矩阵

		SiO2	Al2O3	K2O	Na2O	CaO	P2O5	Fe2O3	MgO	TiO2
反映像协方差	SiO2	.491	.134	-.081	-.009	.127	.264	.067	.076	-.022
	Al2O3	.134	.396	-.133	.028	.066	.132	-.080	.026	-.144
	K2O	-.081	-.133	.507	.123	-.002	-.039	.277	-.141	-.041
	Na2O	-.009	.028	.123	.297	.006	.125	.121	-.147	.102
	CaO	.127	.066	-.002	.006	.268	.121	.036	-.130	.105
	P2O5	.264	.132	-.039	.125	.121	.564	.028	.001	.041
	Fe2O3	.067	-.080	.277	.121	.036	.028	.597	-.138	-.038
	MgO	.076	.026	-.141	-.147	-.130	.001	-.138	.263	-.106
	TiO2	-.022	-.144	-.041	.102	.105	.041	-.038	-.106	.352
反映像相关	SiO2	.506[a]	.303	-.163	-.024	.349	.501	.124	.210	-.052
	Al2O3	.303	.713[a]	-.297	.083	.202	.279	-.165	.080	-.386
	K2O	-.163	-.297	.483[a]	.316	-.006	-.073	.503	-.386	-.098
	Na2O	-.024	.083	.316	.714[a]	.022	.305	.287	-.527	.314
	CaO	.349	.202	-.006	.022	.727[a]	.311	.090	-.491	.342
	P2O5	.501	.279	-.073	.305	.311	.446[a]	.049	.002	.092
	Fe2O3	.124	-.165	.503	.287	.090	.049	.381[a]	-.349	-.083
	MgO	.210	.080	-.386	-.527	-.491	.002	-.349	.548[a]	-.350
	TiO2	-.052	-.386	-.098	.314	.342	.092	-.083	-.350	.720[a]

a. 取样足够度度量 (MSA)

圖五十三

解释的总方差

成份	初始特征值			提取平方和载入		
	合计	方差的 %	累积 %	合计	方差的 %	累积 %
1	3.348	37.199	37.199	3.348	37.199	37.199
2	1.797	19.964	57.163	1.797	19.964	57.163
3	1.381	15.342	72.505			
4	1.059	11.769	84.275			
5	.444.	4.933	89.208			
6	.357	3.967	93.176			
7	.281	3.121	96.296			
8	.203	2.251	98.547			
9	.131	1.453	100.000			

圖五十四

成份矩阵

	成份	
	1	2
Na2O	-.868	-.025
CaO	-.857	.272
TiO2	.739	.438
Al2O3	.699	.477
MgO	-.625	.624
K2O	.452	.224
P2O5	.361	.048
SiO2	.311	-.687
Fe2O3	.065	.623

圖五十五

公因子方差

	初始	提取
SiO2	1.000	.557
Al2O3	1.000	.744
K2O	1.000	.407
Na2O	1.000	.638
CaO	1.000	.746
Fe2O3	1.000	.403
MgO	1.000	.702
TiO2	1.000	.641

KMO 和 Bartlett 的檢驗

取樣足夠度的 Kaiser-Meyer-Olkin 度量。		.660
Bartlett 的球形度檢驗	近似卡方	371.507
	df	28
	Sig.	.000

圖五十六

圖五十七

反映像矩陣

		SiO2	Al2O3	K2O	Na2O	CaO	Fe2O3	MgO	TiO2
反映像協方差	SiO2	.712	.109	-.103	-.097	.129	.077	.119	-.073
	Al2O3	.109	.438	-.122	.048	.075	-.128	.034	-.195
	K2O	-.103	-.122	.472	.222	.038	.221	-.208	-.065
	Na2O	-.097	.048	.222	.474	-.052	.131	-.148	.033
	CaO	.129	.075	.038	-.052	.424	.032	-.211	.056
	Fe2O3	.077	-.128	.221	.131	.032	.687	-.165	-.095
	MgO	.119	.034	-.208	-.148	-.211	-.165	.420	-.006
	TiO2	-.073	-.195	-.065	.033	.056	-.095	-.006	.527
反映像相关	SiO2	.630[a]	.194	-.177	-.168	.235	.111	.217	-.119
	Al2O3	.194	.765[a]	-.269	.105	.173	-.233	.080	-.405
	K2O	-.177	-.269	.499[a]	.470	.086	.388	-.467	-.130
	Na2O	-.168	.105	.470	.720[a]	-.115	.230	-.331	.066
	CaO	.235	.173	.086	-.115	.760[a]	.059	-.499	.118
	Fe2O3	.111	-.233	.388	.230	.059	.426[a]	-.306	-.158
	MgO	.217	.080	-.467	-.331	-.499	-.306	.510[a]	-.014
	TiO2	-.119	-.405	-.130	.066	.118	-.158	-.014	.818[a]

a. 取樣足夠度度量 (MSA)

圖五十八

解釋的总方差

成份	初始特征值			提取平方和載入		
	合计	方差的 %	累积 %	合计	方差的 %	累积 %
1	3.082	38.521	38.521	3.082	38.521	38.521
2	1.757	21.960	60.481	1.757	21.960	60.481
3	1.076	13.450	73.931			
4	.695	8.684	82.616			
5	.518	6.471	89.086			
6	.357	4.458	93.544			
7	.305	3.814	97.358			
8	.211	2.642	100.000			

成份矩陣

	成份	
	1	2
Al2O3	.788	.350
Na2O	-.787	-.137
TiO2	.762	.245
CaO	-.756	.418
K2O	.578	.271
SiO2	.285	-.690
MgO	-.486	.683
Fe2O3	.194	.604

圖五十九

圖六十

公因子方差

	初始	提取
SiO2	1.000	.081
Al2O3	1.000	.621
K2O	1.000	.334
Na2O	1.000	.619
CaO	1.000	.571
Fe2O3	1.000	.038
MgO	1.000	.236
TiO2	1.000	.581

KMO 和 Bartlett 的檢驗

取樣足够度的 Kaiser-Meyer-Olkin 度量。		.660
Bartlett 的球形度檢驗	近似卡方	371.507
	df	28
	Sig.	.000

圖六十一

圖六十二

反映像矩陣

		SiO2	Al2O3	K2O	Na2O	CaO	Fe2O3	MgO	TiO2
反映像協方差	SiO2	.712	.109	-.103	-.097	.129	.077	.119	-.073
	Al2O3	.109	.438	-.122	.048	.075	-.128	.034	-.195
	K2O	-.103	-.122	.472	.222	.038	.221	-.208	-.065
	Na2O	-.097	.048	.222	.474	-.052	.131	-.148	.033
	CaO	.129	.075	.038	-.052	.424	.032	-.211	.056
	Fe2O3	.077	-.128	.221	.131	.032	.687	-.165	-.095
	MgO	.119	.034	-.208	-.148	-.211	-.165	.420	-.006
	TiO2	-.073	-.195	-.065	.033	.056	-.095	-.006	.527
反映像相关	SiO2	.630[a]	.194	-.177	-.168	.235	.111	.217	-.119
	Al2O3	.194	.765[a]	-.269	.105	.173	-.233	.080	-.405
	K2O	-.177	-.269	.499[a]	.470	.086	.388	-.467	-.130
	Na2O	-.168	.105	.470	.720[a]	-.115	.230	-.331	.066
	CaO	.235	.173	.086	-.115	.760[a]	.059	-.499	.118
	Fe2O3	.111	-.233	.388	.230	.059	.426[a]	-.306	-.158
	MgO	.217	.080	-.467	-.331	-.499	-.306	.510[a]	-.014
	TiO2	-.119	-.405	-.130	.066	.118	-.158	-.014	.818[a]

a. 取樣足够度度量 (MSA)

圖六十三

解释的总方差

成份	初始特征值			提取平方和载入		
	合计	方差的 %	累积 %	合计	方差的 %	累积 %
1	3.082	38.521	38.521	3.082	38.521	38.521
2	1.757	21.960	60.481			
3	1.076	13.450	73.931			
4	.695	8.684	82.616			
5	.518	6.471	89.086			
6	.357	4.458	93.544			
7	.305	3.814	97.358			
8	.211	2.642	100.000			

成份矩陣

	成份
	1
Al2O3	.788
Na2O	-.787
TiO2	.762
CaO	-.756
K2O	.578
MgO	-.486
SiO2	.285
Fe2O3	.194

圖六十四

圖六十五

公因子方差

	初始	提取
SiO2	1.000	.244
TiO2	1.000	.541
Al2O3	1.000	.725
K2O	1.000	.579
Na2O	1.000	.563
CaO	1.000	.092
P2O5	1.000	.159
Fe2O3	1.000	.371
MgO	1.000	.270

KMO 和 Bartlett 的檢驗

取樣足夠度的 Kaiser-Meyer-Olkin 度量。		.579
Bartlett 的球形度檢驗	近似卡方	469.830
	df	36
	Sig.	.000

圖六十六　　　　　　　　　圖六十七

反映像矩陣

		SiO2	TiO2	Al2O3	K2O	Na2O	CaO	P2O5	Fe2O3	MgO
反映像協方差	SiO2	.379	-.096	.153	-.046	.022	.193	.264	.074	.063
	TiO2	-.096	.358	-.165	-.022	-.083	-.002	-.073	-.083	-.074
	Al2O3	.153	-.165	.206	-.075	.021	.116	.112	-.032	.053
	K2O	-.046	-.022	-.075	.253	.179	-.032	-.017	.167	-.158
	Na2O	.022	-.083	.021	.179	.314	-.064	.111	.161	-.046
	CaO	.193	-.002	.116	-.032	-.064	.404	.117	.068	-.143
	P2O5	.264	-.073	.112	-.017	.111	.117	.605	.046	.041
	Fe2O3	.074	-.083	-.032	.167	.161	.068	.046	.511	-.180
	MgO	.063	-.074	.053	-.158	-.046	-.143	.041	-.180	.425
反映像相关	SiO2	.452[a]	-.260	.548	-.147	.065	.492	.552	.169	.156
	TiO2	-.260	.681[a]	-.608	-.073	-.248	-.005	-.158	-.194	-.189
	Al2O3	.548	-.608	.620[a]	-.330	.084	.404	.317	-.097	.179
	K2O	-.147	-.073	-.330	.586[a]	.636	-.100	-.044	.465	-.481
	Na2O	.065	-.248	.084	.636	.644[a]	-.181	.254	.403	-.126
	CaO	.492	-.005	.404	-.100	-.181	.506[a]	.237	.151	-.345
	P2O5	.552	-.158	.317	-.044	.254	.237	.443[a]	.083	.081
	Fe2O3	.169	-.194	-.097	.465	.403	.151	.083	.568[a]	-.385
	MgO	.156	-.189	.179	-.481	-.126	-.345	.081	-.385	.584[a]

a. 取樣足夠度度量 (MSA)

圖六十八

解釋的总方差

成份	初始特征值			提取平方和載入		
	合計	方差的 %	累积 %	合計	方差的 %	累积 %
1	3.543	39.367	39.367	3.543	39.367	39.367
2	1.709	18.989	58.356			
3	1.126	12.508	70.864			
4	.996	11.061	81.926			
5	.663	7.367	89.293			
6	.438	4.866	94.158			
7	.265	2.947	97.105			
8	.145	1.609	98.714			
9	.116	1.286	100.000			

成份矩陣

	成份
	1
Al2O3	.851
K2O	.761
Na2O	-.750
TiO2	.735
Fe2O3	.609
MgO	.520
SiO2	-.494
P2O5	.399
CaO	-.303

圖六十九　　　　　　　　　圖七十

公因子方差

	初始	提取
SiO2	1.000	.662
TiO2	1.000	.577
Al2O3	1.000	.781
K2O	1.000	.579
Na2O	1.000	.606
CaO	1.000	.818
P2O5	1.000	.216
Fe2O3	1.000	.375
MgO	1.000	.638

KMO 和 Bartlett 的檢驗

取樣足夠度的 Kaiser-Meyer-Olkin 度量。		.579
Bartlett 的球形度檢驗	近似卡方	469.830
	df	36
	Sig.	.000

圖七十一　　　　　　　　　　圖七十二

反映像矩陣

		SiO2	TiO2	Al2O3	K2O	Na2O	CaO	P2O5	Fe2O3	MgO
反映像協方差	SiO2	.379	-.096	.153	-.046	.022	.193	.264	.074	.063
	TiO2	-.096	.358	-.165	-.022	-.083	-.002	-.073	-.083	-.074
	Al2O3	.153	-.165	.206	-.075	.021	.116	.112	-.032	.053
	K2O	-.046	-.022	-.075	.253	.179	-.032	-.017	.167	-.158
	Na2O	.022	-.083	.021	.179	.314	-.064	.111	.161	-.046
	CaO	.193	-.002	.116	-.032	-.064	.404	.117	.068	-.143
	P2O5	.264	-.073	.112	-.017	.111	.117	.605	.046	.041
	Fe2O3	.074	-.083	-.032	.167	.161	.068	.046	.511	-.180
	MgO	.063	-.074	.053	-.158	-.046	-.143	.041	-.180	.425
反映像相关	SiO2	.452ᵃ	-.260	.548	-.147	.065	.492	.552	.169	.156
	TiO2	-.260	.681ᵃ	-.608	-.073	-.248	-.005	-.158	-.194	-.189
	Al2O3	.548	-.608	.620ᵃ	-.330	.084	.404	.317	-.097	.179
	K2O	-.147	-.073	-.330	.586ᵃ	.636	-.100	-.044	.465	-.481
	Na2O	.065	-.248	.084	.636	.644ᵃ	-.181	.254	.403	-.126
	CaO	.492	-.005	.404	-.100	-.181	.506ᵃ	.237	.151	-.345
	P2O5	.552	-.158	.317	-.044	.254	.237	.443ᵃ	.083	.081
	Fe2O3	.169	-.194	-.097	.465	.403	.151	.083	.568ᵃ	-.385
	MgO	.156	-.189	.179	-.481	-.126	-.345	.081	-.385	.584ᵃ

a. 取樣足夠度度量 (MSA)

圖七十三

解釋的總方差

	初始特征值			提取平方和載入		
成份	合计	方差的 %	累积 %	合计	方差的 %	累积 %
1	3.543	39.367	39.367	3.543	39.367	39.367
2	1.709	18.989	58.356	1.709	18.989	58.356
3	1.126	12.508	70.864			
4	.996	11.061	81.926			
5	.663	7.367	89.293			
6	.438	4.866	94.158			
7	.265	2.947	97.105			
8	.145	1.609	98.714			
9	.116	1.286	100.000			

成份矩陣

	成份	
	1	2
Al2O3	.851	-.237
K2O	.761	-.019
Na2O	-.750	.206
TiO2	.735	-.191
Fe2O3	.609	.066
P2O5	.399	.240
CaO	-.303	.852
SiO2	-.494	-.647
MgO	.520	.606

圖七十四　　　　　　　　　　圖七十五

公因子方差

	初始	提取
SiO2	1.000	.518
Al2O3	1.000	.514
K2O	1.000	.713
Na2O	1.000	.333
CaO	1.000	.654
Fe2O3	1.000	.485
MgO	1.000	.841
TiO2	1.000	.013

KMO 和 Bartlett 的檢驗

取樣足夠度的 Kaiser-Meyer-Olkin 度量。		.709
Bartlett 的球形度檢驗	近似卡方	360.592
	df	28
	Sig.	.000

圖七十六

圖七十七

反映像矩陣

		SiO2	Al2O3	K2O	Na2O	CaO	Fe2O3	MgO	TiO2
反映像協方差	SiO2	.396	-.032	-.070	.001	.120	.105	.117	.014
	Al2O3	-.032	.215	-.065	-.135	-.019	-.167	-.062	-.092
	K2O	-.070	-.065	.159	.136	.042	-.026	-.079	-.019
	Na2O	.001	-.135	.136	.267	.073	.064	-.002	-.084
	CaO	.120	-.019	.042	.073	.376	-.032	-.079	-.049
	Fe2O3	.105	-.167	-.026	.064	-.032	.409	.079	.008
	MgO	.117	-.062	-.079	-.002	-.079	.079	.154	.073
	TiO2	.014	-.092	-.019	-.084	-.049	.008	.073	.722
反映像相关	SiO2	.751[a]	-.110	-.281	.003	.311	.260	.474	.026
	Al2O3	-.110	.637[a]	-.355	-.562	-.069	-.565	-.339	-.233
	K2O	-.281	-.355	.691[a]	.663	.172	-.102	-.508	-.058
	Na2O	.003	-.562	.663	.571[a]	.229	.194	-.011	-.192
	CaO	.311	-.069	.172	.229	.858[a]	-.082	-.328	-.095
	Fe2O3	.260	-.565	-.102	.194	-.082	.723[a]	.314	.015
	MgO	.474	-.339	-.508	-.011	-.328	.314	.744[a]	.220
	TiO2	.026	-.233	-.058	-.192	-.095	.015	.220	.662[a]

a. 取樣足夠度度量 (MSA)

圖七十八

解釋的总方差

	初始特征值			提取平方和載入			
成份	合計	方差的 %	累积 %	合計	方差的 %	累积 %	
1	4.070	50.878	50.878	4.070	50.878	50.878	
2	1.599	19.987	70.865				
3	.840	10.505	81.369				
4	.564	7.056	88.425				
5	.440	5.495	93.920				
6	.291	3.635	97.555				
7	.108	1.352	98.907				
8	.087	1.093	100.000				

成份矩陣

	成份
	1
MgO	.917
K2O	.844
CaO	.809
SiO2	-.720
Al2O3	.717
Fe2O3	.696
Na2O	-.577
TiO2	-.112

圖七十九

圖八十

公因子方差

	初始	提取
SiO2	1.000	.524
Al2O3	1.000	.814
K2O	1.000	.751
Na2O	1.000	.764
CaO	1.000	.654
Fe2O3	1.000	.634
MgO	1.000	.847
TiO2	1.000	.681

KMO 和 Bartlett 的檢驗

取樣足夠度的 Kaiser-Meyer-Olkin 度量。		.709
Bartlett 的球形度檢驗	近似卡方	360.592
	df	28
	Sig.	.000

圖八十一　　　　　　　　　　圖八十二

反映像矩陣

		SiO2	Al2O3	K2O	Na2O	CaO	Fe2O3	MgO	TiO2
反映像协方差	SiO2	.396	-.032	-.070	.001	.120	.105	.117	.014
	Al2O3	-.032	.215	-.065	-.135	-.019	-.167	-.062	-.092
	K2O	-.070	-.065	.159	.136	.042	-.026	-.079	-.019
	Na2O	.001	-.135	.136	.267	.073	.064	-.002	-.084
	CaO	.120	-.019	.042	.073	.376	-.032	-.079	-.049
	Fe2O3	.105	-.167	-.026	.064	-.032	.409	.079	.008
	MgO	.117	-.062	-.079	-.002	-.079	.079	.154	.073
	TiO2	.014	-.092	-.019	-.084	-.049	.008	.073	.722
反映像相关	SiO2	.751ᵃ	-.110	-.281	.003	.311	.260	.474	.026
	Al2O3	-.110	.637ᵃ	-.355	-.562	-.069	-.565	-.339	-.233
	K2O	-.281	-.355	.891ᵃ	.663	.172	-.102	-.508	-.058
	Na2O	.003	-.562	.663	.571ᵃ	.229	.194	-.011	-.192
	CaO	.311	-.069	.172	.229	.858ᵃ	-.082	-.328	-.095
	Fe2O3	.260	-.565	-.102	.194	-.082	.723ᵃ	.314	.015
	MgO	.474	-.339	-.508	-.011	-.328	.314	.744ᵃ	.220
	TiO2	.026	-.233	-.058	-.192	-.095	.015	.220	.662ᵃ

a. 取样足够度度量 (MSA)

圖八十三

解释的总方差

成份	初始特征值			提取平方和载入		
	合计	方差的 %	累积 %	合计	方差的 %	累积 %
1	4.070	50.878	50.878	4.070	50.878	50.878
2	1.599	19.987	70.865	1.599	19.987	70.865
3	.840	10.505	81.369			
4	.564	7.056	88.425			
5	.440	5.495	93.920			
6	.291	3.635	97.555			
7	.108	1.352	98.907			
8	.087	1.093	100.000			

成份矩陣

	成份	
	1	2
MgO	.917	-.080
K2O	.844	-.196
CaO	.809	-.011
SiO2	-.720	-.078
Al2O3	.717	.547
Fe2O3	.696	.387
TiO2	-.112	.817
Na2O	-.577	.656

圖八十四　　　　　　　　　　圖八十五

公因子方差

	初始	提取
SiO2	1.000	.615
Al2O3	1.000	.783
K2O	1.000	.611
Na2O	1.000	.624
CaO	1.000	.811
Fe2O3	1.000	.370
MgO	1.000	.779
TiO2	1.000	.579

KMO 和 Bartlett 的檢驗

取樣足夠度的 Kaiser-Meyer-Olkin 度量。		.634
Bartlett 的球形度檢驗	近似卡方	550.160
	df	28
	Sig.	.000

圖八十六　　　　　　　　　　圖八十七

反映像矩陣

		SiO2	Al2O3	K2O	Na2O	CaO	Fe2O3	MgO	TiO2
反映像協方差	SiO2	.598	.133	-.080	-.076	.140	.041	.109	-.053
	Al2O3	.133	.341	-.112	.020	.054	-.124	.029	-.195
	K2O	-.080	-.112	.307	.218	.020	.161	-.166	-.041
	Na2O	-.076	.020	.218	.394	-.051	.148	-.105	-.057
	CaO	.140	.054	.020	-.051	.398	.026	-.200	.065
	Fe2O3	.041	-.124	.161	.148	.026	.640	-.147	-.088
	MgO	.109	.029	-.166	-.105	-.200	-.147	.359	.020
	TiO2	-.053	-.195	-.041	-.057	.065	-.088	.020	.515
反映像相关	SiO2	.670[a]	.296	-.188	-.156	.287	.066	.236	-.096
	Al2O3	.296	.727[a]	-.347	.056	.146	-.265	.083	-.466
	K2O	-.188	-.347	.538[a]	.628	.058	.364	-.501	-.104
	Na2O	-.156	.056	.628	.636[a]	-.128	.295	-.279	-.127
	CaO	.287	.146	.058	-.128	.689[a]	.051	-.528	.143
	Fe2O3	.066	-.265	.364	.295	.051	.565[a]	-.307	-.152
	MgO	.236	.083	-.501	-.279	-.528	-.307	.520[a]	.047
	TiO2	-.096	-.466	-.104	-.127	.143	-.152	.047	.759[a]

a. 取樣足夠度度量 (MSA)

圖八十八

解釋的总方差

	初始特征值			提取平方和载入		
成份	合计	方差的 %	累积 %	合计	方差的 %	累积 %
1	2.967	37.092	37.092	2.967	37.092	37.092
2	2.205	27.560	64.652	2.205	27.560	64.652
3	.951	11.882	76.534			
4	.635	7.934	84.468			
5	.554	6.930	91.398			
6	.284	3.551	94.950			
7	.249	3.113	98.063			
8	.155	1.937	100.000			

成份矩阵

	成份	
	1	2
Al2O3	.885	.006
Na2O	-.785	.084
K2O	.768	.143
TiO2	.726	-.229
Fe2O3	.528	.302
MgO	.101	.877
CaO	-.345	.832
SiO2	-.205	-.757

圖八十九　　　　　　　　　　圖九十

公因子方差

	初始	提取
SiO2	1.000	.042
Al2O3	1.000	.783
K2O	1.000	.590
Na2O	1.000	.617
CaO	1.000	.119
Fe2O3	1.000	.279
MgO	1.000	.010
TiO2	1.000	.527

KMO 和 Bartlett 的检验

取样足够度的 Kaiser-Meyer-Olkin 度量。		.634
Bartlett 的球形度检验	近似卡方	550.160
	df	28
	Sig.	.000

圖九十一

圖九十二

反映像矩阵

		SiO2	Al2O3	K2O	Na2O	CaO	Fe2O3	MgO	TiO2
反映像协方差	SiO2	.598	.133	-.080	-.076	.140	.041	.109	-.053
	Al2O3	.133	.341	-.112	.020	.054	-.124	.029	-.195
	K2O	-.080	-.112	.307	.218	.020	.161	-.166	-.041
	Na2O	-.076	.020	.218	.394	-.051	.148	-.105	-.057
	CaO	.140	.054	.020	-.051	.398	.026	-.200	.065
	Fe2O3	.041	-.124	.161	.148	.026	.640	-.147	-.088
	MgO	.109	.029	-.166	-.105	-.200	-.147	.359	.020
	TiO2	-.053	-.195	-.041	-.067	.065	-.088	.020	.515
反映像相关	SiO2	.670[a]	.296	-.188	-.156	.287	.066	.236	-.096
	Al2O3	.296	.727[a]	-.347	.056	.146	-.265	.083	-.466
	K2O	-.188	-.347	.638[a]	.628	.058	.364	-.501	-.104
	Na2O	-.156	.056	.628	.636[a]	-.128	.296	-.279	-.127
	CaO	.287	.146	.058	-.128	.689[a]	.051	-.528	.143
	Fe2O3	.066	-.265	.364	.295	.051	.565[a]	-.307	-.152
	MgO	.236	.083	-.501	-.279	-.528	-.307	.520[a]	.047
	TiO2	-.096	-.466	-.104	-.127	.143	-.152	.047	.759[a]

a. 取样足够度度量 (MSA)

圖九十三

解释的总方差

成份	初始特征值			提取平方和载入		
	合计	方差的 %	累积 %	合计	方差的 %	累积 %
1	2.967	37.092	37.092	2.967	37.092	37.092
2	2.205	27.560	64.652			
3	.951	11.882	76.534			
4	.635	7.934	84.468			
5	.554	6.930	91.398			
6	.284	3.551	94.950			
7	.249	3.113	98.063			
8	.155	1.937	100.000			

成份矩阵

	成份
	1
Al2O3	.885
Na2O	-.785
K2O	.768
TiO2	.726
Fe2O3	.528
CaO	-.345
SiO2	-.205
MgO	.101

圖九十四

圖九十五

公因子方差

	初始	提取
SiO2	1.000	.047
Al2O3	1.000	.780
K2O	1.000	.515
Na2O	1.000	.618
CaO	1.000	.130
Fe2O3	1.000	.265
MgO	1.000	.002
TiO2	1.000	.371

KMO 和 Bartlett 的檢驗

取樣足夠度的 Kaiser-Meyer-Olkin 度量。		.605
Bartlett 的球形度檢驗	近似卡方	570.766
	df	28
	Sig.	.000

圖九十六　　　　　　　　　　　　　圖九十七

反映像矩陣

		SiO2	Al2O3	K2O	Na2O	CaO	Fe2O3	MgO	TiO2
反映像協方差	SiO2	.578	.135	-.088	-.076	.162	.036	.105	-.033
	Al2O3	.135	.357	-.123	.030	.074	-.147	.019	-.219
	K2O	-.088	-.123	.357	.235	.011	.178	-.165	-.020
	Na2O	-.076	.030	.235	.406	-.068	.141	-.093	-.074
	CaO	.162	.074	.011	-.068	.416	.041	-.198	.018
	Fe2O3	.036	-.147	.178	.141	.041	.603	-.172	-.052
	MgO	.105	.019	-.165	-.093	-.198	-.172	.377	.079
	TiO2	-.033	-.219	-.020	-.074	.018	-.052	.079	.599
反映像相關	SiO2	.669[a]	.296	-.195	-.158	.331	.061	.225	-.056
	Al2O3	.296	.679[a]	-.345	.079	.192	-.317	.052	-.473
	K2O	-.195	-.345	.491[a]	.618	.028	.385	-.449	-.043
	Na2O	-.158	.079	.618	.616[a]	-.164	.286	-.238	-.150
	CaO	.331	.192	.028	-.164	.678[a]	.082	-.499	.036
	Fe2O3	.061	-.317	.385	.286	.082	.522[a]	-.361	-.086
	MgO	.225	.052	-.449	-.238	-.499	-.361	.542[a]	.166
	TiO2	-.056	-.473	-.043	-.150	.036	-.086	.166	.684[a]

a. 取樣足夠度度量 (MSA)

圖九十八

解釋的总方差

成份	初始特征值			提取平方和載入		
	合計	方差的 %	累積 %	合計	方差的 %	累積 %
1	2.729	34.107	34.107	2.729	34.107	34.107
2	2.245	28.062	62.170			
3	1.076	13.446	75.616			
4	.687	8.584	84.200			
5	.535	6.691	90.891			
6	.312	3.899	94.790			
7	.245	3.067	97.856			
8	.171	2.144	100.000			

成份矩陣

	成份
	1
Al2O3	.883
Na2O	-.786
K2O	.718
TiO2	.609
Fe2O3	.514
CaO	-.361
SiO2	-.217
MgO	.043

圖九十九　　　　　　　　　　　　　圖一〇〇

公因子方差

	初始	提取
SiO2	1.000	.627
Al2O3	1.000	.780
K2O	1.000	.530
Na2O	1.000	.621
CaO	1.000	.784
Fe2O3	1.000	.405
MgO	1.000	.779
TIO2	1.000	.447

KMO 和 Bartlett 的檢驗

取樣足夠度的 Kaiser-Meyer-Olkin 度量。		.605
Bartlett 的球形度檢驗	近似卡方	570.766
	df	28
	Sig.	.000

圖一〇一

圖一〇二

反映像矩陣

		SiO2	Al2O3	K2O	Na2O	CaO	Fe2O3	MgO	TiO2
反映像協方差	SiO2	.578	.135	-.088	-.076	.162	.036	.105	-.033
	Al2O3	.135	.357	-.123	.030	.074	-.147	.019	-.219
	K2O	-.088	-.123	.357	.235	.011	.178	-.165	-.020
	Na2O	-.076	.030	.235	.406	-.068	.141	-.093	-.074
	CaO	.162	.074	.011	-.068	.416	.041	-.198	.018
	Fe2O3	.036	-.147	.178	.141	.041	.603	-.172	-.052
	MgO	.105	.019	-.165	-.093	-.198	-.172	.377	.079
	TiO2	-.033	-.219	-.020	-.074	.018	-.052	.079	.599
反映像相关	SiO2	.669[a]	.296	-.195	-.158	.331	.061	.225	-.056
	Al2O3	.296	.679[a]	-.345	.079	.192	-.317	.052	-.473
	K2O	-.195	-.345	.491[a]	.618	.028	.385	-.449	-.043
	Na2O	-.158	.079	.618	.618[a]	-.164	.286	-.238	-.150
	CaO	.331	.192	.028	-.164	.678[a]	.082	-.499	.036
	Fe2O3	.061	-.317	.385	.286	.082	.522[a]	-.361	-.086
	MgO	.225	.052	-.449	-.238	-.499	-.361	.542[a]	.166
	TiO2	-.056	-.473	-.043	-.150	.036	-.086	.166	.684[a]

a. 取样足够度度量 (MSA)

圖一〇三

解释的总方差

成份	初始特征值			提取平方和载入		
	合计	方差的 %	累积 %	合计	方差的 %	累积 %
1	2.729	34.107	34.107	2.729	34.107	34.107
2	2.245	28.062	62.170	2.245	28.062	62.170
3	1.076	13.446	75.616			
4	.687	8.584	84.200			
5	.535	6.691	90.891			
6	.312	3.899	94.790			
7	.245	3.067	97.856			
8	.171	2.144	100.000			

成份矩陣

	成份	
	1	2
Al2O3	.883	.021
Na2O	-.786	.054
K2O	.718	.122
TiO2	.609	-.275
Fe2O3	.514	.375
MgO	.043	.881
CaO	-.361	.809
SiO2	-.217	-.761

圖一〇四

圖一〇五

附錄二　SPSS 統計軟件程式界面及相關說明

　　本文採用簡體中文版的 SPSS Statistics 19 統計軟件進行數據處理，參考了陳鐵梅（2005）《定量考古學》一書，下面對本文樣品的主成分分析過程所使用的程式界面進行簡要說明。

　　打開 SPSS Statistics 19 軟件，進入主界面，導入數據的方式如圖 1 所示。

圖 1　數據導入界面

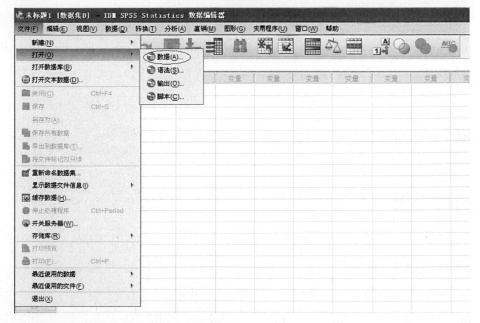

在對參數格式進行調整之後，進行主成分分析。主成分分析首先要對所有變量進行降維處理，可以在程式「分析」→「降維」→「因子分析」中實現，如圖2所示。

圖2　主成分分析數據導入界面

選取需要進行主成分分析的變量，進行對應操作（見圖3），並在對話框選項中勾選因子分析所需的相應參數。如採用 2 因子分析，就在「抽取」→「要提取的因子」中填寫「2」（見圖4），如採用單因子分析，則填寫「1」。

圖3　主成分分析變量和參數選項

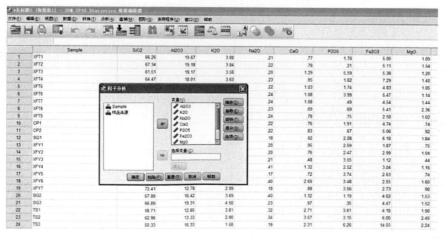

圖 4　主成分分析的 2 因子分析選項

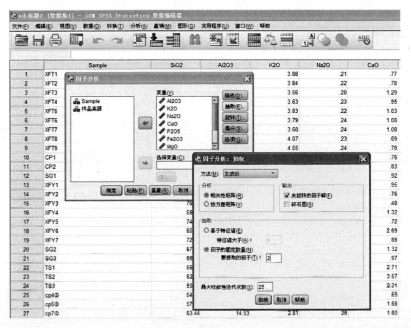

主成分分析的部分結果界面，如圖 5 所示。本文參考的因子分析結果是 KMO 和 Bartlett 的檢驗、反映像矩陣、公因子方差、解釋的總方差、成份矩陣。

圖 5　主成分分析結果界面（部分）

因子分析

[数据集1]

KMO 和 Bartlett 的检验

取样足够度的 Kaiser-Meyer-Olkin 度量。		.596
Bartlett 的球形度检验	近似卡方	198.536
	df	36
	Sig.	.000

反映像矩阵

		Al2O3	K2O	Na2O	CaO	P2O5	Fe2O3	MgO	TiO2	SiO2
反映像协方差	Al2O3	.274	-.085	.007	-.007	.088	-.094	.100	-.151	.099
	K2O	-.085	.342	-.001	.039	.025	.229	-.145	-.083	-.042
	Na2O	.007	-.001	.182	-.122	.113	.023	-.008	.024	-.002
	CaO	-.007	.039	-.122	.154	-.009	.031	-.093	.018	.054
	P2O5	.088	.025	.113	-.009	.593	.058	-.016	.001	.251
	Fe2O3	-.094	.229	.023	.031	.058	.374	-.156	-.050	.093
	MgO	.100	-.145	-.008	-.093	-.016	-.156	.298	-.080	.047
	TiO2	-.151	-.083	.024	.018	.001	-.050	-.080	.244	-.036
	SiO2	.099	-.042	-.002	.054	.251	.093	.047	-.036	.520
反映像相关	Al2O3	.626a	-.278	.030	-.036	.218	-.292	.351	-.584	.261
	K2O	-.278	.490a	-.006	.168	.055	.640	-.453	-.287	-.099
	Na2O	.030	-.006	.682a	-.729	.343	.087	-.036	.114	-.005
	CaO	-.036	.168	-.729	.656a	-.029	.130	-.432	.092	.191
	P2O5	.218	.055	.343	-.029	.465a	.124	-.039	.002	.453
	Fe2O3	-.292	.640	.087	.130	.124	.432a	-.467	-.164	.212
	MgO	.351	-.453	-.036	-.432	-.039	-.467	.534a	-.298	.120
	TiO2	-.584	-.287	.114	.092	.002	-.164	-.298	.702a	-.100
	SiO2	.261	-.099	-.005	.191	.453	.212	.120	-.100	.619a

a. 取样足够度度量 (MSA)

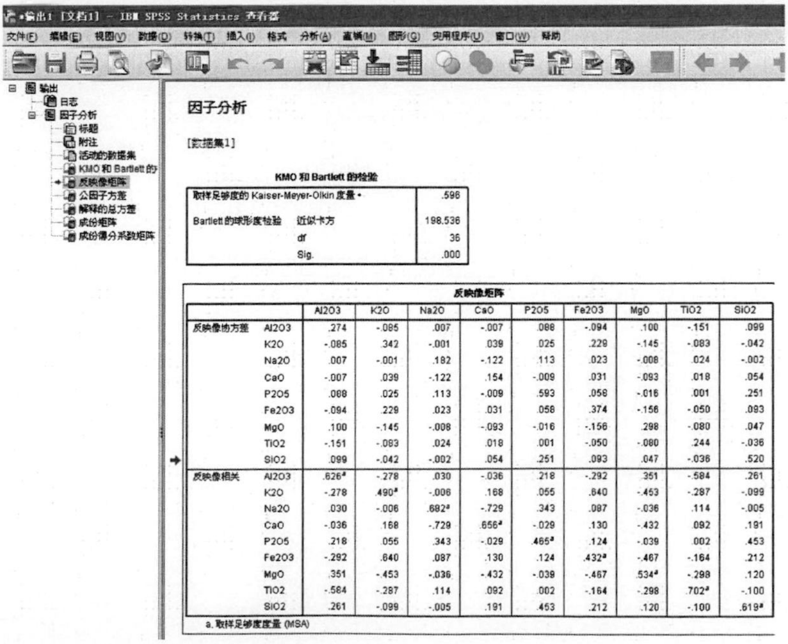

　　主成分分析得到的綜合變量會在主界面上保留，以 2 因子分析為例，將降維得到的 2 因子 FAC1_1、FAC2_1 以散點圖形式表達出來，進行相應操作，見圖 6。如果是單因子分析，可以在菜單欄的「圖形」→「舊對話框」中選擇「箱圖」來展示分析結果。

圖 6　主成分分析散點圖操作演示

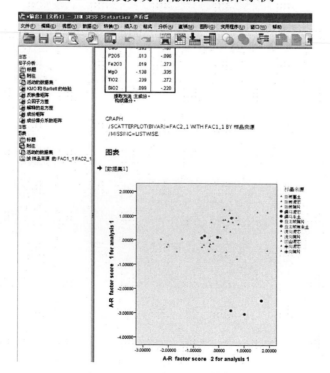

　　最後，得到 2 因子主成分分析散點圖，見示例圖 7。在圖表編輯器裏，可以對圖中不同來源樣品的代表顏色和形狀進行簡單編輯。

圖 7　主成分分析散點圖結果示例

　　上述操作是針對本文樣品的主成分分析演示，具體應用時不再逐一展示。

附錄三　安徽江淮其他地區青銅器鑄造地研究

　　本研究後期補採集了安徽江淮地區潛山縣、舒城縣、阜南縣、六安市、合肥市五個地點的青銅器泥芯、陶範和原生土樣品。同時，為了方便對比，將前人已檢測的肥東縣龍城春秋墓、銅陵縣師姑墩遺址歸入本研究中。

　　潛山縣博物館館藏與青銅器鑄造相關的遺物有陶範、泥芯，見圖 1～圖 4，採集到了青銅鼎足和耳內的 3 份泥芯樣品。

圖 1　潛山博物館館藏陶範

圖 2　No.1716 青銅鼎足

圖 3　No. 2549 青銅鼎足

圖 4　No. 2552 青銅耳

在舒城縣文管所採集到了 2 份青銅鼎足內的泥芯，樣品來源見圖 5～圖 6，並在黑虎城採集到了 2 塊陶片樣品，見圖 7～圖 8。

圖 5　No.637 青銅鼎足　　　　　圖 6　No.1363 青銅鼎足

圖 7　SHT1　　　　　　　　圖 8　SHT2

在皖西博物館館藏青銅器中採集到了 2 份鼎足殘損青銅器的泥芯樣品，樣品來源見圖 9～圖 10。

圖 9　No.A3250 銅鼎　　　　　圖 10　No.2913 銅鼎

在合肥大雁墩遺址中，採集到 2 份陶範樣品，其中 1 件樣品鑄型清晰，見圖 11～圖 12，此外，在阜陽迎水寺遺址採集了 3 件陶範樣品，樣品並未拍照，詳情見信息表。

圖 11　T15⑤：3 陶範內側　　　　圖 12　T15⑤：3 陶範外側

為了使泥芯、陶範及陶片樣品可與當地原生土對比，同時採集潛山、舒城等幾個地點的土樣作為參考數據，樣品的具體信息見表一。

表一　樣品信息

樣品編號	實驗編號	樣品來源	時代	樣品類型	採樣部位
1716	hh1	潛山縣鹽業公司倉庫對面出土	戰國	泥芯	足
2549	hh2	潛山縣姚沖 QYM165 上口採集	戰國	泥芯	足
2552	hh3	潛山縣姚沖 QYM194:1	戰國	泥芯	耳
QXY1	hh4	潛山薛家崗土（西）	商周	土	—
QXY2	hh5	潛山薛家崗土（南）	商周	土	—
QZY	hh6	潛山彰發山	—	土	—
637	hh7	舒城縣孔集鎮九女墩春秋墓	春秋	泥芯	足
1363	hh8	舒城縣百神廟鎮官塘村陡坎村民組	春秋	泥芯	足
SHT1	hh9	舒城黑虎城遺址	商周	陶片	—
SHT2	hh10	舒城黑虎城遺址	商周	陶片	—
SHY	hh11	舒城黑虎城遺址	商周	土	—
A3250	hh12	六安市九里溝村修路時出土	戰國	泥芯	足
2913	hh13	六安市城西 2 窯 M26	戰國	泥芯	足
H23:3	hh14	阜南縣迎水寺遺址	商代	陶範	—
H64:2	hh15	阜南縣迎水寺遺址		陶範	—

H84:1	hh16	阜南縣迎水寺遺址		陶範	–
T5②4	hh17	合肥大雁墩遺址	西周	陶範	–
T15⑤:3-1	hh18	合肥大雁墩遺址	西周	陶範	陶範內側灰色
T15⑤:3-2	hh19	合肥大雁墩遺址	西周	陶範	陶範外側紅色

注：「樣品編號」多為樣品來源器物的原始編號，「實驗編號」為泥芯、陶片等實際編
號，樣品來源即是樣品出土地，T15⑤：3-1、T15⑤：3-2 是一個陶範樣品，對其
內外分別做成分分析。

實驗過程及結果

利用中國科學技術大學理化科學實驗中心的 WD-1800 波長色散型 X 熒
光光譜儀（日本島津公司生產）進行樣品的主量成分分析。工作條件：該儀器
配有 4kW 端窗銠（Rh）靶 X 光管，管口鈹窗厚度為 75μm，並配以最大電流
140mA 的 X 射線電源及發生器，高精度的 θ～2θ 獨立驅動系統，雙向旋轉的
10 位晶體交換系統，3 種狹縫可交換，靈敏自動控制系統，為獲取高可靠性的
成分數據提供了保證。電壓、電流分別為 40kV 和 95mA。X 射線熒光光譜分
析（XRF）檢測結果見表二。

表二　樣品的成分分析結果（XRF％）

樣品	SiO_2	Al_2O_3	K_2O	Na_2O	CaO	P_2O_5	Fe_2O_3	MgO	TiO_2	MnO
hh-01	59.49	10.63	2.29	0.74	0.63	1.11	10.56	0.86	0.73	0.04
hh-02	30.57	7.30	1.26	0.51	0.63	1.51	2.20	0.39	0.42	0.02
hh-03	64.42	14.59	3.86	2.71	2.18	0.37	5.35	1.58	0.75	0.09
hh-04	71.42	12.41	4.41	1.54	1.63	0.80	5.24	1.06	0.91	0.24
hh-05	72.39	12.80	2.98	0.90	1.87	1.20	5.26	1.01	0.84	0.28
hh-06	71.15	13.59	3.01	0.88	1.77	1.04	5.95	1.16	1.07	0.15
hh-07	60.78	15.49	3.75	1.48	1.48	1.10	4.45	1.82	1.19	0.03
hh-08	66.03	12.44	3.02	1.58	2.24	4.16	3.40	0.95	1.06	0.06
hh-09	75.88	11.63	3.52	1.49	1.44	0.48	3.05	1.45	0.74	0.04
hh-10	75.62	10.70	2.85	1.50	1.57	1.28	4.07	1.29	0.82	0.05
hh-11	70.43	14.66	4.15	1.52	1.76	0.15	4.49	1.78	0.72	0.06
hh-12	69.97	6.12	1.97	0.53	1.81	4.27	7.07	1.53	0.45	0.21
hh-13	65.14	16.31	5.73	2.15	1.56	0.46	2.76	0.90	0.55	0.04
hh-14	66.53	16.09	3.04	1.00	2.02	2.54	6.34	1.05	0.93	0.08
hh-15	66.39	15.06	3.17	1.09	1.58	2.62	7.66	1.11	0.89	0.08

hh-16	66.04	15.24	2.69	0.81	0.77	2.68	9.51	0.87	1.10	0.08
hh-17	77.74	11.26	2.50	1.03	0.78	0.47	4.02	0.99	0.91	0.08
hh-18	73.78	11.88	3.30	1.32	1.83	1.77	3.64	1.42	0.74	0.05
hh-19	78.35	8.87	2.86	0.86	1.99	1.39	3.46	0.92	0.76	0.15
TL1	78.86	10.31	1.15	3.46	0.53	2.05	1.69	0.21	1.38	0.06
FLM7-3-4	71.28	9.60	1.86	0.92	0.91	0.72	3.23	1.12	0.66	0.08
FLM7-4-4	62.34	11.82	2.71	0.51	3.58	2.18	6.00	2.64	0.69	0.11

注：TL1、FLM7-3-4、FLM7-4-4 是補充樣，分別是安徽銅陵師姑墩陶範、安徽肥東龍
城春秋墓的三個泥芯樣品。

表三 對比樣品的成分數據（XRF ％）

樣品來源	Sample	SiO_2	Al_2O_3	K_2O	Na_2O	CaO	P_2O_5	Fe_2O_3	MgO	TiO_2	MnO
山西侯馬泥芯	hmx1	60.56	12.78	3.03	0.37	14.15	0.36	4.91	2.42	0.86	0.11
山西侯馬泥芯	hmx2	58.93	13.64	3.57	0.31	14.1	0.32	5.64	2.14	0.88	0.13
河南殷墟陶範	y10	74.06	12.27	2.3	1.8	2.24	0	3.05	1.41	0.47	0
河南殷墟陶範	y11	73	11.91	2.23	1.73	2.69	0	3.06	1.38	0.47	0
山西橫水泥芯	M2165:61	64.86	12.45	1.78	2.06	9.37	0.42	4.25	1.72	0.92	0.09
山西橫水泥芯	M1011:119	57.06	13.14	1.92	1.64	10.57	0.32	7.88	1.94	0.78	0.09
湖北襄樊泥芯	XFY7	72.41	12.78	2.99	0.18	0.88	3.56	2.73	0.9	0.79	0.06
湖北盤龍城泥芯	plcq1	74.37	11.51	2.2	1.75	0.99	0.33	2.49	0.91	0.54	0.05
湖北盤龍城泥芯	plcq2	72.45	11.71	2.05	1.49	0.86	0.5	1.48	0.85	0.62	0.07
湖北襄陽九連墩泥芯	M1-92	70.8	10.96	0.9	3.11	2.59	0.33	3.55	0.81	0.88	0.06
湖北襄陽九連墩泥芯	M1-106	72.49	11.12	1.04	2.88	2.48	0.19	3.17	0.8	0.9	0.04
湖北鄖縣喬家院泥芯	M5:5	80.33	7.35	1.67	0.87	0.55	0.18	2.54	0.66	0.45	0.05
湖北鄖縣喬家院泥芯	M6:7	79.69	7.16	1.67	0.86	1.15	0.15	2.58	0.8	0.44	0.05
湖北丹江口泥芯	d21	63.1	13.01	3.06	0.44	4.19	0.53	5.03	1.95	0.9	0.12
湖北丹江口泥芯	d26	52.9	11.65	3.6	0.34	7.61	2.07	5.14	2.13	0.84	0.16
安徽蚌埠雙墩泥芯	400	70.55	12.51	2.86	0.22	2.68	1.9	3.62	1.02	0.75	0.06
安徽蚌埠雙墩泥芯	356	72.15	13	3.54	0.77	1.93	0.28	2.81	0.81	0.89	0.15
湖北隨州擂鼓墩泥芯	130	72.46	13.88	2.62	0.68	2.8	0.49	4.06	0.79	0.94	0.07
湖北隨州擂鼓墩泥芯	153	73.32	13.37	2.47	0.67	2.39	0.32	3.58	0.78	0.91	0.07

注：該表數據來源於：黄凰，《安徽、湖北近年來出土青銅器的鑄造地研究》，博士學
位論文，中國科學技術大學，2014 年。

　　將江淮地區樣品（潛山、舒城、六安、阜南、合肥等）與湖北地區的青銅
泥芯樣品進行對比分析。由於 K、Na、Ca、Mg 四個元素在南北土壤中的差異
較大，具有較強的區分度，因此，採用這四個元素做主成分分析，統計結果

（見附錄圖一〜圖三）可以看出：第一，從公因子方差可以看出，在主成分為 2 時的共同度均大於 0.564，說明四種元素對主成分分析作用都比較大，特別是 Mg 元素對樣品的區分度較為明顯。第二，從解釋的總方差來看，選取 2 個主成分時，能解釋 71.696%的總方差，說明 2 因子的主成分分析還是比較有效的。第三，從 2 因子負載矩陣可知，K、Ca、Mg 元素對主成分分析因子 1 的貢獻很大，與此相對的，只有 Na 對主成分分析因子 2 的貢獻度較大。

表四　江淮地區及湖北樣品的主成分分析 2 因子數值

樣品來源	FAC1_1	FAC2_1
潛山泥芯	-0.63083	-0.86766
潛山泥芯	-1.31219	-1.74127
潛山泥芯	0.41861	2.35252
潛山土	0.28575	1.11202
潛山土	0.05149	-0.30191
潛山土	0.17227	-0.27149
舒城泥芯	0.74157	0.94024
舒城泥芯	-0.07275	0.48874
舒城陶片	0.31913	0.74284
舒城陶片	0.00201	0.40004
舒城土	0.90352	1.16621
六安泥芯	0.2967	-1.058
六安泥芯	0.35548	2.38534
阜南陶範	0.12346	-0.14562
阜南陶範	0.05876	0.02838
阜南陶範	-0.47469	-0.59562
合肥大雁墩陶範	-0.48491	-0.3981
合肥大雁墩陶範	0.39074	0.44219
合肥大雁墩陶範	-0.01959	-0.4267
銅陵師姑墩陶範	-2.38523	1.55267
肥東龍城泥芯	-0.49513	-0.78587
肥東龍城泥芯	2.07864	-0.40607
湖北襄樊泥芯	-0.14014	-1.17103

湖北盤龍城泥芯	-0.79328	0.2721
湖北盤龍城泥芯	-0.8595	-0.11553
湖北棗陽九連墩泥芯	-1.19164	1.22799
湖北棗陽九連墩泥芯	-1.12471	1.02415
湖北鄖縣喬家院泥芯	-1.06695	-1.06307
湖北鄖縣喬家院泥芯	-0.63892	-1.02158
湖北丹江口泥芯	1.76699	-0.50252
湖北丹江口泥芯	3.16746	-0.26498
安徽蚌埠雙墩泥芯	0.46438	-1.12573
安徽蚌埠雙墩泥芯	0.09982	-0.24398
湖北隨州擂鼓墩泥芯	0.08566	-0.76915
湖北隨州擂鼓墩泥芯	-0.09197	-0.85955

　　樣品 2 因子分析的結果見表四，並據此作散點圖。從圖 13 可以看出：湖北地區青銅器泥芯樣品的離散性較大，整體呈現一種「＜」型，分佈在圖的上方和下端及左側，而安徽地區多個地點的青銅器泥芯樣品主要集中在中心區域，暗示了安徽出土青銅器與湖北青銅器鑄造地不同，由於採集了當地原生土作為參考樣品，可知舒城、潛山、六安、阜南、合肥大雁墩銅器很可能在當地鑄造。

圖 13　江淮地區及湖北樣品的散點圖

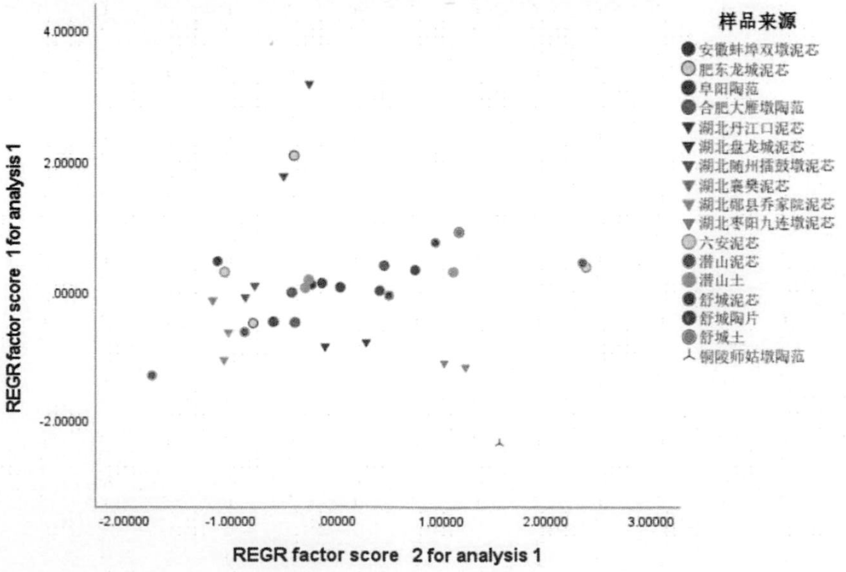

再將中原地區樣品納入到對比數據中，將江淮地區樣品與山西、河南樣品進行對比。依然採用 K、Na、Ca、Mg 四個元素做主成分分析，統計結果（見附錄圖四～圖六）可以看出：第一，從公因子方差可以看出，在主成分為 2 時，除了 Na 元素，其他元素的共同度均大於 0.709，說明 K、Ca、Mg 三種元素對主成分分析作用都比較大，特別是 Ca 元素對樣品的區分度較為明顯。第二，從解釋的總方差來看，選取 2 個主成分時，能解釋 72.732%的總方差，說明 2 因子的主成分分析還是比較有效的。第三，從 2 因子負載矩陣可知，Ca、Mg 元素對主成分分析因子 1 的貢獻很大，與此相對的，K 元素對主成分分析因子 2 的貢獻度較大。

表五　江淮地區及山西、河南及湖北樣品的主成分分析 2 因子數值

樣品來源	FAC1_1	FAC2_1
潛山泥芯	-0.55215	-0.47268
潛山泥芯	-1.15627	-0.04075
潛山泥芯	0.03831	0.09003
潛山土	0.04515	-1.27796
潛山土	-0.13879	-0.62459
潛山土	-0.00698	-0.6211
舒城泥芯	0.52911	-0.60024
舒城泥芯	-0.35485	-0.20531
舒城陶片	0.14011	-0.56554
舒城陶片	-0.16249	-0.11688
舒城土	0.62181	-0.83244
六安泥芯	0.1567	0.04535
六安泥芯	0.04911	-1.91814
阜南陶範	-0.10223	-0.56974
阜南陶範	-0.09951	-0.65506
阜南陶範	-0.44322	-0.69085
合肥大雁墩陶範	-0.45969	-0.37844
合肥大雁墩陶範	0.15932	-0.4616
合肥大雁墩陶範	-0.22056	-0.57606
銅陵師姑墩陶範	-2.30968	1.7454

肥東龍城泥芯	-0.46462	0.07759
肥東龍城泥芯	1.5375	0.16644
山西侯馬泥芯	2.78279	1.4088
山西侯馬泥芯	2.69653	0.88115
河南殷墟陶範	-0.21849	0.603
河南殷墟陶範	-0.18466	0.66962
山西橫水泥芯	0.70873	2.3415
山西橫水泥芯	1.22041	2.24955
湖北襄樊泥芯	-0.12019	-1.25903
湖北盤龍城泥芯	-0.81562	0.27617
湖北盤龍城泥芯	-0.83892	0.18481
湖北棗陽九連墩泥芯	-1.4888	2.24011
湖北棗陽九連墩泥芯	-1.3995	1.98039
湖北鄖縣喬家院泥芯	-0.94098	-0.03351
湖北鄖縣喬家院泥芯	-0.69558	0.16078
湖北丹江口泥芯	1.13115	-0.27305
湖北丹江口泥芯	1.8844	-0.12804
安徽蚌埠雙墩泥芯	0.15864	-0.82197
安徽蚌埠雙墩泥芯	-0.11429	-1.16393
湖北隨州擂鼓墩泥芯	-0.23801	-0.434
湖北隨州擂鼓墩泥芯	-0.3337	-0.39975

　　樣品的 2 因子分析的結果見表五，並據此作散點圖。從圖 14 可以看出：中原地區山西衡水、侯馬以及河南殷墟的樣品與安徽江淮地區樣品明顯具有一定區分度，特別是山西的樣品，分佈在圖的右上側。同時，隨著樣品量的增大，湖北樣品與安徽江淮樣品區分度降低，但是湖北丹江口和棗陽九連墩樣品明顯與安徽江淮和其他湖北樣品都不同，暗示可能存在其他鑄造地。此外，安徽銅陵師姑墩的陶範樣品落在圖中心散點堆積的外圍，說明其與江淮地區樣品鑄造地不同。

　　為了使不同地點的樣品對比結果更加直觀，採用 SPSS 軟件對所有樣品進行聚類分析，該分析依舊採用 XRF 測試結果中的 K、Na、Ca、Mg 四個元素。首先是對這四個元素進行降維處理，降至單因子，統計過程見附錄圖七～圖九，結果見表六。

圖 14　江淮地區及山西、河南及湖北樣品的散點圖

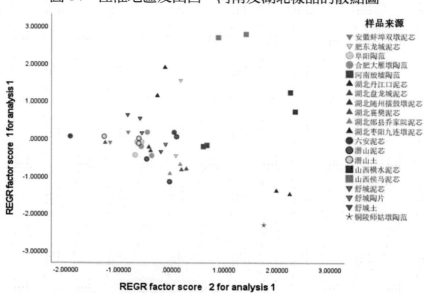

表六　所有樣品的單因子分析結果

樣品來源	FAC1_1
潛山泥芯	-0.55215
潛山泥芯	-1.15627
潛山泥芯	0.03831
潛山土	0.04515
潛山土	-0.13879
潛山土	-0.00698
舒城泥芯	0.52911
舒城泥芯	-0.35485
舒城陶片	0.14011
舒城陶片	-0.16249
舒城土	0.62181
六安泥芯	0.1567
六安泥芯	0.04911
阜南陶範	-0.10223
阜南陶範	-0.09951
阜南陶範	-0.44322

合肥大雁墩陶範	-0.45969
合肥大雁墩陶範	0.15932
合肥大雁墩陶範	-0.22056
銅陵師姑墩陶範	-2.30968
肥東龍城泥芯	-0.46462
肥東龍城泥芯	1.5375
山西侯馬泥芯	2.78279
山西侯馬泥芯	2.69653
河南殷墟陶範	-0.21849
河南殷墟陶範	-0.18466
山西橫水泥芯	0.70873
山西橫水泥芯	1.22041
湖北襄樊泥芯	-0.12019
湖北盤龍城泥芯	-0.81562
湖北盤龍城泥芯	-0.83892
湖北棗陽九連墩泥芯	-1.4888
湖北棗陽九連墩泥芯	-1.3995
湖北鄖縣喬家院泥芯	-0.94098
湖北鄖縣喬家院泥芯	-0.69558
湖北丹江口泥芯	1.13115
湖北丹江口泥芯	1.8844
安徽蚌埠雙墩泥芯	0.15864
安徽蚌埠雙墩泥芯	-0.11429
湖北隨州擂鼓墩泥芯	-0.23801
湖北隨州擂鼓墩泥芯	-0.3337

　　統計方法的分析可以看出：第一，從公因子方差可以看出，在主成分為 1 時，只有 Ca、Mg 元素對主成分分析作用較大，特別是 Mg 元素對樣品的區分度較為明顯。第二，從解釋的總方差來看，選取 1 個主成分時，僅能解釋 48.047% 的總方差，說明單因子的主成分分析效果不是很理想。第三，從因子負載矩陣可知，Ca、Mg 元素對單因子分析的貢獻較大。

　　根據降維後的上表數據製聚類圖，結果見圖 15～圖 16。

圖 15　聚類數目

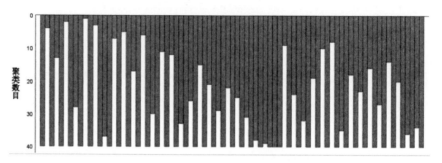

圖 16　所有樣品的聚類結果

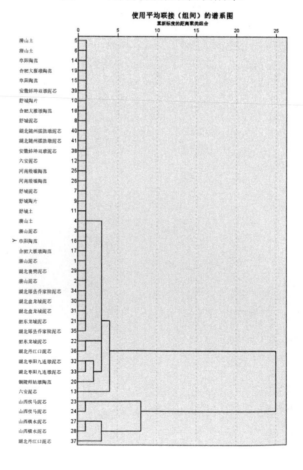

從聚類圖 16 展示的各地點樣品之間關聯度來看，結果與前面散點圖不大一致，原因在於單因子分析雖然提高了數據分類的可視度，但降低了置信度。所以，該聚類圖僅僅可作為一個參考，而非確定樣品之間關聯的有效圖。

單從聚類分析結果來看，湖北隨州擂鼓墩樣品與其他湖北樣品有別，河南殷墟的樣品混入了江淮地區樣品的聚類區間，同時，安徽江淮地區樣品的分散度較高。

綜上分析可以看出，安徽江淮地區潛山、舒城、六安、阜南、合肥大雁墩出土青銅器的鑄造地有別於湖北襄樊、盤龍城、鄖縣等地的青銅器，也有別於山西橫水、侯馬青銅器。由於樣品數據有限，對於安徽江淮地區青銅器是否為本地鑄造，尚需要通過增大樣品量，同時結合其他方法的研究來綜合判斷。

結語與展望

安徽江淮地區商周青銅器研究是安徽考古學一個重要的研究方向，此前安徽省文物考古研究所和安徽大學合出過一本安徽江淮青銅器圖錄，但在並未就江淮青銅器的鑄造地問題進行展開討論，本研究可以作為安徽江淮青銅器鑄造地方面的一個有益補充。同時，安徽江淮地區出土商周青銅器在何地鑄造，對於瞭解和弘揚安徽古代科技文明具有重要意義，對於瞭解中原地區與江淮地區族群之間的文化交流，特別是鑄造技術的發生與傳播有一定價值。

本研究通過對與青銅器鑄造相關的泥芯和陶範樣品的實驗分析，並與中原、長江中下游青銅器樣品對比，探討了安徽江淮地區出土青銅器的鑄造地問題。研究顯示，安徽江淮地區的潛山、六安、舒城、阜南、合肥五地出土的若干件青銅器，它們的鑄造地與山西橫水、山西侯馬、湖北襄陽九連墩、湖北丹江口等青銅器的鑄造地不同。在與當地原生土的對比中，雖然青銅樣品與當地原生土落在一個區域，但限於樣本量較少，無法肯定安徽江淮商周青銅器是否為本地製造，只能說，在該研究方法下，就已知樣品來看，存在本地區鑄造的可能。由於泥芯的特殊性，很難獲得此類樣品，未來還需根據新的考古發現進一步積累材料，補充本研究的數據。

安徽江淮地區出土了相當數量的青銅器，但安徽江淮考古發掘中尚未找到明確的鑄銅作坊，比較近的一個鑄造地點在阜南臺家寺遺址，該遺址出土了大量的陶範樣品，由於該遺址的特殊客觀情況，並未採集到可對比的樣品。未來如果有條件對本研究進行更深層次的研究，還可以採集包括臺家寺遺址在

內的皖北和以銅陵為關注重點的皖南地區樣品，進行綜合分析與討論。

值得注意的是，華覺明、董亞巍、蘇榮譽、劉煜等學者在觀察和模擬青銅器範鑄工藝的研究顯示，青銅器範鑄過程中，模和範的製做比想像的要複雜，可能涉及到選料、淘洗和添加摻合料，所以利用泥芯示蹤青銅器鑄造地這一方法在運用的時候尚需謹慎，未來如能結合其他方法來解釋問題，結論會更加可信。本研究主要側重於理論討論，希望能夠拋磚引玉，有關深入討論，有待方家批評指正。

致謝

本研究得到安徽省哲學社會科學規劃項目（編號：AHSKY2016D36）和安徽大學博士科研啟動經費（J10113190112）資助，感謝安徽省社會科學院陸勤毅院長、安徽省文物考古研究所宮希成所長、舒城文管所奚明所長、潛山縣博物館李馴副館長、皖西博物館陳曙光館長和喻龍、顧岩副研究館員，如果沒有他們為本研究提供樣品和支持，這篇文章的成稿還需費諸多周折，在此一併表示誠摯的謝意。

附錄

圖一　公因子方差

公因子方差

	初始	提取
K2O	1.000	.564
Na2O	1.000	.914
CaO	1.000	.607
MgO	1.000	.783

提取方法：主成分分析法。

圖二　總方差解釋

总方差解释

成分	初始特征值			提取載荷平方和		
	总计	方差百分比	累积 %	总计	方差百分比	累积 %
1	1.966	49.147	49.147	1.966	49.147	49.147
2	.902	22.549	71.696	.902	22.549	71.696
3	.784	19.596	91.292			
4	.348	8.708	100.000			

提取方法：主成分分析法。

圖三　成分矩陣

成分矩陣[a]

	成分	
	1	2
K2O	.619	.425
Na2O	-.456	.840
CaO	.779	.018
MgO	.877	.121

提取方法：主成分分析法。

a. 提取了 2 个成分。

圖四　公因子方差

公因子方差

	初始	提取
K2O	1.000	.709
Na2O	1.000	.471
CaO	1.000	.889
MgO	1.000	.840

提取方法：主成分分析法。

圖五　總方差解釋

总方差解释

成分	初始特征值			提取载荷平方和		
	总计	方差百分比	累积 %	总计	方差百分比	累积 %
1	1.922	48.047	48.047	1.922	48.047	48.047
2	.987	24.685	72.732	.987	24.685	72.732
3	.822	20.549	93.281			
4	.269	6.719	100.000			

提取方法：主成分分析法。

圖六　成分矩陣

成分矩陣[a]

	成分	
	1	2
K2O	.492	-.683
Na2O	-.495	.475
CaO	.793	.510
MgO	.897	.186

提取方法：主成分分析法。

a. 提取了 2 个成分。

圖七　公因子方差

公因子方差

	初始	提取
K2O	1.000	.242
Na2O	1.000	.245
CaO	1.000	.630
MgO	1.000	.805

提取方法：主成分分析法。

圖八　總方差解釋

总方差解释

成分	初始特征值			提取载荷平方和		
	总计	方差百分比	累积 %	总计	方差百分比	累积 %
1	1.922	48.047	48.047	1.922	48.047	48.047
2	.987	24.685	72.732			
3	.822	20.549	93.281			
4	.269	6.719	100.000			

提取方法：主成分分析法。

圖九　成分矩陣

成分矩阵[a]

	成分
	1
K2O	.492
Na2O	-.495
CaO	.793
MgO	.897

提取方法：主成分分析法。

a. 提取了 1 個成分。

附錄四 微觀視角下的安徽江淮青銅器 ——以大雁墩遺址青銅器的檢測 分析為例

黃凰〔註1〕、王玉龍〔註2〕

引言

　　安徽江淮青銅器的研究幾十年來一直是安徽考古研究的重要部分，在安徽省文物考古研究所考古發掘的基礎上，以安徽大學考古學專業和中國科學技術大學科技考古專業的師生學者為主，主要從傳統考古類型學和科技考古兩個方面分析這一區域青銅器所屬的考古學文化、溯源礦料來源及產地。已出成果主要包括《安徽江淮地區商周青銅器》圖錄（陸勤毅，宮希成，2014）、《安徽江淮地區商周青銅器研究》（陸勤毅，宮希成，2021）書稿、《江淮群舒青銅器》（安徽博物院，2013）和系列學位論文，可以說，安徽江淮青銅器相關研究凝結了安徽考古工作者及研究者的心血。

一、遺址介紹

　　大雁墩遺址位於安徽省合肥市廬陽區四里河街道南 300 米，遺址往南 200 米是南淝河，往西 170 餘米為小型崗地（汪啟航，2022），見圖 1，屬於安徽

〔註1〕 黃凰，女，安徽合肥市人，1986 年生。中國科學技術大學科技史與科技考古博士畢業。安徽大學歷史學院考古專業講師、碩士生導師，劍橋李約瑟研究所李氏（東亞）學者。郵箱：hhuang@ahu.edu.cn

〔註2〕 王玉龍，男，甘肅隴南人，1994 年生。安徽大學 17 級考古學碩士生，指導教師黃凰，現在漢中博物館業務科工作，從事文物保護與研究工作，郵箱：1620497901@qq.com

江淮地區典型的臺墩型遺址。1985 年被公布為合肥市重點文物保護單位。2017 年 2 月至 5 月，為配合實際經濟建設需要，根據《中華人民共和國文物保護法》，安徽省文物考古研究所會同安徽大學考古學專業師生進行了正式發掘。

圖 1　大雁墩遺址位置示意簡圖

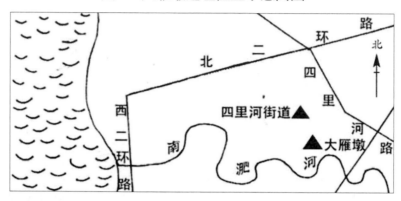

該遺址發掘出土了石器、陶器、骨角器、龜甲、眾多貝殼蚌殼等遺物（陳玉，2019），值得注意的是，此次發現了幾件青銅器，時代大約相當於西周晚期至春秋早中期，為研究安徽江淮地區青銅器提供了重要的資料。本研究擬從微觀視角出發，通過檢測出土青銅器基體及表面成分等信息，分析樣品的鑄造和銹蝕情況，通過對比研究，探討該區域的青銅器冶鑄技術，並對出土銅器的保護提出意見。

二、青銅器檢測與分析

本次發掘僅出土幾件銅器，主要有銅鏃、銅戈、銅刀等及少量銅器冶鑄遺物。現取 4 件青銅器作為代表，樣品情況見表 1，器物圖片見附錄圖一～圖四。

表 1　樣品介紹

實驗號	樣品編號	樣品名稱	時　代	樣品描述
DYD001	2017DYDT7②:11	銅刀	西周晚期	殘損，表面有綠鏽和大量土鏽
DYD002	2017DYDT20⑤:1	銅削	西周晚期	殘損，表面有綠鏽
DYD003	2017DYD:2（總 2）	銅削	春秋早中期	殘損，表面有綠鏽
DYD004	2017DYD 西 T8②:8	銅戈	西周晚期	殘損，表面有綠鏽

　　四件樣品主要有刀、削、戈三類，經初步判斷，除銅削是春秋早中期，其餘三件屬於西周晚期。器物均殘損，表面都有綠鏽和土鏽，尤其是銅刀，表面有大量土鏽難以清除。

　　在實驗室對樣品前處理後，為實驗記錄方便，將發掘樣品重新編號為DYD001～DYD004，採用便攜式 X 射線熒光光譜、金相顯微鏡、掃描電鏡能譜儀、波長色散 X 射線熒光光譜儀、離子色譜儀、超景深三維顯微儀、X 射線衍射儀檢測青銅器及埋藏環境的樣品。

2.1　合金成分

（1）便攜式 XRF

表 2　主成分參考結果〔註 3〕（%）

編　　號	Cu	Sn	Pb	Fe	As	Bi	Ti	Ag	Ni
DYD001	80.57	2.58	14.17	1.28	—	0.43	—	0.33	—
DYD002	66.38	21.87	0.32	10.47	0.19	0.36	0.35	—	0.03
DYD003	55.45	34.27	6.17	2.25	0.87	0.44	0.37	—	—
DYD004	69.03	25.2	2.82	1.43	0.91	0.19	0.26	—	—

　　從表 2 檢測結果來看，4 件銅器的主要成分是銅（Cu）。其中，DYD001（銅刀）的銅含量較高，達到 80.57%，其他主成分是鉛（Pb）14.17%、錫（Sn）2.58%，屬於低錫青銅；DYD002（銅削）的銅含量 66.38%，錫 21.87%，數據顯示有高含量的鐵（Fe），而鉛含量只有 0.32%；DYD003（銅削）的銅含量55.45%、錫 34.27%、鉛 6.17%；DYD004（銅戈）的銅含量 69.03%、錫 25.2%、鉛 2.82%。總體來看，除了含量較低的元素，DYD001、DYD003、DYD004 三件銅器成分是銅—錫—鉛三元合金，DYD002 是銅—錫合金，為何含有較高的鐵含量，有待未來進一步探討。

（2）金相分析

　　為探討青銅器的鑄造工藝，採用觀察銅器顯微結構的方法，對青銅金相進行分析，樣品基體放大 300 倍的結果見圖 2～圖 5。

　　圖 2 是取自 DYD001 銅刀邊緣處的殘樣，屬於低錫青銅，錫含量較低，

〔註 3〕　主成分測試採用安徽大學科技考古與文化遺產保護實驗室的便攜式 X 射線熒光光譜儀（XRF），由於便攜式儀器的精度不夠，該組數據僅作參考。

金相顯示其基體為銅 α 晶粒，邊緣有明顯的銹蝕痕跡，是鑄造而成；圖 3 是取自 DYD002 銅削邊緣處的殘樣，金相圖顯示其基體為銅 α 晶粒，晶界分布少量（α＋δ）共析體，部分共析體銹蝕嚴重。由於成分趨於均勻化，α 固溶體枝晶偏析基本消失，其間分布有金屬錫顆粒。該銅器應為鑄後受熱加工而成。圖 4 是 DYD003 銅削邊緣區樣品，為錫青銅鑄造組織，金相顯示基體為 α 樹枝晶，枝晶細。枝晶間有大量遭到銹蝕的（α＋δ）共析組織，鉛顆粒小，其中分布有金屬錫顆粒，為鑄造而成。圖 5 是 DYD004 銅戈殘片，屬錫青銅，金相顯示其 α 固溶體樹枝晶偏析明顯，枝晶間分布大量（α＋δ）共析體，其間分布有金屬錫顆粒，為鑄造而成。

圖 2　DYD001 金相圖〔註 4〕　　圖 3　DYD002 金相圖〔註 5〕

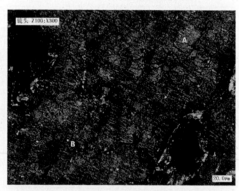

圖 4　DYD003 金相圖〔註 6〕　　圖 5　DYD004 金相圖〔註 7〕

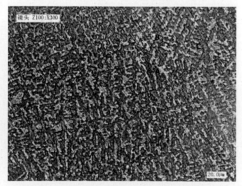

〔註 4〕 金相實驗在安徽大學科技考古與文化遺產保護實驗室進行，經過金相顯微鏡放大 300 後的結果如上圖所示。圖 2 A：α 等軸晶，B：晶界侵蝕
〔註 5〕 圖 3 A：α 固溶體基體，B：金屬錫夾雜
〔註 6〕 圖 4 A：α 固溶體，B、C：（α＋δ）共析組織
〔註 7〕 圖 5 A：α 固溶體，B、C：（α＋δ）共析體

（3）能譜分析

　　為更清楚地瞭解青銅器的顯微結構，選取 DYD003 和 DYD004 兩件樣品為代表，採用掃描電鏡能譜儀〔註8〕分析樣品成分和組織結構，實驗結果見圖6～圖9及表3～表4。

圖6　DYD003 背散射電子圖像 1　　　圖7　DYD003 背散射電子圖像 2

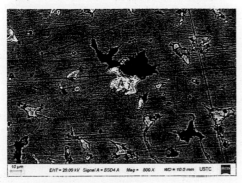 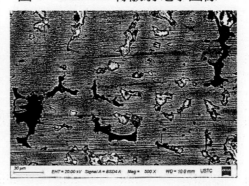

表3　DYD003 能譜分析結果（%）

樣　品	背散射圖像	譜圖	Cu	Sn	Pb	O	圖　解
DYD003	1	A	4.8	–	78.5	16.7	鉛粒
		B	87.7	10.7	–	1.7	銅 α 固溶體
	2	C	8.6	58.6	11.2	21.5	錫鉛夾雜物
		D	86.7	11.2	–	2.1	銅 α 固溶體

　　結合能譜分析結果，可知 DYD003 銅削樣品含鉛物質（A），銅 α 固溶體（B、D），鉛錫夾雜物（C），詳見圖6～圖7及表3。

圖8　DYD004 背散射電子圖像 1　　　圖9　DYD004 背散射電子圖像 2

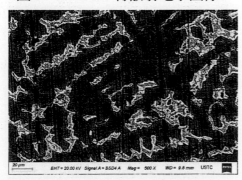 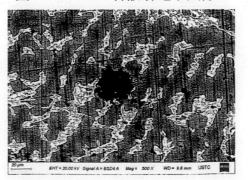

〔註 8〕能譜儀採用中國科學技術大學理化實驗中心的掃描電鏡能譜儀。

表 4　DYD003 能譜分析結果（%）

樣　品	背散射圖像	譜圖	Cu	Sn	Pb	O	圖　解
DYD004	3	E	67.4	31.1	–	1.5	銅錫共析體
		F	84.6	12.1	1.3	1.7	銅 α 固溶體
	4	G	67.8	29.0	1.6	1.9	銅錫共析體
		H	87.1	10.7	1.2	0.8	銅 α 固溶體

　　能譜分析結果顯示，DYD004 銅戈樣品含有銅錫共析體（E、G），銅 α 固溶體（F、H），見圖 8～圖 9 及表 4。

（4）與其他地區銅器合金成分對比

　　將合肥大雁墩遺址出土銅器〔註9〕與同時期中原地區（陳建立，2014；路迪民、翟克勇，2000；汪海港，2017；張吉、陳建立、徐磊，2018；張治國、馬清林，2008）、南方地區（郁永彬、常懷穎、黃鳳春、李玲、梅建軍、陳建立，2014；田建花、王金潮、孫淑雲，2014；曾琳、夏鋒、肖夢龍、商志香覃，1990）、安徽其他地區（郁永彬、梅建軍、張愛冰、王樂群，2014；王開、陳建立、朔知，2013；賈瑩、劉平生、黃允蘭，2012；袁曉紅、金正耀、史家珍、安亞偉，2019）代表性遺址銅器的合金成分進行對比，銅錫鉛（Cu-Sn-Pb）三元合金對比結果見圖 10～圖 11。

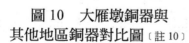

圖 10　大雁墩銅器與
其他地區銅器對比圖〔註10〕

圖 11
對比圖（局部放大）

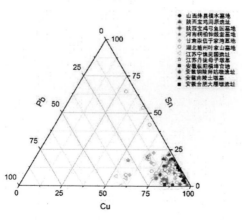
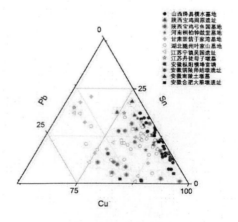

〔註 9〕DYD003 和 DYD004 兩個樣品的能譜分析結果作為對比數據來源。

〔註10〕對比地區的銅器合金數據來源於已發表其他遺址銅器數據，見本節第一段所引文獻。

從圖中可以看出，安徽地區青銅器合金成分離散型較大，尤其是樅陽和銅陵兩個遺址的銅器合金成分與湖北、江蘇的三個遺址聚在一個區域；甘肅於家灣墓地和中原地區的寶雞強國墓地數據離散型也比較大，分屬於圖的不同區域，並有交集。

大雁墩遺址銅器的合金成分主要與中原地區的山西橫水墓地、陝西周原遺址、河南鐘鼓堂墓地，及陝西寶雞強國墓地的部分數據落在同個區域。就合金成分對比圖來看，合肥大雁墩遺址出土銅器的合金工藝類似於中原地區銅器。

小結

大雁墩遺址的 DYD001 銅刀、DYD003 銅削、DYD004 銅戈三件銅器成分是銅—錫—鉛三元合金，鑄造而成，DYD002 是銅—錫合金，是鑄後受熱的加工工藝。其中，DYD001 銅刀是低錫銅器。銅器合金成分對比顯示，大雁墩銅器的合金工藝與中原地區銅器較為接近，是否暗示了工藝來源與交流尚待討論。

該遺址不僅發掘了幾件銅器，還發現有煉渣、熔爐殘壁若干及陶範兩件[5]。雖然現有遺物不多，但對於該地有可能存在冶鑄作坊提供了證據，值得未來考古發掘和進一步研究來揭示。

2.2 銹蝕及環境分析

（1）土壤分析

由於部分銅器銹蝕較為嚴重，對銅器的埋藏環境及其表面銹蝕進行檢測分析，以方便之後開展對應保護工作。選取 DYD001 銅刀上土樣，土壤酸鹼度結果：靜止 PH 是 7.23，懸浮 PH 是 7.01，樣品整體顯示弱鹼性。

表 5　土壤成分分析結果（%）〔註 11〕

組　分	結　果	組　分	結　果
Na_2O	0.70	NiO	0.01
MgO	0.92	CuO	8.31
Al_2O_3	10.30	ZnO	0.01
SiO_2	58.93	Rb_2O	0.01

〔註 11〕該實驗採用安徽大學現代實驗中心波長色散 X 射線熒光光譜儀（WD-XRF）。

P_2O_5	5.32	SrO	0.03
SO_3	0.20	ZrO_2	0.03
Cl	0.01	Ag_2O	0.02
K_2O	1.78	SnO_2	0.08
CaO	3.64	I	0.26
TiO_2	0.64	CeO_2	0.07
Cr_2O_3	0.02	Pb0	0.93
MnO	0.44	Bi_2O_3	0.01
Fe_2O_3	7.33		

表6　離子色譜儀分析結果〔註12〕

樣品編號	Cl^-	NO_3^-	SO_4^{2-}
DYD001 表土	0.17	2.14	0.60

　　表5和表6分析結果顯示，除了土壤中常見的 Si、Al 及 Ca、K 等其他成分，埋藏環境中含有較高的 Cu（8.31%）、Fe（7.33%）〔註13〕。Cu 很可能是銅器中的銅離子向土壤中遷移而產生的。此外，土壤中 NO_3^- 含量較高，並含有少量 SO_4^{2-}、Cl^-（0.17），儘管土壤 PH 檢測顯示呈弱鹼性，但是土壤中含有的微量氯離子，出土後的保護工作要考慮到這一點，避免誘發「青銅病」。

（2）銅銹分析

圖 12	圖 13
DYD001 超景深三維顯微圖〔註14〕	DYD002 超景深三維顯微圖

 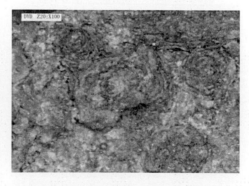

〔註12〕離子色譜儀分析由安徽大學現代實驗中心檢測，下同。
〔註13〕土壤中鐵含量較高的因素，目前難以準確判斷。同時，樣品 DYD002 銅削的便攜式 XRF 成分數據也顯示有較高鐵含量，未來有待進一步分析。
〔註14〕採用安徽大學科技考古與文化遺產保護實驗室的超景深三維顯微儀。

圖 14
DYD003 超景深三維顯微圖

圖 15
DYD004 超景深三維顯微圖

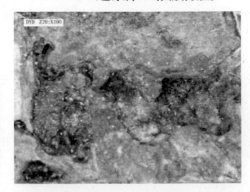

　　四件銅器在顯微鏡放大 100 倍後可見，表面形成的主要是綠鏽，見圖 12 ～圖 15。現刮取少量鏽蝕樣品進行 X 射線衍射儀檢測〔註 15〕，以確定鏽蝕產物的成分，實驗結果如下：

圖 16　DYD001-XRD 結果

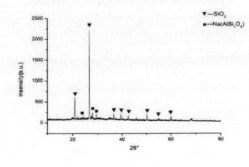

圖 17　DYD002-XRD 結果

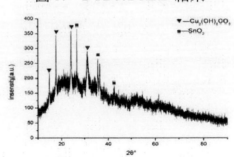

圖 18　DYD003-XRD 結果

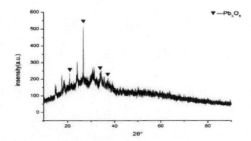

圖 19　DYD004-XRD 結果

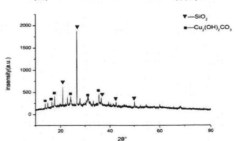

　　XRD 實驗分析顯示，大雁墩銅器的鏽蝕中主要含有堿式碳酸銅、鉛錫類氧化物，檢測出的二氧化矽及長石類物質，是因為樣品中混有土鏽。

〔註 15〕採用安徽大學現代實驗中心 X 射線衍射儀。

表 7　銅銹離子色譜分析結果

樣品編號	Cl⁻	SO₄²⁻
DYD001	1.65	1.03
DYD002	3.20	2.71
DYD003	0.19	0.14
DYD004	0.92	0.71

之前檢測出 DYD001 銅刀樣品表土中的氯離子濃度是 0.17，現測得該樣品銹蝕中的氯離子濃度達到 1.65，其他三件樣品也含有不同程度的氯，尤其是 DYD002 銅削的氯離子結果顯示達到 3.20。由於氯離子是青銅器粉狀鏽（又稱「青銅病」）的關鍵元素（范崇正、胡克良、刑錦雲，1997；周劍虹、劉成、何朝暉，2006），因而，這批樣品在後期的收藏與保護中需要參考現有保護手段（鍾家讓，2004），注意避免進一步生成有害鏽。

三、結語

大雁墩遺址地處安徽江淮地區，前人及相關研究對該地區早期族群已有一定論述（安徽省地方志編纂委員會，1999；《合肥通史》編纂委員會，2017；李修松，2006；張愛冰，2018）。從大雁墩遺址目前發現遺物來看，其主體時段當屬於西周晚期到春秋早中期。

筆者認為，西周時期的大雁墩很可能屬於淮夷，見圖 20。西周早期，因受到了周王朝及魯國的打擊，大批原先居住在今山東的夷族南下至今安徽境內。該批夷人同屬東夷部落，但其中又分為多個支系。淮夷、群舒、徐夷等部族南遷淮河之後，均居住在淮河沿岸，吸收了淮河流域的土著文化乃至中原文化，在經歷了文化衝突、乃至融合之後，形成了一個被周王朝統稱為「淮夷」的族群龐雜、文化多樣的群體（王鄭華，2016；趙燕姣，2016）。

春秋時期的大雁墩可能屬於舒國。大雁墩遺址在今合肥廬陽區內，合肥地區在宋時屬於廬州〔註16〕，而廬州在文獻〔註17〕〔註18〕〔註19〕中與古廬子

〔註16〕〔宋〕樂史，《太平寰宇記》卷一百二十六淮南道四：「廬州……古廬子國……領縣五：合肥、慎、巢、廬江和舒城。州境：東西二百八十三里。南北三百三十五里。」
〔註17〕〔漢〕班固，《漢書》卷二十八上：「廬江郡……北入江。應劭注：故廬子國」。
〔註18〕〔宋〕樂史，《太平寰宇記》卷一百二十六淮南道四：「廬州，廬江郡。今理合肥縣。禹貢揚州之域，古廬子國，春秋時為舒國地」。
〔註19〕〔明〕李賢、彭時等：《大明一統志·卷十四》：「廬州府……周以前為廬子國」。

國有密切聯繫。「盧州，古盧子國也〔註20〕，春秋舒國之地。」〔註21〕，所
以，盧子國到春秋時期歸於舒國，見圖21。據載，僖公二年（公元前658年）
「齊侯、宋公、江人、黃人盟……」。之後，齊聯合徐，「徐人取舒」，舒國
為徐國所控制。《吳越春秋》中記載：「舒，春秋時舒國，為楚所滅」（李筱，
2015）。

圖20　西周時期的大雁墩　　　　　　圖21　春秋時期的大雁墩

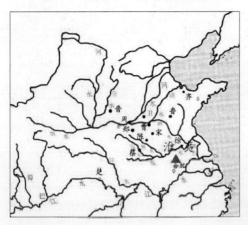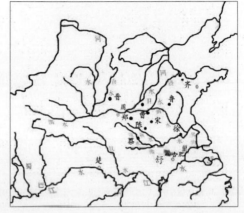

綜上可知，大雁墩所在地在西周時期屬於被統稱為「淮夷」的一部分，推
測曾屬盧子國，春秋時期並於舒國，在當時的征戰形勢之下，先為徐國控制，
後為楚國所滅。

在夾縫中求生存的大雁墩先民雖然已經隨著歷史遠去，但其遺留下來的
遺物通過考古發現再現在世人面前。帶著對過去的疑問，本文從微觀視角，
通過檢測分析大雁墩青銅遺物的方法，探尋當時的冶金技術與工藝，並對銅
器埋藏環境及銹蝕產物進行了分析，在前人的基礎上（李世彩，2017；黃凰，
2014；魏國鋒、秦潁、王昌燧，2005），補充了安徽江淮銅器在科技考古方面
的數據。限於樣品量，本文在數據對比結果方面的置信度尚待提高，期望未
來能與相關樣品來源單位合作，使得數據結果更具有統計意義。文章成稿於
劍橋，由於查詢國內資料不便，拙文難免掛一漏萬，如有未及的參考文獻，望
方家指正。

〔註20〕據《國語·魯語上》「桀奔南巢」。南巢，即南方之巢。西周時期，受周武王封
　　　　土建國，「南巢」分為「巢」（巢伯國）和「盧」（盧子國）兩國。
〔註21〕〔唐〕杜佑：《通典·卷一百八十一·州郡十一》：「盧州，古盧子國也，春秋
　　　　舒國之地。」

致謝

本篇小文章成稿於劍橋李約瑟研究所，得到紐約李氏基金（2022～2023年度）和安徽省哲學社會科學規劃一般項目《安徽江淮地區商周青銅器鑄造地研究》（編號：AHSKY2016D36）的研究支持，樣品來源於安徽省文物考古研究所委託安徽大學歷史學院考古專業周崇雲教授的《大雁墩遺址考古發掘資料整理和研究》課題，安徽大學現代實驗中心、安徽大學科技考古與文化遺產保護實驗室及中國科學技術大學理化實驗中心為檢測提供了實驗條件。18級校友張晨昊協助查閱遺址相關古文獻，實驗部分由18級校友劉海鵬和呂樂雙協助完成，文章成稿前參加過第七屆中國技術史與技術遺產論壇和第五屆全國青年考古學者論壇，與會學者給與過修改意見，在此一併感謝！

參考文獻

1. 《合肥通史》編纂委員會，《合肥通史·遠古至南北朝卷》〔M〕，合肥：安徽人民出版社，2017年。

2. 安徽博物院等編，《江淮群舒青銅器》〔M〕，合肥：安徽美術出版社，2013年。

3. 安徽省地方志編纂委員會，《安徽省志·建置沿革志》〔M〕，北京：方志出版社，1999年。

4. 曾琳、夏鋒、肖夢龍、商志香覃，〈蘇南地區古代青銅器合金成分的測定〉〔J〕，《文物》，1990年第9期，第37～47頁。

5. 陳建立，《中國古代金屬冶鑄文明新探》〔M〕，北京：科學出版社，2014年。

6. 陳玉，《合肥大雁墩遺址發掘與研究》〔D〕，合肥：安徽大學，2019年。

7. 范崇正、胡克良、刑錦雲等，〈青銅粉狀鏽生長過程的跟蹤觀測〉〔J〕，《文物保護與考古科學》，1997年第1期，第20～24頁。

8. 黃凰，《安徽、湖北近年來出土青銅器的鑄造地研究》〔D〕，合肥：中國科學技術大學，2014年。

9. 賈瑩、劉平生、黃允蘭，〈安徽南陵出土部分青銅器研究〉〔J〕，《文物保護與考古科學》，2012年第1期，第16～25頁。

10. 李世彩，《安徽省江淮地區出土青銅器的相關研究》〔D〕，合肥：中國科學技術大學，2017年。

11. 李筱，《楚吳爭霸下群舒國家的存與滅》〔D〕，合肥：安徽大學，2015 年。

12. 李修松，《先秦史探研》〔M〕，合肥：安徽大學出版社，2006 年。

13. 陸勤毅、宮希成主編，《安徽江淮地區商周青銅器》〔M〕，北京：文物出版社，2014 年。

14. 陸勤毅、宮希成主編，《安徽江淮地區商周青銅器研究》〔M〕，合肥：安徽人民出版社，2021 年。

15. 路迪民、翟克勇，〈周原陽燧的合金成分與金相組織〉〔J〕，《考古》，2000年第 5 期，第 79～83 頁。

16. 田建花、王金潮、孫淑雲，〈吳國青銅容器的合金成分和金相研究〉〔J〕，《江漢考古》，2014 年第 2 期，第 98～106 頁。

17. 汪海港，《寶雞地區西周銅器生產和資源流通研究——以周原和強國為例》〔D〕，合肥：中國科學技術大學，2017 年。

18. 汪啟航，〈安徽合肥大雁墩遺址發掘簡報〉〔J〕，《東南文化》，2022 年第 3 期，第 44～55 頁。

19. 王開、陳建立、朔知，〈安徽銅陵縣師姑墩遺址出土青銅冶鑄遺物的相關問題〉〔J〕，《考古》，2013 年第 7 期，第 91～104 頁。

20. 王鄭華，《周代皖境三地歷史文化論析》〔D〕，武漢：華中師範大學，2016年。

21. 魏國鋒、秦穎、王昌燧等，〈何郢遺址出土青銅器銅礦料來源的初步研究〉〔J〕，《中原文物》，2005 年第 5 期，第 86～93 頁。

22. 郁永彬、常懷穎、黃鳳春、李玲、梅建軍、陳建立，〈隨州葉家山西周墓地 M65 出土銅器的金相實驗研究〉〔J〕，《江漢考古》，2014 年第 5 期，第 100～109 頁。

23. 郁永彬、梅建軍、張愛冰、王樂群，〈安徽樅陽地區出土先秦青銅器的初步科學分析〉〔J〕，《中原文物》，2014 年第 3 期，第 108～115 頁。

24. 袁曉紅、金正耀、史家珍、安亞偉，〈洛陽唐城花園西周貴族墓出土部分青銅禮器的科學分析與研究〉〔J〕，《華夏考古》，2019 年第 3 期，第 98～107 頁。

25. 張愛冰等，《群舒文化研究》〔M〕，上海：上海古籍出版社，2018 年。

26. 張吉、陳建立、徐磊，〈河南省桐柏縣文物管理所藏商周青銅器的檢測分析〉〔J〕，《南方文物》，2018 年第 3 期，第 180～186 頁。

27. 張治國、馬清林，〈甘肅崇信於家灣西周墓出土青銅器的金相與成分分析〉〔J〕，《文物保護與考古科學》，2008 年第 1 期，第 24～32＋76～77 頁。

28. 趙燕姣，〈西周時期的淮夷及相關族群〔J〕，《東嶽論叢》，2016 年第 7 期。

29. 鍾家讓，〈出土青銅器的銹蝕因素及其防護研究〉〔J〕，《山西大學學報（自然科學版）》，2004 年第 1 期，第 44～47 頁。

30. 周劍虹、劉成、何朝暉，〈出土青銅器是否帶有原生「粉狀鏽」的探討〉〔J〕，《文物保護與考古科學》，2006 年第 2 期，第 51～56 頁。

附錄：青銅器圖

圖一　銅刀（實驗號 DY001）　　　圖二　銅削（實驗號 DY002）

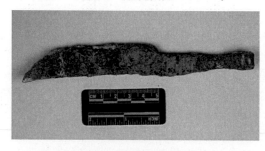
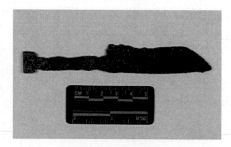

圖三　銅削（實驗號 DY003）　　　圖四　銅戈（實驗號 DY004）

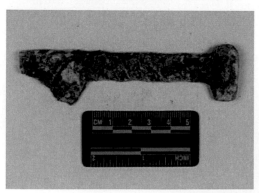

致　謝

　　本書是在我的博士畢業論文基礎上修訂擴充而成，在中國科學技術大學攻讀博士學位的這六年，是我青春記憶中最美好的一部分，永生難忘。感謝中科大，讓我擁有一個積極向上、充滿活力的成長環境。在這裡，我有幸結識了一批有志青年，在經歷了思想上地多次蛻變後，最終確立了我的人生觀和價值觀，使我的靈魂趨向完整——真誠、勇敢、獨立、堅毅，也更堅定了我追尋自由、真理的夢想。

　　回顧求學生涯，感激之情湧上心頭。首先，要特別感謝我的第一導師石雲里教授，他謙虛大氣、學問淵博、治學嚴謹，培養學生的獨立科研能力，鼓勵學生參與自由學術討論，對我產生了潛移默化的影響，開闊了我看待問題的視野，師恩之情莫敢忘。其次，要感謝我的導師秦潁先生。他平易近人、思維活躍、踏實勤勉，為採集樣品，不辭辛苦。不僅在學業上竭盡所能地給予我諸多有益的建議和點撥，還在生活上給予我很多的理解和關懷。在為人處世上，秦老師嚴於律己、寬以待人的態度也成為了我終身的學習榜樣。我還要深深地感謝金正耀教授和呂凌峰副教授，感謝二位老師在學業和生活上對我的幫助。此外，感謝我系蔡加成、翟淑婷、胡化凱、毛振偉、何錫安、柯資能、龔德才、楊玉璋、費傑、付邦紅等各位老師在學業和生活上對我的照顧，感謝系裏何昊華、吳又進、李宇、李小莉、查瑋、霍霏、許應媛等兄弟姐妹對我的支持，使我順利地度過這段求學的日子。

　　攻讀學位期間，我參加了四次國際學術會議，希臘國家研究基金會新希臘研究所 Prof. Nicolaidis Efthymios、上海交通大學鈕衛星教授、韓國天文與空間科學研究所 Yang Hong-Jin 教授、全英中醫藥聯合會主席馬伯英教授、香港

大學馮錦榮教授、北京科技大學潛偉教授、英國劍橋李約瑟研究所胡吉瑞博士等學者都對我的研究工作給予過真誠的建議和支持，讓我深受啟發和鼓舞，促使我在科研的道路上有繼續前行的力量。在安徽蚌埠禹會遺址實習期間，張居中教授不畏艱辛，親自帶隊，教會我許多田野考古知識，中國社科院考古研究所王吉懷研究員在發掘現場傳道解惑，對我寄予厚望。此外，安徽大學黃德寬先生、周曉光教授、張愛冰教授、江小角教授的學術態度也對我影響頗深。

在本文撰寫和修改期間，襄樊市文物考古研究所、安徽省文物考古研究所等機構為本文提供了樣品材料；科大理化實驗中心的周貴恩老先生，為我實驗數據的解圖提供幫助；師兄姚政權、金普軍、南普恒、孫陞等人，對論文思路提供了有益的意見；張居中教授對論文提出了大量寶貴的修改意見；自然科學史研究所陳巍副研究員、徐嵩同學、美國威斯康辛大學 Brandon J. Williams、賀承浩和孫駿軒同學也在文字修改等方面提出了很好的建議。

離開深愛的科大，心中萬分不捨。懷念與張曉晨、孫磊、齊赫男等同學的同窗友誼；懷念在第十一屆 MBA 發展論壇組委會共事過的同學，我們一起組織活動，一起鼓勵對方；懷念中科大科考協會的同學，我們一起戶外拉練，一起跑馬拉松；懷念在這段日子裏曾陪伴我的室友和其他朋友。有了你們，人生的路上，我並不孤獨，生命裏也有了不一樣的色彩。縱使歲月流逝，那些閃閃發光的日子和我們並肩過的友情，仍將永遠沉澱在我心中。

感謝高中語文老師劉孝峰、中科大管理學院的劉志迎教授、安徽省文物考古研究所張敬國先生、德語老師湯長興先生，他們亦師亦友，在為人處事等方面指引著我。感謝友人王卓然、陽思、劉菡娟一直以來對我的支持。還有很多人我無法忘懷，難以盡述，唯有繼續努力，不辜負大家的期望。

本書的最後修改是於 2022 年 10 月開始，在李約瑟研究所訪學期間完成的，研究所為我修改書稿和研究工作提供了良好的工作場所與圖書查閱的便利，研究所的梅建軍所長、Sue Bennett 女士、John Moffett 先生、Sally Church 老師均給予我關照與支持，與同期訪學的 Brian、Johan、Erling、Derek、Jose、李海靜、鄒桂森、李明慧等老師也結下了良好的友誼，永生難忘。

感謝花木蘭文化事業有限公司編輯老師們和廈門大學張聞捷教授的約稿，及對本書修改和出版提供的極大幫助與努力。感謝安徽大學人事處和歷史學院陸勤毅、周崇雲、胡秋銀、周致元、尹建龍等教授在本書修改過程中給

與的鼓勵。

　　最後，特別感謝我的父親黃遵賢、母親周元霞，感謝他們對我的養育之恩和一直以來對我的無私付出；感謝我親愛的弟弟黃麒，伴我長大和對我的關心。謹以此文獻給所有關懷愛護我的人，路漫漫，與君共勉！

黃　凰

2023 年 6 月於劍橋李約瑟研究所